Econexplorer
国富论

县域居民发展程度评价与排名

山东大学县域发展研究院

黄凯南　段昊◎著

XIANYU JUMIN FAZHAN CHENGDU
PINGJIA YU PAIMING

GUANGXI NORMAL UNIVERSITY PRESS
广西师范大学出版社
·桂林·

图书在版编目（CIP）数据

县域居民发展程度评价与排名 / 黄凯南，段昊著.
桂林：广西师范大学出版社，2016.9
ISBN 978-7-5495-8897-8

Ⅰ. ①县… Ⅱ. ①黄…②段… Ⅲ. ①县一居民一
研究报告一中国 Ⅳ. ①D669.3

中国版本图书馆 CIP 数据核字（2016）第 229608 号

广西师范大学出版社出版发行
（广西桂林市中华路 22 号 邮政编码：541001
网址：http://www.bbtpress.com）
出版人：张艺兵
全国新华书店经销
济南继东彩艺印刷有限公司印刷
（山东省济南市市中区段店南路 264 号 邮政编码：250022）
开本：710 mm × 1 000 mm 1/16
印张：18.5 字数：200 千字
2016 年 9 月第 1 版 2016 年 9 月第 1 次印刷
定价：55.00 元

自序 ZI XU

县域是以县级行政区划的地理空间范围，县域发展是我国经济社会发展的重要和基础组成部分。改革开放以来，县域竞争成为独特的引擎，为中国超常规发展提供了强劲动力，也为理解中国过去三十多年的经济奇迹提供了独特而又重要的视角。随着经济增长进入“新常态”，在“四个全面”战略布局和“五位一体”总体布局的指导下，中国正在致力于加快推动发展模式的成功转型，尝试增长动力从要素和投资驱动转向创新驱动，增长速度从高速转向中高速，发展方式从规模速度型转向质量效率型，开启“创新、协调、绿色、开放、共享”的发展理念。中国发展模式面临着转型升级的巨大压力，挑战中蕴含着新的发展机遇。毫无疑问，作为最为基础、有机和完整的发展单元，县域发展模式的转型升级是整个国家转型升级的重要驱动力和基础支撑。大量制度改革都发生在县域，县域也成为全面深化改革的主要阵地。

这一波以“提质增效”为内涵的转型浪潮有别于之前以“规模和速度”为特征的产业扩张与转移。在大量产能严重过剩的时期，各县在承接发达地区产业转移的同时也承担了这些产业转型升级的压力。过去依靠大规模招商引资和各种显性、隐性优惠政策的竞争策略已经不合时宜。如果还延续之前的发展策略，产业趋同和产能过剩将进一步加大，体制固化的资源错配在短期内能够制造大量低质低效的地区生产总值，也会加速积累甚至成倍放大长期经济增长的系统性风险。国内外发展环境的快速变化迫使县域必须系统性地更新原有的发展理念、思路、方式和模式，促使它们立足资源禀赋优势，遵循市场发展规律，发挥体制优势，协同市场和政府的力量，科学甄别和发展能够形成动态比较优势的特色产业，以产业转型升级带动以人为本的新型城镇化，促进城乡协调发展。

在新形势下，县域发展需要因地制宜，既要立足自身资源禀赋优势，又要放眼全球整合资源，通过创新驱动弱化和摆脱各种发展约束。这意味着对县域发展绩效的评价也必须多元，尤其是对县域间的横向比较必须充分考虑各个县域的资源禀赋特征、发展历史和发展条件等因素。简而言之，县域间横向比较的先决条件是可比性，这是构建指标体系的出发点。例如，在特定的发展时期，如果用地区生产总值来衡量工业县和农业县的发展绩效显然是不科学的。在设计经济绩效评价指标上，我们主张将工业县和农业县区分开，因为两类的发展速度、规模、方式和路径存在较大区别。鉴于县域的空间特征，一些衡量更大区域（如国家或省域）发展的指标可能并不适合用在评价县域发展上。例如，产业结构的指标。对于较大区域的发展体，存在一个有效率的产业结构，但是，对于一个县域而言，从事一些符合自身比较优势的产业则更为有效。如果硬性考核县域的产业结构，容易出现县域间产业趋同和结构趋同，从更大区域来看，产业分工与合作效率会下降，资源配置效率也会下降。

目前，尽管不同机构对县域发展进行了不同方法的评估，但其评价动机、评估方法、评估结果与数据来源都值得商榷。作为“985 工程”高校独立的科研机构和立足于创建全国一流的县域发展智库，山东大学县域发展研究院尝试在新的发展理念下构建一套县域发展绩效的评价体系。目前，这套评价体系主要涵盖三个主要发展指数，即居民发展指数、工业县发展指数和农业县发展指数。其中，对于工业县的发展，主要注重考察工业的转型升级能力；对于农业县的发展，主要注重考察农业的特色化、专业化和产业化。

本书作为系列报告的第一部，是对全国居民发展指数的研究，集中评价居民发展水平。本项研究具有如下特点和创新：（1）首次从人的发展视角来评价县域发展。这是经济社会发展的终极目标，县域间具有可比性。

该研究视角也体现了《中共中央关于制定国民经济和社会发展第十三个五年规划的建议》中阐释的经济社会发展需要遵循的首要原则，即坚持人民主体地位。（2）首次对全国除港澳台之外几乎所有的县进行县域评价，对全国1926个县、县级市、自治县、旗、自治旗的居民发展水平进行了综合评价①。（3）评价方面包括了收入、教育和生活质量。之前对县域发展的研究，大多过于强调经济方面的发展程度，忽视了教育和生活质量等对人的发展有至关重要的作用，其评价结果有失偏颇。本研究的结果呈现了收入、教育和生活质量的不同的地理分布规律，发现收入、教育和生活质量并不是绝对正相关的。县级政府除重视经济发展之外，还应均衡发展当地教育，全面提升当地居民生活质量。特别是大量外来务工人员聚集的经济发达县市，更应当加大对公共服务和社会保障的投入，以实现本地居民和外来居民的公共服务和社会福利的均等化。（4）侧重人均指标，兼顾总量规模效应。由于研究目的是考察居民的发展水平，本项目研究中大量指标都侧重人均指标。考虑到居民福利也受到总量规模效应的影响，尤其是公共服务和基础设施建设等弱排他性和弱竞争性的公共物品总量供给对居民生活质量的影响，指数编制明确考虑了公共财政支出的总量效应，这使得指数能够更加客观地反映居民的发展水平。

本研究的结果呈现了中国县域发展的不平衡性。一方面，全国许多县在收入、教育、生活水平方面发展不平衡，难以保证居民的全面发展；另一方面，全国县域发展呈现明显的区域的不平衡性。发展落后的县在空间上呈连续分布，体现为成片的不发达区域。在“十三五”全面建设小康社会的关键时期，消除区域性、系统性的落后现象是目前各级政府面临的严峻挑战。本研究分析了县域发展的空间特点，提出了解决县域发展不平衡性的政策建议。

本书的出版得到了山东大学县域发展研究院与山东大学经济研究院的大力支持。

---

① 本研究共评价了2076个城市郊区、县级市、县等单位。若您对城市郊区的排名感兴趣，可联系山东大学县域发展研究院（www.xyfz.sdu.edu.cn）获取相关数据。

山东大学经济研究院教师、澳大利亚麦考瑞大学博士王海宁，山东大学经济研究院博士及硕士研究生海晶晶、赵丽娟、孙广召、李淑媛、汪婕、于新九等同学在数据收集与整理、报告内容完善等方面做了重要工作；于新九同学与山东大学县域发展研究院和即墨市委党校办公室的林大治、邴乃翰、孙伟等老师组织和参与了 AHP 方法的问卷及后期的数据整理。本研究还受到山东大学人文社科研究院鼎力支持，我们在此表示感谢！

黄凯南　段昊

2016 年 3 月 16 日于青岛即墨

目录 CONTENTS

第一章
评价县域居民发展水平的意义

伴随着三十多年的高速增长，中国经济进入了要素报酬递减的区域，增量资本产出率居高不下，投资效率逐步下降。大规模的要素投入已经很难保持经济持续增长，原有的“高投入、高耗费、高产出”的粗放增长模式愈发困难。通过创新驱动提高全要素生产率成为推动经济持续增长的根本动力。创新驱动是一个较为广义的概念，它既包括通过技术创新不断推动技术前沿边界的拓展，也包括要素从低效率部门向高效率部门的重新配置。前者主要表现为经济发展中高新技术产业和高端制造业的持续升级，后者则主要表现为经济结构调整和优化。随着过去城市经济的急速扩张，在动力机制转换的新时期，城市经济的增长潜力急剧下降。中国正进入城市化发展的新阶段，大城市传统的制造业和服务业正在向县域转移。与大城市相比，目前大部分县域经济的人均地区生产总值相对较低，还有较大的增长空间。在新型城镇化的驱动下，县域经济具有较大的增长潜力。尤其是在城市经济创新驱动机制尚未成熟和健全的时期，县域经济的增长对于总体经济增长具有重要的支撑作用。

在这种大的背景下，如何实现县域经济高质量的增长是当前需要解决的问题。中国早期经济腾飞经历了粗放式、高耗费和高污染的发展阶段，尽管人均 GDP 得到极大提升，但是也伴随着环境污染、资源浪费和收入分配差距扩大等问题，影响了人民幸福水平。县域经济的腾飞，既要实现量的增长，也要实现质的提升，避免走先污染后治理的老路，要实现环境友好、社会公正、人民幸福的全面发展。因此，构建一个科学评价县域全面发展水平的指标体系迫在眉睫。

目前，评价县域发展水平的指标体系存在着诸多问题，难以全面反映县域经济社会发展的现状与未来发展的潜力。2007 年，国家统计局取消了百强县评比①，也代表着国家改变过去单纯从经济发展来衡量县域发展水平的观点，开始转向从经济、社会、生态等全方面看待县域的发展。尽管政府不再进行百强县的排名，但民间对于县域发展水平的评价始终有需求。不科学和不全面的排名方法会对县域经济社会发展产生错误导向，不利于在经济发展的新常态下充分发掘县域发展的潜力。

我们在参考目前已有的县域评价体系的基础之上，从人的发展这一角度深入评价县域发展程度，为县域政府看待自身发展的水平提供一个新的视角。具体说来，本研究在理论上和实践上都具有一定意义，可以为政府、企业和居民认识和理解县域发展程度提供参考。

第一节 理论意义

本研究致力于构建以人为核心的县域发展评价方式。马克思的生产实践理论认为，人是发展的手段，也是发展的目的。县域发展程度的高低根本上也是取决于县域能为其居民提供的物质和精神财富的水平。不管我们谈的是经济发展水平还是社会和谐程度，都是为了居民最终的发展。因此，本研究的出发点是从居民的发展入手，来回答哪些维度对于居民自身的发展是最重要的。当然，考虑到我们需要定量的评估，本研究的评价指标也不得不根据数据的可能性进行了折中。我们对县域居民的发展的思考在本书第二章的文献梳理中集中体现。

从“人作为发展手段”的角度来看，县域居民的发展对于未来县域的经济社会发展也起到至关重要的作用。未来县域经济能够成功与否的关键，在于对高质量的劳动力的吸引，或者说对县域人力资本的积累能力，这依

① 国家统计局百强县评比悄然落幕［N/OL］. 时代信报，2007-12-05（9）［2016-03-16］. http://sdxbepaper.cqnews.net/sdxb/html/2007-12/05/content_97141.htm.

赖于县域行政单位满足其居民生存及全面发展的需求的能力。从2010年的人口普查数据可以看出，目前全国县域普遍面临着居民流失的问题。根据我们的估算，全国1900多个县中仅有383个县人口净流入，其他县都一定程度上面临着人口流失，个别县人口流失的比例甚至达到总人口的一半以上。如果未来县域发展无法吸引更多的居民定居，特别是无法吸引受过教育的高素质的居民定居，县域的经济和社会发展都无从谈起。

县域人口过度向大城市集中，也导致了中国目前各大城市存在的交通拥堵等问题。未来这一趋势需要得到扭转。因此，县域能够为其居民提供良好的居住和生活条件，以吸引农村剩余劳动力向以县域为依托的中小城镇转移，对于中国构建健康的城市体系也具有重要意义。

尽管人的发展在县域发展中具有核心地位，但目前各县域发展的评价体系缺乏“人的发展”这一重要角度。本研究从“人的发展”这一角度入手，试图回答哪些方面的发展对县域居民的发展具有最重要的地位，从而引导各地政府在公共政策上有所侧重，以保证县域居民能够得到全面发展。

第二节　实践意义

人的发展是哲学家和经济学家、社会学家讨论了数千年的问题。尽管我们在理论上有所探讨，但也要充分认识到，我们无法给出一个大家都能接受的最终结论。因此，除理论意义之外，本研究更重要的在于其实践意义。

本研究对于不同社会个体和机构理解县域发展都有参考作用。

第一，为政府科学评价县域发展水平提供依据。县级政府的上级政府包括地级市政府、省级政府及中央政府都需要评价县域发展水平。而评价方法会直接影响县域政府的行为决策。本研究制定的指标体系可以为上级政府评价县域政府的表现提供参考，引导县域政府在制定政策时充分全面地考虑经济社会发展的各项因素。同时，本研究的评价结果显示，县域居民发展程度在空间上具有明显的发展不平衡的特点。着力解决这种发展的不平衡，实现县域居民的全面发展，对于全面建设小康社会具有重要意义。因此，本研究对于中央和省市各级政府在政策制定方面具有一定的参考价值。

第二，为县域政府制定经济社会发展政策提供依据。目前各地县级政府人才相对匮乏，政策制定的科学水平还有待加强。本研究的指标体系通过对关键指标的系统监测，对县域居民发展水平做出科学的诊断，为县级政府的科学决策提供重要的借鉴和依据。同时，县级政府通过指标体系可以横向比较与其他县市的经济社会发展状况的差距，从而理解自己的优势和不足，为制定政策提供参考。现有的县域评价指标体系大都只排全国前 100 名，相对全面的体系也只评价了全国前 400 名。对于发展较为落后的县市，在之前的评价体系中无法了解他们自己在全国和所在省市所处的位置。因此，这些排名体系对发展水平较为落后的县市的导向性有限。而我们的研究评价了 1926 个县市，基本实现了对全国县市的全覆盖。发展水平相对不高的县市依然可以在我们的排名中找到自己的位置，帮助他们了解自身的发展水平在全国和所在地区的位置，为他们的政策制定提供参考依据。

第三，为企业投资县域经济提供依据。当前很多工业和服务业企业从大城市向县域转移。企业的决策者在选址的时候，需要综合考虑各县市经济社会的全面状况。本研究覆盖了全国几乎所有县市，对于企业投资县域，特别是投资一些相对欠发达的县域，提供重要的参考。本研究对收入综合水平的评估，可以帮助企业了解他们投资县域的劳动力成本。而县域居民的教育水平这一综合指标，可以帮助企业充分了解他们在县域所能够招聘的劳动力素质，对于投资具有重要意义。

第四，为劳动力选择就业地区提供依据。未来新型城镇化必然伴随着大规模劳动力的转移，特别是从农村向城市转移，从农业向工业和服务业转移。转移的劳动力选择到什么地方就业会综合考虑各地的经济社会状况，包括收入状况、生活成本、公共服务和社会保障状况等多方面因素。本研究的指标体系可以为居民选择迁徙目的地提供参考，让他们可以对各地综合状况进行比较。特别是本研究对于全国几乎所有县域的评价，可以帮助县域居民在迁徙之前充分了解自己迁徙的目的地和目前的居住地发展程度之间的差别。

简而言之，本研究的设计在理论和实践上都有多重考虑。但受统计数据所限，本评价体系不能做到面面俱到。特别是我们无法获得具有一致性的全国所有县的生态环境数据，因此没有包括重要的生态环境的评价指标。

这是本研究的一大遗憾。但是，本研究从人的发展程度入手的研究角度和对全国所有县的几乎全覆盖的评价，使其仍然具有重要的理论和实践价值。

第三节 本书结构与内容概要

本书内容共分为九章，系统地梳理了目前在评价县域发展水平方面的研究成果和研究方法，提出了以人的发展为导向的县域评价方法，并据此对全国 1926 个县的居民发展水平进行了定量评估，评价结果显示了县域居民发展水平的普遍的不平衡性。本研究提出了县域发展中可能存在的陷阱以及可能的解决方案，具体内容有如下几点。

第一章概述了评价县域发展水平的重要意义。

第二章回顾了国内比较有影响力的县域发展水平的评价方法，以及各种评价方法存在的问题。在借鉴之前评价方法的基础上，本研究认为，评价县域的发展水平应当以人的发展为中心。因此，在理论框架设计中，借鉴了联合国人类发展指数的思路。

第三章具体阐述了本研究的核心——县域居民发展指数的构成，数据处理的思路和方法，以及权重选择的方法。

第四章具体解释了在数据搜集和处理过程中面临的困难，以及克服这些困难的方法，特别是重点阐述了对于个别最新数据不可得的指标。本研究采用了计量经济学工具调整的方法。

第五章依据县域居民发展指数的计算结果，展示了县域居民在收入、教育、生活水平方面普遍存在的发展不平衡性，并归纳了发展不平衡性的类型，以及发展不平衡性对未来县域可持续发展可能带来的威胁。

第六章从空间角度展示了全国县域居民发展中普遍存在的不平衡性，发现县域发展不平衡具有很强的空间相关性，并据此将全国县域的发展划分为六个发达区域和五个落后区域。本章同时分析了县域发展水平的不平衡性与全国县域人口分布的关系，解释了县域居民发展水平的区域性发达和区域性落后形成的原因，以及处理区域发展不平衡的思路。

第七章从省级视角和地级市视角来看待县域发展水平，分析归纳了各省县域发展水平的差异，并且归纳了地级市与其所辖县县域发展水平的相关性。本章同时展示了省直辖县在本次排名中的表现，以期为省直管县的研究提供研究基础。

第八章探讨了县域发展中存在的陷阱。这些因素既可能成为促进县域发展的重要动力，又可能成为阻碍县域发展的绊脚石。县级政府要重视和正确处理这些因素与县域发展的关系，以保障县域经济和社会健康的可持续发展。

第九章回顾了整个研究的欠缺与不足，归纳了研究中发现的许多值得重视的社会现象，提出了未来县域居民发展研究中需要解决的学术问题。

第二章
国内外研究现状及发展动态分析

第一节　以经济增长为导向的评价体系

对县域发展水平进行评价很早就引起了政府和学者们的重视。但这些评价体系具有共同的问题，就是将经济增长及其经济总量置于过高的地位，相对忽略了社会发展和政府治理等多方面的因素。而恰恰是这些因素对于经济长期稳定的发展具有深远的影响。以经济增长为导向的评价体系，容易引导县域政府过度强调短期经济增长，而忽视了保障经济社会长期发展的很多非经济因素。在这种导向下，县域政府都争取在领导任期中提高政绩，从而大规模地进行投资，而不考虑这些项目是否符合当地比较优势，是否具有长期竞争力，形成了一批难以可持续发展的项目。领导换届以后又纷纷上马新的工程，导致严重的重复建设，形成了社会资源的极大浪费。为引导县域政府合理地制定政策，谨慎地引进影响民生的项目，县域发展评价体系需要调整以经济增长为导向的评价方式。尽管如此，现有的评价体系和评价方法，还是可以给我们很多启示。

1. 国家统计局百强县评比

以经济增长为导向的评价体系中，最有影响力的是国家统计局的百强县排名。国家统计局从1991年开始推出“农村经济综合实力百强县”评选，历经三起三落，1993 年、1995 年至 1999 年，都没有进行统计。到 2000 年再次启动时，名称改为“中国县（市）社会经济综合发展指数”。这一指数包括了发展水平、发展活力和发展潜力三个方面的综合统计和评价。指数的计算根据主成分分析和定性分析相结合的办法，对每一个县（市）的综合发展指数进行测评，计算出县（市）社会经济发展的综合指数。百强县评选的“社会经济综合发展指数”中，虽然有 33 个评价指标，但地区生产总值、财政收入等经济规模指标仍然因其权重较高，具有明显的过度强调追求经济增长的倾向。其中衡量发展速度的指数，仅仅考虑国内生产总值指数和工业企业发展速度两项。此指标体系比较强调工业化，对于处于工业化早中期的发展阶段是重要的。但是当经济处于工业化中后期时，尤其是当三产产值超过二产产值，片面强调工业化不符合我国产业升级的趋势。这个指标体系对于发展潜力的衡量，尽管考虑了资源环境与基础设施方面，但仅考虑人均耕地面积、公路密度、有效灌溉面积三项指标，无法反映良好的环境与人之间的互动关系。这一体系已经饱受诟病，如同媒体指出的，“对全国各地的县域来说，不管是榜上有名还是无名，百强榜已经内化为日常工作的一部分。在以招商引资为一号工程的增长方式下，榜上榜下显然两重天地。正因如此，百强县已经异化为一种对 GDP 增长的盲目追求。”①

必须承认的是，国家统计局的百强县评比，在县域经济起飞的早期起到了重要的引导性作用。但从当下发展环境来看，该体系的指标选取、赋予的指标权重已经不符合当前中国经济发展的阶段和未来的趋势。在中央倡导科学发展的背景下，延续了九届的全国百强县评选于 2007 年停办。放弃原有的百强县评价体系，体现了中国政府转变一味追求经济增长的思路。

2. 中郡研究所百强县排名

尽管政府不再进行百强县的排名，但由于需求的存在，因此一些民间组织和民间智库也对县域发展进行评价。其中被媒体引用较多的排名体系

---

① 王运宝．全国百强县评比取消的背后［J］．政府法制，2008（2）：10—12.

是由民间智库“中郡研究所”[①]发布的“县域经济基本竞争力百强县”榜单 。该排名体系的制定考虑了经济产业结构等 12 项指标，在样本选择的时候选取同时满足三项指标（①地区生产总值大于 300 亿元；②地方公共财政预算收入大于 20 亿元；③农民人均纯收入大于 1 万元）的县市进行排名。这种样本选择明显是以经济水平为中心的思考方式，忽略了一些经济规模较小，但环境良好、人民生活幸福的样本县市。该排名体系的指标选取也值得商榷。比如，该指标体系以三次产业比来衡量产业结构的发展水平，忽略了产业结构内部的复杂性。评价一个地方的产业结构是否合理，应当考察该地方的产业结构是否与其要素禀赋所引致的比较优势相匹配，并没有一个所谓“合理的产业结构”能衡量不同地区的发展水平。再比如其采用社会消费品零售总额的增长率来衡量一个县的消费水平，忽略了跨县域消费这一普遍的现象。比如，山东省青岛市所辖的即墨市，小商品交易是其支柱产业，其销售的对象主要面向长江以北地区，交易额都会被统计为即墨市的社会消费品零售总额。因此采用社会消费品零售总额难以衡量本地的消费能力。

尽管如此，中郡研究所的指标体系，还是有一定的正面的导向作用，其为人所诟病的地方主要在于排名的不透明性，特别是对于指标权重含糊其辞。《21 世纪经济报道》曾质疑中郡的排名不透明，其负责人刘福刚也非学者出身，缺乏权威性：“……没有数据图、没有运算公式，简单得像大学生的期末作业，掀起的社会热议却一如以往。”[②]

必须承认的是，经过长时间的积累，中郡研究所的排名在社会上有广泛的认知度。这一排名体系尽管有过度强调经济发展程度的问题，但其引导县域经济向更高的生产水平和更高的人均收入发展的方向没有问题。在官方排名缺位前提下，中郡排名起到了“吹皱一江春水”的作用，使县域发展水平排名这一问题成为许多智库的研究热点。

3. 福布斯杂志排名

《福布斯》是在财经领域较有影响力的杂志，其对财经领域的各类排名也常常为人所引用。2013 年之前，《福布斯》每年发布“中国最富有县

① 相关数据信息可参见：www.china-county.org。
② 中郡所百强县评比：榜单批发第一[N/OL]. 21 世纪经济报道，2015-09-12 [2016-03-16]. http://finance.sina.com.cn/china/20150912/083323229162.shtml.

级市排行”[①]。该排名比较简单，以人均可支配收入来衡量县市的富裕程度，具有一定的合理性，但没有反映县域发展背后的复杂性。2014 年，《福布斯》改进了其排名体系，开始发布“中国大陆最佳县级城市”排名，评价内容包括人才指数、城市规模指数、消费力指数、客运指数、货运指数、私营经济活力指数、经营成本指数和创新指数。与其他排名体系不同，《福布斯》的排名仅限于县级市，而不考虑县、自治县、旗、自治旗等县级单位。因此，大多数的县级行政单位被忽略掉，难以反映中国县域总体发展状况。由于《福布斯》并不公布具体的指标和权重，因此我们无法知道具体哪些数据被计算在内。但《福布斯》的总体思路仍有值得借鉴之处，特别是其对客运指数和货运指数的计算，考虑了地理区位对于县域发展的重要作用，这是其他指标体系没有充分考虑的。

4. 城市学会排名

比较有代表性的半官方性质的排名有中国城市经济学会中小城市经济发展委员会（以下简称“城市学会”[②]）编制的一系列的县域发展排名，包括“中国中小城市综合实力百强县市”、“中国‘十佳’两型中小城市”、“最具投资潜力中小城市百强县市”等排名[③]。其中，综合实力百强县市内容包括经济指标、社会指标、环境指标、政府效率指标等四个方面。该排名体系选取的具体指标比较有启发性。但因为很多发展较好的县市没有进入该排名的百强县，此排名遭到了一些地方的质疑。对此，该排名负责人杨中川解释说，其排名体系依赖于各地政府主动填写数据申报[④]。由于其数据收集依赖于各地政府申报，因此数据可靠性存疑。特别是该研究采用的很多具体的指标并不是国家统计局要求县级政府统计的指标，因此，许多地方并没有该指标的专项统计，填报数据的随意性和严谨性值得怀疑。

尽管如此，该指标体系涵盖了其他排名没有涵盖的许多内容，比如亿

---

① 相关数据信息可参见：www.forbeschina.com。

② 相关数据信息可参见：www.csmcity.com。

③ 中国城市经济学会中小城市经济发展委员会，等.中国中小城市发展报告（2014）[M].北京：社会科学文献出版社，2014.

④ “百强县”实力榜靠谱度多高？专家：评价体系欠科学[N/OL].人民网，2015-11-27[2016-03-16]. http://js.people.com.cn/n/2015/1127/c360301-27194772.html.

元地区生产总值生产安全事故死亡人数、生活污水排放达标率、生活垃圾无害化处理率、审批性备案事项在全部备案事项中所占比重等一系列的指标，在引导县域政府实现安全生产、保持环境良好、维持高效运作方面具有很大意义，值得我们借鉴和参考。这些指标应当引起统计部门重视，在全国县级行政区域实行普遍统计汇总。

5. 中国社科院排名

专业学术机构对于中国县域发展的排名中，中国社会科学院财经战略研究院的《中国县域经济发展报告》①比较有影响力。该研究报告根据地区生产总值、地方公共预算收入和规模以上工业企业数目三项指标首先在全国所有县中遴选了400个样本，然后再依据这400个样本收集详细的评价指标数据，编制了“县域经济竞争力评价指标体系”、“发展潜力评价指标体系”和“创新力评价指标体系”三个指标体系，发布了“全国县域经济竞争力百强县”、“全国县域经济发展潜力百强县”和“全国县域经济创新力50强”三个榜单。评价体系的具体指标包括九个方面：经济规模、经济结构、市场需求、公共财政、金融资源、居民收入、基础教育、卫生福利、生态环境。

社科院的排名涵盖内容较广，一定程度上可以为县域发展起到良好的引导作用，但其许多指标的设定也值得商榷。九个一级指标中有六个是经济方面的指标，过度强调了经济发展现状在评价县域发展水平中的作用。仅用经济方面的指标无法全面衡量教育和社会发展程度等一系列关乎县域发展的重要方面。该研究中基础教育竞争力这一指标，采用中学在校生占户籍人口比率和中学在校生与小学在校生比率两个指标，无法全面反映一个地方基础教育的水平。特别是中学在校生与小学在校生比率，更多的是反映了不同地区的不同年龄段的人口结构。本书在后文中会有分析，全国不同地区的县域人口结构差异非常大，有些地区人口结构呈金字塔型（比如四川凉山彝族自治州下属县），人口依然快速增长，而有些地区人口呈倒金字塔型（比如江苏省启东市），人口结构却呈收缩态势。而以此指标衡量基础教育质量要成立，提前需要假定各县人口的不同年龄段结构基本

---

① 相关数据信息可参见：http://naes.org.cn。

保持稳定。这与现实的差距是很大的。

总体来说，上述指标体系在评价县域发展程度等方面进行了重要的尝试，也都在一定程度上可以引导县域政府合理制定政策，为县域政府施政提供一定的决策依据。但这些指标体系有明显的过度强调经济方面的问题，与国家统计局百强县的评比内在具有同样的理论缺陷。以经济增长为导向的评价体系在经济发展的初期阶段具有重要的意义。但是，经济增长一旦进入中等收入水平行列，经济持续增长的动力机制将发生深刻的变化，经济增长将从对物质资本的依赖转向对人力资本的依赖，稳步提升劳动生产率是跳出中等收入陷阱的重要途径，人的发展既是手段也是目的。

第二节 以人的发展为导向的评价体系

如上文所言，经济和社会的发展最终都是为了人的发展，评价体系也应当以人的发展为最高评价标准。在指标选择的过程中，我们需充分考虑被选指标与人的最终发展之间的关系，指标体系的导向性应当明确，即无论怎样衡量社会、环境、文化等方面的发展，最终衡量标准应当是其对人的发展的贡献。

1. 联合国人类发展指数

联合国较早地认识到了以人的发展为中心的评价体系的重要性，在联合国开发计划署（UNDP）的主导下，诺贝尔经济学奖获得者、印度经济学家阿玛蒂亚·森（Amartya Sen）和巴基斯坦经济学家马哈布哈克（Mahbub ul Haq）共同制定了人类发展指数（Human Development Index，HDI），目前已成为世界广泛认可的反映一个国家和地区的人的发展水平的指标[①]。人类发展指数不仅仅考虑了经济的发展水平，更考虑了跟生活品质有关的健康和教育。人类发展指数采用人均国民总收入GNIpc（购买力平价美元）来衡量经济发展的水平，抓住了经济发展的实质，即相比人的生产能力（人

① Anand Sudhir，Amartya Sen.Human Development Index: methodology and measurement. No. HDOCPA-1994-02［R］. Human Development Report Office（HDRO），United Nations Development Programme（UNDP），1994.

均地区生产总值），人的收入水平更能反映一个地区人的生活水平。人类发展指数的另外两个指标：健康水平用预期寿命（LE）来衡量，教育水平用平均受教育年限（MYS）和预期受教育年限（EYS）来衡量。人类发展指数的最终计算采用收入水平、健康水平和教育水平三者几何平均值的方式：

$$HDI=\sqrt[3]{LEI\cdot EI\cdot II}$$

预期寿命指数 $LEI=\frac{\mathrm{LE}-20}{83.2-20}$，教育指数 $EI=\frac{\sqrt{\mathrm{MYSI}\cdot\mathrm{EYSI}}}{0.951}$，收入指数 $II=\frac{\ln(\mathrm{GNIpc})-\ln(100)}{\ln(107,711)-\ln(100)}$。其中，教育指数由平均受教育年限指数（$MYSI=\frac{\mathrm{MYS}}{13.2}$）和预期受教育年限指数（$EYSI=\frac{\mathrm{EYS}}{20.6}$）两项计算。

人类发展指数指标选择清晰简明，采取了收入水平和健康水平来反映人的生活水平，教育水平来反映人的发展程度。指标权重的确定也没有采用复杂的方法，而是采用等权重几何平均值的方法，体现出对于人的发展来说，收入、健康、教育三方面不可偏废这一思想。人类发展指数由于指标简单明确，数据可得性较好，可以相对容易地应用到国家层面和地区层面。

人类发展指数自发布以来产生了广泛的影响，但也招致了很多学者的批评，他们认为比起国民生产总值来说，复合的人类发展指数并不是一个更好的衡量标准[①]。尽管人均收入包含在评价指标中，但收入的不平等性并没有被考虑[②]；尽管人均寿命包含在评价指标中，但人均寿命长并不代表上了年纪的人都能有尊严地活着，和人均寿命同样重要的生活质量并没有被考虑。对于等权重的排名方式，也有学者认为，不同指标对于最终得分的边际贡献率并不相同[③]。在后续的联合国人类发展报告中，学者们又

① M. McGillivray. The human development index: yet another redundant composite development indicator？［J］.World Development，1991，19（10）：1461—1468.

② D. A. Hicks.The inequality-adjusted human development index: a constructive proposal［J］. World Development，1997，25（8）：1283—1298.

③ M.Ravallion. Troubling tradeoffs in the human development index［J］. Journal of Development Economics，2012，99（2）：201—209.

发展了包括性别平等、收入差距等因素的人类发展指数，具体指标的选取、数据处理都在不断地调整。

尽管人类发展指数并不完美，但其测量的维度都是人类发展中的重要要素，并且其测量的收入、教育、健康三个方面在世界各国统计部门都有较好的、一致的数据，便于不同国家之间的横向比较，在过去的十多年中，给各国政府在消除贫困、提升居民生活质量方面，提供了一定的方向性的指导，至今仍然具有强大的生命力。人类发展指数背后的哲学思想、指标选取方法和权重赋予方法，可以为我们制定县域发展指标体系提供借鉴。即指标选取上不能盲目求多求全，而是要求能深刻反映指标背后的社会现实。数据处理方法上也不能盲目追求方法的创新和复杂，简单明了的方法同样可以科学地反映指标之间的关系。这些思想可以为我们评价一个地区的发展水平带来借鉴意义。

2. 世界宜居城市排名

在量化生活质量方面，世界著名咨询公司美世（Mercer）制作了“世界宜居城市”，在全球范围内产生了较大的影响①。美世公司的指标体系包括经济因素、公共服务因素、气候、环境、疾病防治水平、通讯水平、地理位置方便程度、政治与社会环境、政治暴力度、犯罪率、交通方便度、信息可靠度、教育水平。另一个在世界上比较有影响力的世界宜居城市排名是由《Monocle》杂志制定，其排名考虑的因素包括城市的安全程度、国际化程度、建筑质量、公共交通水平、社会容忍度、环境因素和亲近自然的难易度、城市规划水平、商务环境、政策制定水平、医疗水平②。从世界宜居城市的排名可以看出，西方国家对于城市发展程度的观点与中国的异同。人均地区生产总值等经济因素在这些排名中并没有被考虑或者被置于中心的位置。这些排名中考虑的很多因素值得我们借鉴。同时，世界宜居城市的排名通过问卷调查的方式获得数据，相比采用统计数据，这种方法更能直接获得居民体验，指标设计上也更具有灵活性。世界宜居城市排名的数据获得的方式也值得我们借鉴。但通过问卷调查获取数据的方式

① 相关数据信息可参见：https://www.imercer.com/content/quality-of-living.aspx。

② 相关数据信息可参见：http://monocle.com/film/affairs/quality-of-life-survey-2014。

也存在着内在问题，特别是在问题设计上需要十分谨慎，问询态度的问题，在不同居民的回答之间的可比性存疑。考虑到目前数据的可得性与预算限制，本研究只是在确定权重的过程中借鉴了社会调查的方法。未来在可能的情况下，我们也会借鉴世界宜居城市排名的思路，对一些难以获得的指标进行调查。

3. 人民论坛问卷调查中心评价体系

中国的城市排名方式也越来越重视居民体验。人民论坛问卷调查中心发表的《中国县域科学发展指标体系及评价研究》就采用了统计数据和调查问卷相结合的数据获取方式。在指标设定方面，尽管该研究仍然将经济放在首要的位置，但与其他排名方式不同，该指标体系考虑的内容更加全面和广泛，从经济、社会、政治、文化、生态、党建、居民满意度七个方面对县域科学发展进行评价；除此之外，还对三级指标分别从发展水平、发展能力和发展潜力三个维度进行划分，从不同维度来衡量县域发展的成就与可持续发展的潜力[①]。这个指标体系的设计，内容涵盖很广具有一定的参考价值，但这个指标体系仍然有许多地方值得商榷。比如，在一级指标的选取中过度强调党建因素，而将党建指标置于政治指标之外，缺乏合理性；二级指标和三级指标的选取，也存在很多问题。这个指标体系的另一个问题是数据收集的可行性问题，相关指标涵盖面很广，但通过公开资料很难查找到其排名结果，也许这个体系更多停留在理论设计层面。

上述谈到的指标体系和排名方式在评价县域发展水平方面都起到了开拓性作用，尽管存在各种问题，但仍然给本研究的顺利进行奠定了一定的基础。本研究全面借鉴联合国人类发展指数的指导思想和研究思路，但在指标选取方面也更加注重中国的国情和数据的可得性，借鉴国内研究成果设计本研究的指标。

---

① 人民论坛问卷调查中心．中国县域科学发展指标体系及评价研究［J］．人民论坛，2012，中旬刊（29）：23—25.

第三章
县域居民发展水平的评价方法

第一节　居民综合发展水平的评价思路

传统的社会发展观将“福利”等同于物质上的富裕程度，从而过分注重人均 GDP 的增长，并认为“经济增长率”是评价社会进步和生活质量提高的主要标准，进而也带来了贫困和贫富差距加剧问题、资源枯竭问题、环境污染与温室效应问题等。自 20 世纪 50 年代以来，社会发展观开始发生重大转变，其中之一就是从以经济增长为核心到以社会的全面发展为中心。从 1990 年开始，联合国开发计划署（UNDP）采用“人类发展指数（Human Development Index）”对国民生活质量进行测度。1995 年哥本哈根世界社会发展首脑会议通过的《行动纲领》指出：“社会发展的最终目的是改善和提高全体居民的生活质量。”[①]近年来中国也越来越注重这种“以人为本”的新发展观。这种观点强调社会经济的发展应该以“人”为本而非以传统的经济增长为中心，实质上是对社会经济发展有了全新的认识，即以人的全面发展为根本目标。

以人的全面发展为目标，必须要回答一个我们探讨了千年的哲学问题，即：什么是人的发展？尽管回答这个问题并不是本书的目的，但在这里仍

① 相关数据信息可参见：http://www.un-documents.net/cope-dec.htm。

然要做一点简单的探讨。本书借用马斯洛需求层次理论，认为人的发展并不仅仅是经济方面的发展，并不仅仅体现在收入的增长和能够享受物质生活的程度的提高。经济的发展能够满足人对于吃、穿等生理需求的需要，而在生理需求得到一定程度的满足之后，人有更高层次的追求，而这些方面的追求单纯靠经济发展是无法实现的。

对马斯洛需求层次理论的一个普遍的误解是，只有人的低级的欲望得到完全满足，高级的欲望才变得重要。在马斯洛的原文中，这一点具有清晰的说明[①]。每一层级的欲望都具有了一定程度的边际递减效应，实现任何一个层级欲望的完全的满足都是不可能的。而且每一层级的提升的代价是逐渐增大的。不同层级的欲望也是互相重叠同时出现的。在生理欲望得到一定程度的满足（并不需要完全满足）之后，对安全的需求等更高级的欲望都会产生。欲望之间的关系可以用图 -1 表示。简而言之，人的不同层级的需求都是同时存在的，也都是同步发展的。尽管人的发展可以有先后顺序，但任一层级的需求都是无法完全满足的。因此不能等待在实现低级的需求的基础上，再谈论更高级的需求。

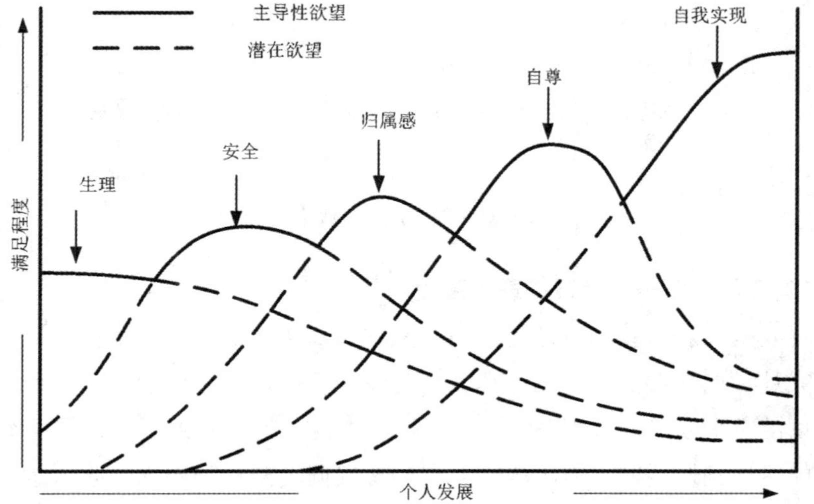

图 -1　马斯洛需求层次理论

① Abraham Harold Maslow. A theory of human motivation [J]. Psychological Review, 1943, 50 (4): 370—396.

也就是说，居民的全面发展并不需要等待经济发展到能完全满足居民的生理需求再谈论，也不能以优先发展经济为借口而忽略居民其他需求的发展。在古典时代，罗马实现了经济上前所未有的繁荣，但繁荣背后道德的堕落和生活方式的奢靡，也最终导致了罗马的衰落[①]。“仓廪实而知礼节”只是一个假设而已。公民全面的发展，县域既需要提供经济发展基础，也需要提供广泛的社会基本保障，能够让每一个居民体面地活着。为实现居民更高层级的发展，县市对教育的投入更是重中之重。

参考联合国人类发展指数（见上节），并充分考虑人的全面发展这一哲学问题，本研究制定县域居民发展指数，从三个方面来考虑居民的全面发展：收入、教育、生活质量（见图 -2）。收入和教育两项指标完全借鉴了联合国人类发展指数。联合国人类发展指数采用预期寿命作为一级指标。而本研究受数据所限，无法计算各县的预期寿命。因此，本研究采用多个子指标代替预期寿命计算生活质量综合水平。

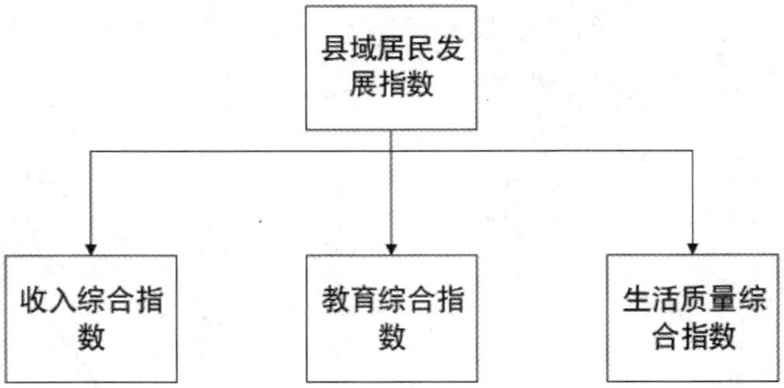

图 -2 县域居民发展指数一级指标的构成

1. 收入作为一级指标的理论基础

收入是发展的基础，是实现人类基本生活条件的基础。萧伯纳说过：“贫穷是我们社会的最大的罪恶，也是我们社会最可怕的罪行；而我们超越一切的首要责任，就是做到不贫穷。”[②]西方国家都经历了由贫穷到富裕、由落后到发达的发展阶段。发展的首要问题是提高收入。收入水平的提高是物质生活水平提高的基础，也是丰富精神生活的重要保障。M. Blau

① Ramsay MacMullen. Corruption and the Decline of Rome [M]. Yale University Press，1988.
② G.B.Shaw. Major Barbara [M]. Penguin，2000.

发现，收入水平对于下一代的认知能力、社交水平以及情绪的完善都具有统计显著的影响①。因此，收入不仅仅代表当前的发展水平，更代表未来的发展能力。因此，本研究将收入作为居民发展的重要衡量指标计算制定收入综合指数。

2. 教育作为一级指标的理论基础

教育是实现人类向更高层次发展的基础，是实现社会文明和谐的基础。John Mill 曾经说过，人能够享受快乐的能力是有高低层级的②。他认为，人通过教育可以更理性，更有能力享受如同读书带来的精神生活的丰富。精神的快乐是肉体的快乐所无法替代的。单纯的收入增加并不会给居民带来无限大的快乐。近年来，城市化速度不断加快，许多城乡接合部的村民因为拆迁获得巨额补偿。在因拆迁补偿而一夜暴富之后，有些村民陷入了迷茫之中，通过吸毒、赌博等活动来追求肉体的享受，最终导致重新陷入贫困③。美国哲学家、教育学家 John Dewey 说过："教育不是为了准备生活，教育就是生活本身。"④从这个角度来思考，提升县域教育水平，也是提升居民生活质量，使居民生活更有意义。James Coleman 认为教育机会的均等是当代社会平等的重要基础⑤。县域教育的发展水平是未来实现县域居民与城市居民的社会平等的重要基础，没有县域良好的教育水平，谈论社会平等、和谐与发展都是徒劳的。对于县域经济的发展来说，教育在未来是至关重要的。只有通过教育全面提升县域居民的素质，才能帮助他们实现可持续的更好的发展，也能为中国未来的持久发展提供人才保障。因此，本研究将教育作为与收入同等重要的一级指标来衡量居民的发展程度。

3. 生活质量作为一级指标的理论基础

生活质量是县域居民发展指数的另一重要组成部分。收入高并不一定等同于生活质量高。全世界有一个普遍的现象是，矿区的居民往往收入很高，但

---

① D.M.Blau. The effect of income on child development [J]. Review of Economics and Statistics，1999，81 (2)：261—276.

② J.S.Mill. Utilitarianism [M]. Broadview Press，2010.

③ 曾东霞，李斌 . 城镇化背景下失地青年的人际压力与社会稳定[J]. 中国青年研究，2014(10): 5.

④ J.Dewey. Self-realization as the moral ideal [J]. The Philosophical Review, 1893, 2(6): 652—664.

⑤ J.Coleman. The concept of equality of educational opportunity [J]. Harvard Educational Review，1968，38 (1)：7—22.

却需要忍受恶劣的自然环境和严酷的生活条件。采用生活质量作为一级指标，反映了生活质量对居民发展的基础性作用，也反映了单纯用收入来衡量生活水平的不足。在后文的分析中可以看出，收入高而生活质量低，在中国许多地区是比较普遍的现象。生活质量综合指数反映了县域居民能够享受的物质生活条件，也反映了一个县的吸引力，比如该县未来能够吸引劳动力聚集的能力。

需要指出的是生活质量的内涵非常广泛，每个人对于生活方式都有自己的偏好。因此，在选择指标衡量生活质量上需要非常谨慎。综合理论基础和数据的可得性，我们选择了平均寿命、社会福利和社会保障水平、住房水平三个方面来评估生活质量的高低。上述选择基于如下考虑：

（1）寿命的长短一定程度上反映了人的健康程度，也从侧面反映了生活水平。联合国人类发展指数也采用预期寿命作为评价的一级指标。

⑵ 大多数情况下，社会福利和社会保障水平对于大多数的居民来说并不太重要，但对于弱势群体来说却具有十分重要的作用。美国政治学家 John Rawls 在其《正义论》中认为，社会公正的一个重要原则是社会政策需要向弱势群体倾斜，因为在无知的面纱(veil of ignorance)下，每个人并不知道其可能所处的社会地位，因此便不想成为社会中那个最不幸的人①。社会福利和社会保障水平扮演着对社会中最不幸的人的保障的作用。我们每个人都不希望生活在弱势群体的家庭，而生活的变故使我们每个人都有可能一夜之间变成社会中的弱势群体。因此，提升弱势群体的基本社会保障，对于保障社会中每个公民的利益、实现社会的公平与公正具有重要意义。

(3)住房水平是体现生活水平的重要方面，也是县域居民的基本人权。联合国人权委员会（The United Nations High Commissioner for Human Rights）将“获得充足住房的权利”作为各国人权发展的重要方面进行评估②。本研究对县域居民住房的评估从住房面积、住房质量、住房是否自有三个方面进行评估，以综合反映县域居民的居住质量。尽管住房的面积并不是越大越好，并且对于住房面积的偏好与文化环境有关③，但过于狭

---

① J.Rawls. A theory of justice［M］. Harvard university press，2009.

② Office of the United Nations High Commissioner for Human Rights［R］. The Right to Adequate Housing. Fact Sheet No. 21/Rev.1，2014.

③ S.Ytrehus. Interpretation of housing needs？ A critical discussion［J］. Housing，Theory and Society，2000，17（4）：166—174.

小的空间往往给居民的生活带来心理压力。根据国外媒体总结的数据，全球各国人均居住面积普遍较中国高（注：数据为房屋使用面积，中国的统计数据只包括城市而不包括农村）。澳大利亚的人均居住面积高达 89 平方米，美国达到 77 平方米，加拿大达到 72 平方米，即使是土地较为紧张的日本与英国，人均居住面积也分别达到 35 平方米和 33 平方米。相比之下，中国城市居民人均居住面积只有约 20 平方米[①]。根据我们对统计数据的分析来看，中国县域居民人均居住面积（建筑面积）为 29.76 平方米，最高的安徽省桐乡市人均居住面积（建筑面积）达 68.46 平方米。尽管如此，县域居民的人均居住面积，与全世界大多数发达国家仍有一定差距，未来仍有很大增长空间。因此，指标采用人均居住面积，具有一定的正向导向性，引导地方政府投入精力改善人均居住环境。县域居民的人均居住面积的计算，包括了农村居民的住房。而农村居民的居住面积相对较大，但居住条件、房屋条件相对较差，单纯考虑人均居住面积，无法完全反映住房条件。在这种情况下，本研究纳入了住房质量来弥补居住面积衡量的不足，使用自来水、厨房、浴室、厕所这四项日常生活中必不可少的设施的普及率来衡量住房质量。除此之外，我们也考虑了中国文化讲究居住的稳定性与房产世代的传承性。因此，在能够买房的情况下，很多人不愿意租房。基于这种考虑，我们采用住房自有率来衡量住房自有对于居民的心理安抚作用。单位分配住房、自建住房、购买商品房等都被我们列为自有住房。综上所述，我们最终采用人均居住面积、住房质量、住房自有率三个方面来衡量县域综合住房水平。

4. 居民综合发展水平的计算方法

县域居民发展指数采用等权重几何平均值的方法将收入、教育、生活质量三个方面纳入考量。采用等权重的原因是收入、教育、生活质量三个方面对于人的发展来说缺一不可，不能说哪一方面对于人的发展更重要。而采用几何平均值的原因是，几何平均值相对算术平均值来说，具有一定的“木桶原理”效应。如果县域发展很不平均，相对算术平均值来说，几

① 相关数据信息可参见：http://shrinkthatfootprint.com/how-big-is-a-house。

何平均值计算方法赋予其更低的分数和更低的排名，从而能够惩罚在某一方面相对落后的发展不平均的地区。这种计算方法的导向性，是希望各县域能够同等重视收入、教育和生活质量的全面、综合的发展，以为其居民提供全面发展的基础。

$$县域居民发展指数=\sqrt[3]{收入综合指数g教育综合指数g生活质量综合指数}$$

表格 -1 展示了整个研究所采用的指标体系，下文中对于每项指标的计算过程有详细论述。

表格 -1 县域居民发展指数指标体系

一级指标	二级指标	三级指标
收入综合指数	生产能力指数	人均地区生产总值
	财富存量指数	人均居民储蓄存款余额
教育综合指数	教育水平指数	平均受教育年限
	文盲水平指数	文盲率
	高等教育指数	大学教育率
生活综合指数	寿命指数	75 岁以上人口占 60 岁以上人口比重
	社会保障指数	万人卫生医疗机构床位数
		万人社会福利机构床位数
	住房综合指数	人均住房面积
		住房自有率
		住房质量（注）
	规模调整项	财政预算支出

注：住房质量由自来水普及率、厕所普及率、厨房普及率、浴室普及率四项综合计算获得。

第二节 收入综合指数的构成与计算方法

综合衡量收入的理论基础和数据可得性，收入综合指数的计算考虑了财富的流量和存量两个方面，分别采取了人均地区生产总值和人均居民储蓄存款余额两个指标来计算（见图 -3）。

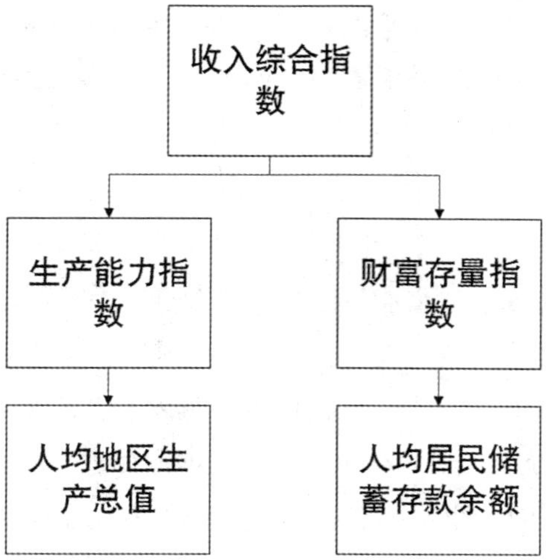

图 -3 收入综合指数的构成

1. 指标的选取与数据来源

衡量收入最好的指标莫过于人均可支配收入，但鉴于县域数据极为缺乏，通过各公开渠道都很难得到各个县的人均收入的一致数据。因此，本研究选取了地区生产总值和居民储蓄存款余额来衡量县域收入水平。这两项数据，我们采用了《中国县域统计年鉴 2014》的数据（数据为 2013 年各县市数据），个别缺失数据也已通过不同的数据库和地方统计年鉴补全。为全面反映县域所有居民的收入水平，在计算人均数据的过程中，我们选用了常住人口而不是户籍人口。虽然 GDP 只能反映生产和服务增长的总量情况，并不能反映成本和效益，但是 GDP 与收入成明显的正向相关关系，人均地区生产总值高的地区，居民的收入也往往较高，因而采用人均地区生产总值数据从一定程度上可以衡量当地的人均收入水平。

从人均地区生产总值高低的地域分布来看，基本上呈现东高西低、北高南低的趋势。东高西低的态势反映了中国东部县域经济发展水平普遍较西部高的发展现状，而北部边疆地区、东北地区人均地区生产总值较高与这些地区的产业结构偏重工业和采矿业有关，导致人均资本存量较高，人均地区生产总值也较高。总体来说，人均地区生产总值这一指标一定程度上反映了不同地域县域经济的发展现状。

仅仅利用人均 GDP 指标难以真正反映具体的居民收入，因为 GDP 跟收入之间还存在着国民收入分配而导致的差距。以资本密集型为主导产业的地区，在国民收入的分配中，劳动力获得的回报相对较少。因此，单纯靠人均地区生产总值不足以反映该地区居民的收入水平。

为弥补单一人均 GDP 指标的不足，本文采用居民储蓄存款余额来衡量收入水平。居民储蓄存款余额反映了一个地区居民财富的存量，可以一定程度上反映该地区的富裕程度。但由于其是存量，数据难以反映出单一年度居民财富的增加量。因此，靠人均居民储蓄存款余额单一指标难以单独反映居民的收入状况。与作为流量的人均地区生产总值相配合，两个指标能够相对客观地反映一个地区在一个年度内的收入水平。

需要指出的是，我们也意识到，居民储蓄存款余额在目前金融工具不断创新的情况下，越来越难以反映一个地区的富裕程度。越来越多的县域居民将其收入投入理财产品、基金、股票等多元投资渠道。尽管如此，人均居民储蓄存款余额仍然反映了各个地方的相对富裕程度。比如全国排名第一的浙江省义乌市，人均居民储蓄存款余额达 93534 元，反映了浙江省在全国相对较富裕的地位。从地域分布上来看，辽东半岛、山东半岛、江浙地区等经济较发达的地区，县域居民储蓄存量水平的确相对较高。而北部边疆地区，人均地区生产总值较高的地区也展现了人均居民储蓄存款余额较高的特点。可以看出，人均地区生产总值和人均居民储蓄存款余额有较强的相关性，在地域分布上具有相似的特点。

我们也考虑过采用消费品零售总额来衡量一个县域的富裕程度，但由于两个原因，我们没有采取这一指标：其一，我们观察到县域居民的消费特点，富裕人群经常到周边的大城市消费，特别是购买一些在县域难以买到的消费品，因此县域的消费能力有被低估的倾向；其二，全国部分县市建设发展了具有特色的批发零售市场，周围地区包括周边大城市的居民也前来购物，所以，消费品零售总额一定程度上高估了这些县域居民的消费能力。基于上述考虑，并且同时考虑到全国所有县域数据的可得性，本研究并没有采用社会消费品零售总额这一指标。

简而言之，采用人均地区生产总值和人均居民储蓄存款余额这两个指标来衡量县域收入水平，既有理论上的考虑，也有面临数据可得性的无奈折中，尽管并不完美，但能反映出各个地方相对富裕程度的差距。随着县域统计工作的发展和进步，未来有可能使用人均居民可支配收入更科学衡量县域居民的收入水平。

2. 数据的处理计算与去量纲化方法

全国不同地区各县市收入差距巨大。人均地区生产总值最高的县达到 313628 元（内蒙古自治区通辽市下辖的霍林郭勒市），而最低的只有 3765 元（云南省红河哈尼族彝族自治州屏边苗族自治县）。人均居民储蓄存款最高的县区达到 93534 元（浙江省义乌市），而最低的只有 151 元（西藏自治区那曲地区那曲县）。因收入差距巨大，线性处理并不能反映收入的边际效用递减的理论基础。为了计算收入指数，首先需将人均 GDP 与人均居民储蓄存款余额做对数化处理（参见表格 -2）。

表格 -2 收入数据的统计特征

变量	观测数	均值	标准差	最小值	最大值
人均地区生产总值（元）	1926	34204.19	29233.93	3765.28	313627.8
				屏边苗族自治县	霍林郭勒市
人均居民储蓄存款余额（元）	1926	18823.07	10859.21	150.85	93533.84
				那曲县	义乌市

为计算收入综合指数，需将对数化的两个指标去除量纲，得到人均 GDP 指数和人均居民储蓄存款余额指数。根据当前的数据特性，我们假定以目前的经济发展水平：县域人均 GDP 能够实现的最大值为 400000 元，且不可能低于 2000 元；县域人均居储蓄存款余额能够实现的最大值为

150000 元，且不可能低于 100 元。将两个指标采用以下方法无量纲化：

$$生产能力指数=\frac{\log 人均地区生产总值-\log 2000}{\log 400000-\log 2000}$$

$$财富存量指数=\frac{\log 人均居民储蓄存款余额-\log 100}{\log 150000-\log 100}$$

在上述无量纲化处理的基础上，计算人均地区生产总值指数和人均居民储蓄存款余额指数的几何平均值，得到收入综合指数。即：

$$收入综合指数=\sqrt{生产能力指数\cdot 财富存量指数}$$

如上文所述，人均地区生产总值和人均居民储蓄存款余额都不能单独反映一个地区的收入状况，两个方面缺一不可，因此采用几何平均值的方法计算综合指数。由于人均地区生产总值和人均居民储蓄存款余额都为“正指标”，采用几何平均来计算收入指数有鼓励各项指标均衡发展的含义，当某一个县存在一个落后的指标时，该县的收入指数排名会受到这个落后指标的“拖累”。

全国收入分布具有明显的地域特点，从辽东半岛到福建之间的中国沿海地区，县域居民收入水平普遍较高，北部边疆地区水平也普遍较高，而西南地区和中部部分地区收入相对较低。沿海地区历史上的发展基础较好，改革开放起步较早，收入现状也普遍较高。较为例外的是广东和广西的沿海地区。广西整体发展相对落后，而广东尽管为经济第一大省，但是省内发展不均衡，经济较为发达的广深地区所辖县市均已撤市变区。因此从县域发展的角度来看，广东省不占优势。北部边疆地区县市人口较少，支柱产业为资源型产业，人均地区生产总值和收入也都相对较高。其他收入较高地区，大部分都是大城市（比如成都、武汉、长沙等）的周边县市。

在后文的分析中我们可以看到，不仅仅是收入，在教育和生活水平等其他方面，县域的发展不平衡性都有类似的分布，第六章对全国县域发展程度的区域特征有详细的分析。

第三节　教育发展指数的构成与计算方法

1. 指标的选取及数据来源

在制定县域教育发展指数时（见图-4），我们采用了平均受教育年限、文盲率（文盲人口占15岁及以上人口比重）和大学教育率（大学专科以上人口占总常住人口比重）三个指标。目前，系统统计的全国一致的县域教育数据的指标比较少。其他研究较多地采用了中学、小学在校生数或其比值，因为各县人口年龄结构不同，并且县域人口流动性很高，因此在校生数无法反映适龄儿童的入学情况。相比之下，我们认为评价教育的发展程度需要从如下三个角度来看。

第一，文盲比重。15岁及以上不识字的人口被认为是文盲。文盲比重代表了一个地区教育的落后状况。居民摆脱文盲状态是一个地区发展的必要条件。Serge Coulombe等人采用“国际成人识字率调查（the International Adult Literacy Survey，IALS）”的数据，发现OECD国家1960—1994年间经济增长55%可以归因于识字率上升[①]。Robert Barro对于不同国家1960—1985年监测数据进行分析，同样发现成人识字率和学校入学率对经济增长都有正向作用[②]。Nelly Stromquist谈到：“识字技能对于决策、个人主张权利、主动或被动地参与地方和全球社会事务具有基础性作用。”[③]识字作为基本生存技能对于居民具有重要影响。许多实证研究表明，识字可以使居民更容易理解健康方面的信息。比如，Peter Sandiford等人在尼加拉瓜发现，母亲识字可以有效地降低婴儿的死亡率[④]。我们通过对中国人口普查的数据分析发现，中国许多县域的文盲率仍然较

① S.Coulombe，et al. Literacy scores，human capital and growth across fourteen OECD countries［R］.Statistics Canada Ottawa，2004.

② R.Barro. Economic Growth in a Cross Section of Countries［J］. Quarterly Journal of Economics，1991（106）：407—443.

③ N.Stromquist. The political benefits of adult literacy［J］. Background paper for EFA Global Monitoring Report 2005，2006.

④ P.Sandiford，et al. The impact of women's literacy on child health and its interaction with access to health services［J］. Population Studies，1995，49（1）：5—17.

高，特别一些西部县域，比如四川凉山彝族自治州所辖县市和西藏自治区的很多县市，文盲率都很高。同时，这些地区又是经济社会发展水平比较低的地区。消除文盲对于这些地区的发展具有重要作用。即使是在东部，部分县域地区也存在着大量文盲人口。消除文盲是县域居民全面发展的一个必要条件，因此本研究将文盲比重作为指标体系的重要构成项。

第二，高等教育人口比重。高等教育人口在我们的研究中指接受过大专以上教育的人口比重。在考察文盲率的基础之上，我们采用高等教育发展程度来衡量教育发展的另一极端。学术界对于高等教育投入与经济增长的关系一直具有争论。比如，Richard Vedder 主张高等教育未必一定提高生产率，对于高等教育的投入需要审慎地优化[①]。但也有许多研究表明，高等教育对于经济增长具有重要作用，比如，David Bloom 等人对于撒哈拉以南非洲的研究认为，高等教育对于经济增长和减少贫困具有重要意义[②]。关于非洲的研究对我们有很多启示，因为中国很多县域发展水平尚处在较为落后的水平，与非洲具有诸多共同点。目前，很多县的支柱产业以劳动密集型产业为主，而高等教育人口对于这些县未来实现产业转型具有重要意义。同时，高等教育可以全面提升居民素质，使他们具有更强的享受精神生活的能力，对于居民全面发展具有重要意义。

第三，平均受教育年限。用平均受教育年限衡量一个地区的平均受教育水平，是反映一个地区教育水平的重要统计特征。这一指标被应用在很多指标体系中，不同国家的统计部门也有比较一致的统计，在分析比较数据时具有较好的数据可得性。平均受教育年限也是联合国教科文组织统计学院（UNESCO Institute for Statistics）定期统计各国关于教育成就（Education Attainment）的三项指标之一[③]（其他两项指标分别为完成初等教育人口比例和不同学历人口比例）。考虑到数据需要具有较好的可得性以及横向纵向的可比较性，因此本文选用了平均受教育年限这一指标。另有很多研究体系（比如联合国人类发展指数）选用了预期受教育年限作

① R. K.Vedder. Going broke by degree: Why college costs too much［M］. American Enterprise Institute，2004.

② D.Bloom，et al. Higher education and economic development in Africa［M］. Harvard University，2005.

③ 相关数据信息可参见：http://data.uis.unesco.org。

为反映教育状况的重要指标。预期受教育年限在计算上需要各个年龄段就学人口（Population Enrolled in School）这一数据，对此指标我们无法获得全国一致的县域数据。因此，我们没有采用预期受教育年限，而是使用平均受教育年限作为衡量教育水平的指标。

我们使用的平均受教育年限、文盲率和大学教育率的数据来源于2010年的人口普查结果。鉴于从2010年到2013年，这些数据会发生一定的变化，我们依据近年来各县域新增的大学情况对数据进行了调整，以保证数据的准确性（调整的内容详见附录2）。我们之所以用新增大学情况对数据进行调整是基于如下考虑：因为人口基数较大，在人口结构没有因外生冲击产生重大变化的情况下，三年时间中上述变量变化很小。新建大学或大学校区可以视作影响人口结构的重大外生冲击，数千甚至上万受过高等教育的人口以及正在接受高等教育的人口短时间移入，会对县域上述指标产生较为重大的影响。除新建大学之外，一些大城市扩张，在周边县域建设新区，也有可能导致受高等教育的人口移入，但这种效应依据我们目前的数据难以准确计量，因此我们没有精确定量调整这部分县域的数据。

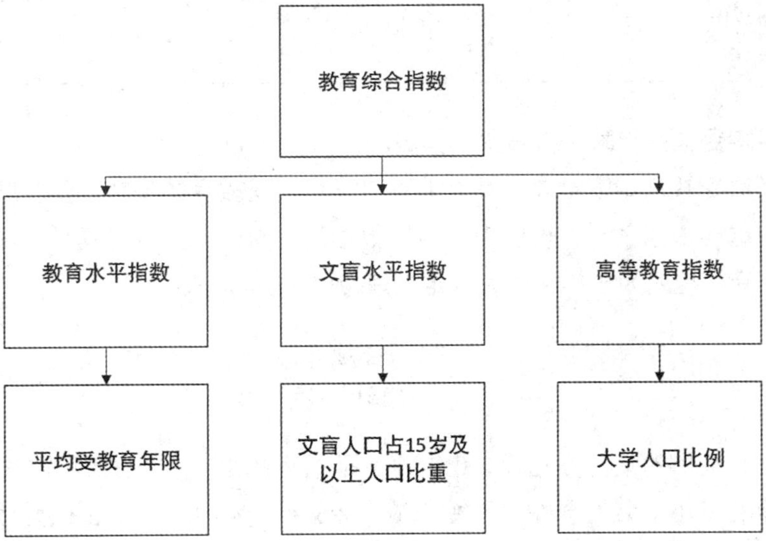

图 -4 教育综合指数的构成

另外，因为三个初始指标的性质不同，有不同的量纲和数量级，在合成教育指数之前，我们需要对指标进行无量纲化处理，具体处理方法如下文所述。

2. 数据的处理计算与去量纲化方法

根据本研究收集的数据的特性，在计算教育综合指数之前，我们对各个指标进行了无量纲化处理。具体处理方法如下（数据特性参见表格 -3）。

表格 -3 教育数据的统计特征

变量	观测数	均值	标准差	最小值	最大值
平均受教育年限（年）	1926	8.10	1.15	2.00 聂荣县	11.14 延吉市
大学人口比例（%）	1926	4.73%	2.55%	0.61% 和田县	21.20% 石河子市
文盲人口占15岁及以上人口比重（%）	1926	7.76%	8.22%	0.09% 陇县	66.22% 左贡县

平均受教育年限（教育水平指数）

平均受教育年限指 6 岁及以上人口平均接受教育的年数，是反映人口素质的重要指标之一。根据中国县域数据的发布，本文设定受教育年限最小可接受的程度为 6 年，最大设定为理想值 12 年，即：

$$平指数=\frac{平均受教育年限-6年}{12年-6年}$$

需要指出的是，在这里，6 年并不是最小的平均受教育年限，6 年要比实际的最小受教育年限大一些。在 1926 个县域中，有 115 个县域平均受教育年限小于 6 年。对于小于 6 年的县域，平均受教育年限指数取 0。做这种处理考虑到两个原因：一是数据跨度太大，倘若采用实际的最小值，处理之后的数据会较多集中在中间值 0.5 左右，各县域之间差距太小，不利于进一步的比较和排序；二是6年的小学教育是最基本的，倘若6年的平均受教育年限都达不到是很不利于县域发展的。因此，在实际考虑中不管具体平均受教育年限是多少，只要数值低于6年，无量纲化的结果的平均受教育年限得分都为零。

另外，12年也不是最大的受教育年限，实际的最大受教育年限为11.14年。之所以将最大受教育年限稍稍提高，是想传达出这样的思想，即所有县域在平均受教育年限上都还有进步的空间。目前各主要发达国家平均受教育年限都在12年左右，比如美国为12.9年、澳大利亚为12.8年、英国为12.3年、韩国为11.8年、日本为11.3年。将平均受教育年限的理想值定为12年，具有一定的指导性和可实现性，引导县域在居民教育方面努力向发达国家靠拢。

中国县域平均受教育年限为8.10年，最低的西藏自治区聂荣县为2年，最高的吉林省延吉市为11.14年。从地理分布来看，北方总体受教育状况较南方要好，新疆北部、内蒙古大部、东北地区表现普遍较好，大多数居于全国前20%中部地区京广铁路沿线的大城市周边县市受教育状况较好；而整个西南地区普遍受教育状况较差，西藏自治区、青海省的许多县市平均受教育年限普遍达不到6年。可能与我们普遍认识相悖的是，东部沿海地区的平均受教育状况表现不佳。产生这种现象的原因比较复杂。一方面，我们的计算是基于常住人口，而沿海地区许多县市聚集了大量受教育水平不高的外来务工人员，导致平均教育年限不高；另一方面，东部地区许多县市以劳动密集型产业为主，雇佣的人员相对教育水平不高。这种现象值得我们警惕。东部许多县市在人口红利消耗殆尽的背景之下，提出产业升级和产业转型战略。这一战略的实施需要相应的高素质的劳动力作为支撑。从目前来看，现有的劳动力结构难以满足产业转型和产业升级的需要，这一点在后文中有详细分析。

文盲率（文盲水平指数）

文盲率指15岁及以上不识字的人口占总人口的比重[①]，反映一个国家

① 国家统计局.第六次全国人口普查主要数据发布［EB/OL］. 国家统计局官方网站，2011-04-28［2016-03-16］. http://www.stats.gov.cn/tjsj/zxfb/201104/t20110428_12707.html.

或一个地区居民最基本的教育程度。

$$文盲水平指数=\frac{20\%-文盲率}{20\%-0}$$

需要指出的是，20% 并不是最大的文盲率，在 1926 个县域中有 133 个县的文盲率高于 20%。对于文盲率高于 20% 的县域，文盲率指数取 0。做这种处理考虑到两个原因：一是数据跨度太大，倘若采用实际的最大值，处理之后的数据会较多集中在中间和较小的数值，各县域之间差距太小，不利于进一步的比较和排序；二是文盲率 20% 已经很高，已经较大程度限制了县域的发展，故而将文盲率高于 20% 的县域的文盲率得分定为 0，从而引导和激励这些县域努力消除文盲现象。从世界银行的统计数据来看，20% 的文盲率在国际上处于较为落后的水平。世界上许多国家已经基本消除文盲，发达国家的文盲率在 0—2% 左右①。因此，本研究将文盲率的下限定为 0，以激励各县域努力扫除文盲现象。

中国县域平均文盲率为 7.76%，全国有 392 个县文盲率超过 10%，西藏自治区和四川甘孜藏族自治州、凉山彝族自治州的部分地区文盲率皆超过 50%，显示全国县域扫盲任务依然艰巨。新疆维吾尔自治区和东北地区、华南地区文盲率相对较低，西南地区和山东、江苏、浙江、湖南、安徽等省份东部及中部省份文盲率相对较高。产生这种状况的原因值得我们进一步研究。

大学教育率（高等教育指数）

大学教育率指一个地区大学专科以上人口占总常住人口的比重。大学教育率根据 2010 年人口普查数据和近几年的人口调查数据综合调整计算获得，基本计算方法如下。

计算公式：

$$大学教育率=\frac{大学专科以上人口数}{常住人口数}\times 100\%$$

无量纲化方法：

$$高等教育指数=\frac{大学教育率-0\%}{10\%-0\%}$$

① 相关数据信息可参见：http://data.worldbank.org/indicator/SE.ADT.LITR.ZS。

需要指出的是，10%并不是最大的大学教育率，在1926个县域中有83个县的大学教育率高于10%。对于教育率高于10%的县域，大学教育率指数取1。做这种处理考虑到两个原因：一是数据跨度太大，倘若采用实际的最大值，无量纲化处理之后的数据会较多集中在比较小的数值，各县域之间差距太小，不利于进一步的比较和排序；二是大学教育率10%已经较高，教育率超过10%的县域在大学教育方面已较为突出，将此类县域的大学教育率指数取1，即此类县继续在大学教育方面投入，得分不会继续提高，旨在引导其将有限的资源投入到其他方面。需要指出的是，本研究并不认为10%的大学教育率是教育人口比例的理想值。美国、日本、韩国等发达国家受过高等教育人口比例大约占总人口的30%，比较来看，中国县域高等教育水平还有很大的进步空间。未来随着中国县域高等教育人口比例的普遍提高，我们的评价体系会根据全国高等教育普遍发展状况适时调整。

尽管新疆维吾尔自治区石河子市的大学人口比例高达21.20%，但中国各县发展水平普遍较低，全国平均大学人口比例只有4.73%，有1843个县（全国95.70%的县域）这一指标低于10%。总体来看，北方地区大学人口比例相对较高，其他诸如山东半岛、苏南地区和浙江、福建等省份也均有较好表现。对于此分布的特点及产生原因，第六章有详细分析。

3. 权重确定方法与指数计算方法

在最终计算县域教育发展指数时，我们采用了等权重的算术平均，理由是在我们看来，这三个指标对于教育发展是同等重要的。

$$\text{教育综合指数}=\frac{\text{教育水平指数}+\text{文盲水平指数}+\text{高等教育指数}}{3}$$

我们没有选择几何平均值，是因为采用几何平均时，倘若存在一个指标短板就决定了整个教育发展指标值很低。而实际情况是，在判断某个地区的教育情况时，我们不能因为这三个指数中仅仅一个指数偏低就否定该地区的教育情况。我们也选用了主成分方法对指标进行了测算，发现KMO（Kaiser-Meyer-Olkin）值仅为0.401。KMO是用于比较变量间简单相关系数和偏相关系数的指标，取值在0和1之间。当所有变量间的简单相关系数平方和远远大于偏相关系数平方和时，KMO 值接近 1，KMO 值越接近于 1，意味着变量间的相关性越强，原有变量越适合做因子分析；当 KMO 值越接近于 0，意味着变量间的相关性越弱，原有变量越不适合做因子分析。一般来说，需要 KMO 值为 0.6 以上比较好。并且我们在分析提取的主成分时发现，主成分的累计贡献率仅为 70.746%，说明提取的主成分只能解释原数据 70.746% 的信息，所以主成分的方法并不适用（数据详见附录 4）。

对比教育综合指数的计算结果与收入的地理分布，总体来看，大部分收入较高的县域也展示了相对较高的教育水平，但这种关系并不是绝对的。比如，浙江省的县域普遍收入比较高，但教育水平发展不高；新疆的北部县域教育水平较高，收入欠佳。诸如此类发展的不平衡性，在文中第五章有详细分析和诠释。

第四节　生活质量综合指数的构成与计算方法

1. 县域居民生活质量评价分析的主要思路

本研究主要从三个方面对县域居民生活质量进行评价。(1) 住房方面：主要包括人均住房面积、住房自有率、住房质量三个指标。住房质量包括住房内是否有自来水管道、厨房、浴室、厕所等基本设施。(2) 社会保障方面：主要从每万人医疗机构床位数、每万人社会福利床位数两方面进行测度。(3) 寿命方面：主要以 75 岁以上人口占 60 岁以上人口比重来衡量一个地区的老年人寿命。上述指数可以部分描述居民所享有的地方公共服务的水平，地方的基础设施水平等方面也与居民的生活质量息息相关，但上述指标无法衡量。因此，本研究考虑用一个总的指标来概括地方对基础设施和公共服务的总体投资规模。考虑到地方财政支出反映了一个地方对于基础设施和公共服务的总体投资水平，本研究采用县级财政支出总额作为规模调整因素。

与收入和教育的指数计算不同，生活质量综合指数的计算采用了层次分析法（AHP）。对于收入和教育下面的子指标来说，重要性无法通过主观偏好判断来解决。从理论上来看，任何一个指标都具有不可替代的重要性。因此，我们采用等权重的处理方法。而对于生活综合指数下辖的子指标来说，并不是都有相同的重要性。居民的主观偏好对于重要性的判断具有重要影响。评价县域居民的发展水平，很重要的一点是该县是否具备能够满足居民需要的能力。因此，在权重选择上，本研究采用了能够反映居民主观偏好的 AHP 方法。本研究通过对专家和居民的调研计算不同指标的权重，再通过加权求和的方法获得生活质量综合指数。运用算术平均法将财政总支出与生活综合指数进行调整，最后得出生活质量指数。

2. 指标的选取与数据来源

根据县域生活质量评价的实质内涵，针对居民居住质量方面、社会保障方面、寿命方面三大模块，我们分别拟定了相应的评价分析指标。在具体评价分析时，根据社会现实经济状况、经济理论和数据的可得性，我们选择如下指标。

住房综合水平评价分析的主要指标

不断改善居民的居住条件和环境，一直是中国乃至全世界范围内的一项极为重要的共同社会问题，是社会科学健康发展的一个重要标志。一般情况下，衡量一个地区居民住房条件的好坏主要看以下几个指标，即住房自有率、人均住房面积、住房质量、住房的交通便利程度、居住人文环境和自然环境等，基于数据的可得性和指标的重要程度，我们选取了住房自有率指数、人均住房面积指数、住房质量指数这三个指标。

在权重确定方面，我们采用抽样调查（调查问卷详见附录 3）的方法，要求受访者对各项指标的重要性进行两两比较，并利用 AHP 方法计算出住房自有率指数、人均住房面积指数、住房质量指数所赋予的权重，分别为 0.4662、0.2362、0.2976。

上述数据来自于对东部某县居民 117 人的调查，调查采取了分层抽样的方法，先随机抽取了教师、基层公务员、农民三个职业，然后随机抽取教师 20 人、基层公务员 40 人、农民 57 人。尽管我们认识到抽样的方法并不完美，随机性也无法完全保证，但在受预算和调查条件的可行性的约束下，我们尽量采用简单随机抽样的方法思路来处理。我们也认识到，仅仅在东部某县做的调查，无法代表中国县域居民的想法。在未来的研究中，我们会采用更加可靠的统计方法进行调查。因为AHP方法涉及的权重仅仅是整个评价体系的一小部分，经我们对不同极端的权重情况进行模拟，发现权重结果对最终排名的影响很小。因此，此处抽样调查的方法会对最终的评价结果产生根本性影响。

社会保障指数评价分析的主要指标

社会保障是指国家通过立法，积极动员社会各方面资源，保障公民的基本生活不受影响，保证无收入、低收入以及遭受各种意外灾害的公民能够维持基本生存，同时根据经济和社会发展状况，逐步增进公共福利水平，提高国民生活质量。所以，社会保障是衡量一个地区居民生活水平和生活质量的重要指标。考虑到数据收集的可行性，本文主要以社会保障和医疗保障采用每万人医疗机构床位、每万人社会福利床位两个指标为研究对象，来衡量一个地区的社会保障状况。首先，以每万人医疗机构床位、每万人社会福利床位为基础，根据无量纲化方法，产生数值在［0，1］的指数值。然后，根据等权重的几何平均法计算出综合指数值，并以此作为社会保障指数排名的基础。

$$\text{社会保障指数}=\sqrt{\text{社会福利床位指数}\cdot\text{医疗机构床位指数}}$$

寿命指数评价分析的主要指标

人均预期寿命，能够相对准确地反映出一个地区社会生活质量的高低。社会经济条件的差别、卫生医疗水平的高低都限制着人们的寿命。所以不同社会、不同时期人类寿命的长短有着很大的差别。因此，人均寿命的长短是反映一个地区发展水平的重要方面。

考虑到数据可得性，本研究无法计算中国各县市的人均预期寿命。为解决这一问题，本研究将75岁以上人口占60岁以上人口比重作为衡量一个地区的居民寿命及健康程度的一个重要指标。之所以选择75岁和60岁两个年龄界限，是因为目前中国人均预期寿命的平均值接近75岁。因此75岁以上人口代表了高龄人口。人口流动导致很多相对落后的地区的年轻人外出打工，不会被计算在人口基数中。在这种情况下，如果只考虑75岁以上人口比例，将导致这些地区寿命得分偏高。而选择60岁这个界限，是因为很多打工者在60岁这个年龄会返回家乡居住，60岁以上人口外出务工比例较低。这个数值不能选择太高的原因是，中国人均寿命最靠后的西藏自治区，人均寿命大约为64岁，如果选择64岁以上的数值作为下线，这会导致西藏自治区得分过高。西藏自治区很大一部分人口无法生存到64岁以上，而生存到64岁以上的人口，很可能会继续生存到75岁以上，这样计算便无法反映西藏真实的人均寿命状况。综合考虑上述原因，本研究采用75岁以上人口占60岁以上人口的比例来反映一个地区的人均寿命状况。

规模调整项

上述三项指数都是从人均方面来考虑生活质量，无法反映较大的经济总量给公共服务带来的好处。居民的生活质量，很大程度上还依赖于交通、道路、图书馆等公共服务设施。经济总量较大的地区，往往有能力支付大的公共工程，从而为该地居民提供更好的公共服务和基础设施。这一点在上述三方面的指标中无法体现。因此，本研究引入规模调整项来反映经济规模总量给一个地区居民生活和居民发展带来的好处（见图-5）。规模调整项采用了财政支出这一指标。财政支出往往反映了一个地区对于基础设施和公共服务的投入，一定程度上也能反映经济规模给居民生活带来的好处。

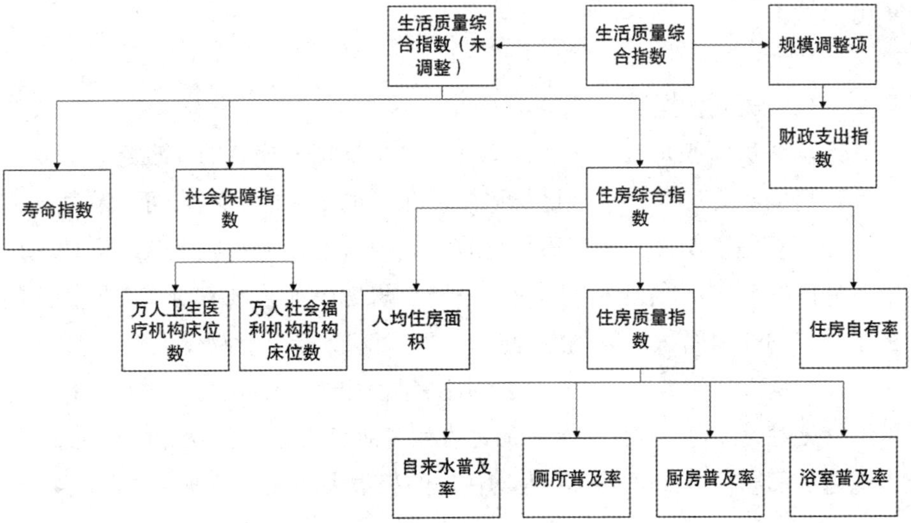

图-5 生活质量综合指数的构成

3. 数据的处理计算与去量纲化方法

住房综合指数的计算与处理

我们考虑到自有住房在中国人生活中的重要性，并结合中国住房的现状，把“住房自有率”定义为居住在非租赁住房的家庭户数占整个社会住房家庭户数的比例。该定义与国际上常用的基于产权的定义有所不同。考虑到中国住房并非完全市场化，比如，有许多居民居住在单位分配的房子中，没有产权但可以长期居住，我们依据“租赁”与“非租赁”的关系来定义住房是否自有。因此：

$$住房自有率=\frac{居住于非租赁住房家庭户数}{全部住房家庭户数}\times100\%$$

住房自有率指数是指无量纲化处理后的住房自有率：

$$住房自有率指数=\frac{住房自有率-0.4}{1-0.4}$$

对住房自有率处理进行时，我们发现住房自有率最低的地区是西藏自治区林芝县47.06%，最高的地区住房自有率可达100%。因此我们选择无量纲化的下限为40%，上限为100%。

人均住房面积指数

人均住房面积是指按居住人口计算的平均每人拥有的住宅建筑面积。人均住房面积是影响一个地区居民生活条件的重要因素，它可以从某一方面较为客观地说明民生和居民居住权益的改善程度，可以反映不同地区居住条件的差别，同时也为我们提供了一个思考中国县域房地产发展模式的视角。人均住房面积指数是指对人均住房面积进行无量纲化处理。

在住房面积指数部分中，对人均住房面积指标和住房自有率指标进行无量纲化处理。人均住房面积最小的地方为青海玉树藏族自治州的玉树市①，人均住房面积仅1.06平方米；人均住房面积最大的地方是浙江嘉兴桐乡市，

① 玉树市的住房情况受2010年4月青海玉树大地震的影响，并不能真正反映玉树市的人均居住水平。受条件所限，本研究暂时采用此数据。除青海玉树之外，其他地区数据无异常。

人均住房面积 68.46 平方米。为避免玉树地区的指数变成 0，所以在去除量纲时下限取 0 平方米。考虑到各个县域未来的经济发展空间，上限取 75 平方米。

$$人均住房面积指数=\frac{人均住房面积-0}{75-0}$$

住房质量指数

住房质量在这里主要是指居民住房内是否具有配套的自来水管道、厕所、浴室和厨房等基本设施。随着社会经济发展水平的提高，中国居民对居住环境质量提出了更高的要求，居民住房内是否具有配套的自来水管道、厕所、浴室和厨房等设施，对于提高居民的住房整体质量、居住条件以及生活水平等有重要影响。

本文以层次分析法（AHP）为基础，根据对抽样居民的问卷调查和专家打分相结合的方法，通过建立层次分析模型，对影响居民住房质量的配套设施的重要性进行分析，最后得出各自的权重，自来水管道占有率、厕所占有率、浴室占有率、厨房占有率的权重分别为 0.4160、0.3695、0.1496、0.0654，并且对于自来水管道占有率、厕所占有率、浴室占有率和厨房占有率都进行了无量纲化处理。住房质量指数是指对无量纲化处理后的自来水管道占有率、厕所占有率、浴室占有率和厨房占有率进行加权求和后的数值。

$$\begin{aligned}住房质量指数=&0.4160\bullet 自来水普及率+0.3695\bullet 厕所普及率\\&+0.1496\bullet 浴室普及率+0.0654\bullet 厨房普及率\end{aligned}$$

社会保障指数的计算与处理

本研究对社会保障指数部分的万人医疗床位和万人社会福利床位两个指标都做无量纲化处理。虽然有 38 个县域地方的万人医疗床位数大于 80，但万人医疗床位指标的上限我们设为 80。每万人拥有 80 个医疗床位这一数据，已经接近甚至超过很多发达国家的水平，比如，德国为 82 个、法国为 64 个、瑞士为 50 个。本研究中，共有 38 个县市的万人医疗床位数大于 80，这些县的这一指标得分为 1。这样处理的主要考虑是避免数据过于离散，同时也为了导向这些县，使他们将有限的资源投入到其他方面，全面提高居民生活质量。为避免指标去除量纲化后变成 0，万人医疗床位指标的下限我们取 0。有 51 个县市的万人社会福利床位数大于 100，我们设定指标的上限为 100。万人社会福利床位数大于 100 的 51 个县市得分为 1，这是基于与上面同样的原因，避免数据过于离散，同时导向县级政府更有效地配置资源。万人社会福利床位指标的下限我们取 0。

$$医疗机构床位指数=\frac{万人医疗机构床位-0}{80-0}$$

$$社会福利床位数指数=\frac{万人社会福利床位数-0}{100-0}$$

分析展示了社会保障指数的地理分布可以看出，中国各地社会保障发展水平具有不平衡性。尽管北方地区在收入指数方面表现较好，但社会保障水平方面表现一般。而西南地区许多县在其他方面表现不佳，但社会保障水平方面尚可。福建、广东等传统意义上我们认为经济较发达的地区，县域社会保障水平却比较低。

寿命指数的计算与处理

对于寿命指数部分，我们做了如下的处理：

$$寿命指数=\frac{75岁以上人口/60岁以上人口-0}{30\%-0}$$

寿命指数调整的主要考虑是，将寿命的范围调整到与住房和社会保障两项指数相似的范围，以避免寿命指数得分对综合指数得分产生过大的影响。

分析中国各县域 15 岁以上人口占 60 岁以上人口比重的地理分布。可以看出，这一指标明显呈现南高北低的状况。经济较为发达的东部，这一指标相对较高；而在生活相对艰苦的北部和西南边疆地区，这一指标相对较差。

生活综合指数（未规模调整）的计算

县域居民生活质量主要包括住房、社会保障、寿命三个方面，即县域居民生活质量综合指数由住房指数、社会保障指数和寿命指数三个指标构成。我们运用 AHP 方法，将抽样居民的打分问卷调查和专家打分相结合，建立层次分析模型，对影响居民生活的住房指数、社会保障指数和寿命指数的重要性进行处理，各自的权重分别为 0.2176、0.2816、0.5009，最后得出一个生活综合指数。

生活质量综合指数（未调整）=0.2176g住房指数+0.2816g社会保障指数+0.5009g寿命指数

规模调整与生活综合指数的计算

由于一个地区的地方政府财政总支出为地方的基础设施提供了大量的投资和资本，为居民生活提供了许多便利条件和良好的生活环境，所以，地方政府的财政总支出对于衡量一个地区的居民生活质量和水平具有十分重要的影响。因此，我们对居民生活综合指数进行调整，将县级财政支出总额作为规模调整项。最后，将生活综合指数和规模调整项——地方政府财政总支出进行算术平均，得出来的即为生活指数。

$$\text{生活综合指数}=\frac{\text{生活综合指数（未调整）}+\text{规模调整项}}{2}$$

表格 -4　生活质量数据统计特征

变量	观测数	均值	标准差	最小值	最大值
75 岁以上人口占 60 岁以上人口比例（%）	1926	24%	4%	12% 民乐县	38% 文昌市
万人医疗床位数（床）	1926	36.24	14.87	0.41 竹山县	163.30 噶尔县
万人社会福利床位数（床）	1926	31.85	26.69	0.24 云霄县	228.86 成安县
自来水普及率（%）	1926	61.86%	24.50%	3.76% 杂多县	100% 密云县
厨房普及率（%）	1926	81.48%	19.98%	3.17% 日土县	100% 迁安市

变量	观测数	均值	标准差	最小值	最大值
浴室普及率（%）	1926	48.47%	23.69%	0.22% 申扎县	100% 大厂回族自治县
厕所普及率（%）	1926	61.13%	24.95%	0.43% 日土县	100% 长海县
住房自有率（%）	1926	93.93%	5.99%	44.45% 玉环县	100% 玉树市
人均住房面积（平方米）	1926	29.76	8.07	1.06 玉树市	68.46 桐乡市

分析生活质量综合指数的全国地理分布可以看出，生活质量具有南高北低、东高西低的特点。华东、华南、华中、辽东半岛以及京津唐地区生活质量都相对较高，而从新疆、内蒙古到黑龙江的北部边疆地区和西南地区、关中地区以及河北、山西等省份生活质量得分相对较为落后（数据特性参见表格 -4）。生活质量的全国分布与收入、教育的分布有明显区别，这一点在第五章和第六章有详细分析。

第四章
县域居民发展指数的计算方法

第一节　数据来源与处理方法

1. 数据来源

本研究的数据全部来自公开渠道，包括历年《中国县域统计年鉴》（原《中国县（市）社会经济统计年鉴》）、《中国区域经济统计年鉴》、《中国城市统计年鉴》、《中国城市建设统计年鉴》和各省（自治区、直辖市）、各地市、各县市统计年鉴以及历次人口普查数据、中国劳动力动态调查数据、万得数据库等。

2. 数据调整

生活质量相关数据调整

本书以 2010 全国年人口普查数据为基础，根据 2012 年中国劳动力动态调查数据（CLDS）和各县市 2008—2013 年人均地区生产总值的变化情况，对人均住房建筑面积、住房自有率以及家庭自来水、厨房、厕所和洗澡设施拥有率进行了调整。

调整方法

首先，根据 2012 年中国劳动力动态调查数据，分别建立人均住房建筑面积、住房自有率以及家庭自来水、厨房、厕所和洗澡设施拥有率与人均地区生产总值或人均地区生产总值增长率之间关系的计量模型。

中国劳动力动态调查数据是由中山大学社会科学调查中心收集的①。该调查采用多阶段、多层次与劳动力规模成比例的概率抽样方法（Multistage Cluster，Stratified，PPS Sampling）。样本覆盖中国29个省份（未包括海南、西藏以及港澳和台湾），调查对象为样本家庭户中的全部劳动力（年龄15—64岁的家庭成员）。2012年共收集到了16253个有效样本。所收集的信息包括受访者个体特征、工作和家庭住房条件等，为本书中对生活质量相关数据的调整提供了良好的数据支持。

调整过程中所采用的计量模型如下：

$$LQ_i = \alpha + \beta_1 GDP_i + \beta_2 P_i + \beta_3 E_i + \beta_4 R_i + \varepsilon_i$$

其中，LQ为生活质量相关指标，包括人均住房建筑面积、是否拥有所居住房屋的产权以及所居住房屋是否有自来水、厨房、厕所和洗澡设施。人均住房建筑面积为连续数据，我们采用OLS模型回归，其他五项均为二分类数据。我们采用Logit模型进行回归分析。GDP为各省人均地区生产总值或人均地区生产总值平均增长率（2008—2013年）。P为受访者个体特征变量，包括年龄、性别和受教育程度等。E为受访者工作变量，包括所从事的行业、职业和是否签订劳动合同等。R为省市虚拟变量。

其次，根据计量结果，计算人均地区生产总值变化对各生活质量相关指标的边际影响，然后根据各县市人均地区生产总值的实际变化情况，将其人均住房建筑面积、住房自有率以及家庭自来水、厨房、厕所和洗澡设施拥有率调整至2013年。

调整结果

表格 -5 给出了人均地区生产总值变化对人均住房面积、房屋产权、是否拥有自来水、厨房、浴室和厕所影响的回归结果。人均地区生产总值增长率对人均住房面积和是否拥有房屋的产权具有显著影响，而人均地区

① 中国劳动力动态调查数据的详细介绍，可登录中山大学社会科学调查中心网站（http://css.sysu.edu.cn/Data）查看。

生产总值仅对房屋内是否有自来水和浴室具有显著影响，对是否有厨房和厕所的影响不显著。根据回归结果，我们计算了人均地区生产总值或人均地区生产总值增长率对反映生活质量六项指标的边际影响，进而根据各县市人均地区生产总值的变化情况对上述指标进行调整。

表格 -5 人均地区生产总值变化对生活质量相关指标的影响

	住房面积对数	房屋产权	自来水	厨房	浴室	厕所
GDP 增长率	3.5780**	35.8451***				
	(2.15)	(5.50)				
GDP 对数			2.0594*	0.3933	1.5734***	0.1134
			(1.78)	(0.79)	(3.46)	(0.30)
其他变量	控制	控制	控制	控制	控制	控制
N	7086	8027	7842	7764	8027	15778
adj./pseudo R2	0.185	0.417	0.323	0.138	0.276	0.351

p<0.10， ** p<0.05， *** p<0.01

表格 -6 列出了人均住房面积、房屋产权以及是否拥有自来水、厨房、浴室和厕所六项反映生活质量指标调整前后的变化情况。人均住房面积由调整前的 30.03 平方米增加到了调整后的 33.49 平方米。房屋内浴室和自来水拥有率的变化最大，增加了大约 10 个百分点，其中，浴室的拥有率由调整前的 39.13% 上升到了调整后的 49.95%，自来水的拥有量由调整前的 53.62% 上升到了调整后的 62.97%。房屋产权拥有率的变化相对较小，由调整前的 93.55% 增加到了调整后的 98.79%，上升了 5.24 个百分点。房屋内厨房和厕所的变化程度最小，其中厨房拥有率增加了 1.66 个百分点（由 80.34% 调整到了 82%），厕所拥有率仅增加了 0.71 个百分点（由 61.25% 调整到了 61.96%）。

表格 -6 生活质量相关指标调整前后描述性统计

	调整前		调整后	
	均值	标准差	均值	标准差
住房面积	30.03	8.15	33.49	8.13

	调整前		调整后	
房屋产权	93.55	6.79	98.79	5.23
自来水	53.62	25.39	62.97	24.59
厨房	80.34	19.89	82.00	19.66
浴室	39.13	24.80	49.95	24.29
厕所	61.25	24.84	61.96	24.80

教育相关数据调整

一般情况下，某一地区的教育年限、文盲人口比重和接受过大专及以上教育的人口比重在短时期内不会发生较大的变化。但是，近年来部分高等院校尤其是东部发达地区的知名大学，在个别县市建立分校或校区，可能会对当地教育相关数据产生一定程度的影响。因此，本书筛选出人均地区生产总值排名前三百的县市，对2011—2013年建立大专及以上高等院校的分校或校区且招生的县市的文盲比重、接受过大专及以上教育的人口比重和人均受教育年限做了相应的调整。调整的方法如下。

（1）文盲人口的比重。高等院校分校或校区的设立对本地区文盲人口的数量不产生影响，我们假设2011—2013年各县市文盲人口的数量保持不变。

文盲人口比重的调整公式为：

$$\text{调整后文盲人口比重}=\frac{\text{调整前文盲人口比重}\times\text{2010年常住人口数量}}{\text{2010年常住人口数量}+\text{招生数量}}$$

（2）接受过大专及以上教育的人口比重计算公式为：

$$\text{调整后大专及以上人口比重}=\frac{\text{调整前大专及以上人口比重}\times\text{2010常住人口数量}+\text{招生数量}}{\text{2010年常住人口数量}+\text{招生数量}}$$

（3）人均受教育年限。假设 i 年级学生的受教育年限为 j 年，其中，大一学生的受教育年限为12年，大二学生为13年，大三学生为14年，大四学生为15年。调整公式为：

$$\text{调整后人均受教育年限}=\frac{\text{调整前人均受教育年限}\times\text{2010年常住人口数量}+\sum\text{i年级学生}\times\text{受教育年限j年}}{\text{2010年常住人口数量}+\text{招生人数}}$$

附录3列出了设立高等院校的分校或校区的县市调整前后文盲人口

比重、接受过大专及以上教育的人口比重和人均受教育年限的变化情况。总体来看，高等院校的分校或校区的设立对当地教育相关指标的影响并不大。其中，平均文盲人口比重由调整前的 4.14% 下降到了调整后的 4.10%，下降了 0.04 个百分点。接受过大专及以上教育人口的比重由调整前的 11.48% 上升到了调整后的 12.04%，仅增加了 0.56 个百分点。人均受教育年限则由调整前的9.406年提高到了调整后的9.433年，仅增加了0.027年。

第二节　权重确定方法和结果

1. 算术平均法和几何平均法

选定评价方法时要考虑到指标的数据特征、指标含义和指标间的关系，利用合理的方式对系统进行评价。首先介绍本研究使用的同时也是最简单、也是最基本的两个合成方法：算术平均法和几何平均法。

从上述两个模型可以看出指标值和它们之间的合成方式决定了评价结构。算术平均数属于线性加权，而几何平均数是非线性加权（见图 -6)。

本文的收入综合指数采用了几何平均法，原因是人均地区生产总值和人均储蓄存款余额两者都很重要，缺一不可。人均地区生产总值是一个流量概念，而人均储蓄存款余额是个存量概念，两者对衡量一个地区的经济同等重要，存量来自于流量的积累，存量亦能衍生出流量。如果其中一个指标值比较低，我们认为这个指标给整个收入综合指标拖了后腿，所以为了鼓励各县域对两个指标同等重视，我们采取几何平均法。几何平均数对指标值变动的反映比算术平均数更加敏感，更能突出评价指标中较小者的作用，有着“一丑遮百俊”和“不求有功但求无过”的特征，有助于促使系统全面协调发展。

本文的教育指标采取的是算术平均数而非几何平均数，我们认为教育发展指数不像木桶原理，不能因为一块短板而去否定整个地区的教育水平。算术平均法适用于各指标对综合评价值的贡献彼此间几乎是无影响的，在做无量纲化处理中，很多指标值为 0，如果采用几何算术法，只要有一个指标为 0，那么这个地方的教育发展指数将为 0，因此将会有很大一部分地区的教育发展指数为 0，我们无法通过数据比较出这些地方教育发展有何差别。并且，对于教育发展指标，如果评价它的其中一个指标值很突出，我们也认为这个地区的教育水平并不差。例如，在新疆一些地方，平均受教育年限比其他地区要高，但是大学受教育率并不突出，原因在于在新疆一些地方是十二年义务教育，而中国大多数地区还只是九年义务教育。但是，由于地理位置等因素，这些地方的大学数量并不多，导致这个地区的大学受教育率不高，所以我们不能因为一个指标的劣势而看不到其他指标的优势。综上所述，我们最终采取了算术平均法描述各县域教育发展状况。

算术平均数	几何平均数
$Y=\frac{\sum_{i=1}^{n}X_i}{n}$	$Y=\sqrt[n]{\prod_{i=1}^{n}X_i}$

图 -6　算术平均数、几何平均数

2. 层次分析法

层次分析法（Analytic Hierarchy Process，AHP）是一种定性分析和定量分析相结合的方法，其本质为将决策者对决策目标或某一复杂问题的主观判断进行量化和模型化的过程。以 AHP 方法计算权重主要分为以下四步。

首先，决策者需要明确决策目标，并将决策目标分解为若干中间目标层（中间层）和备选方案层（最低层），使各阶层之间形成递阶的支配层次关系。中间目标层包含着实现决策目标所必须考虑的各项因素或子目标，备选方案层是对每个子目标的进一步拆分。通过建立这种递阶关系即可将决策者的思维模型化。

其次，在同层级内对各因素进行两两比较，按照给定的标度为各因素的重要性“打分”，将各因素在同层级间的重要性量化，构造出该层级的判断矩阵。之所以采用两两比较的方式是因为各因素的重要性无法直接度量，两两比较的方式能够较容易将各因素按照重要性排序。

再次，在所构造的判断矩阵通过了一致性检验的条件下，根据判断矩阵计算出各因素的权重，权重越大代表该因素对上一层级的子目标影响力越大（越重要）。

最后，根据已建立的递阶层次关系和每个层级各因素的权重，计算各因素对决策目标的合成权重。

本研究中生活综合指数部分的权重主要采用AHP方法计算得来。构造层次结构模型，最高层也即决策目标为生活综合指数，用来衡量某一县域居民的生活水平。中间层共有三个因素，分别是住房、社会保障和寿命，三者都与居民的生活水平切实相关，且三者都是生存的基础。衡量居住条件我们可以考察住房面积、住房质量以及是否为自有住房，质量好、面积大且属于自己的房子效益较高。

在建立以上递阶层次关系后，选用“1/1-9/1”标度请117位居民对每层级各因素进行两两比较，确定各层级的判断矩阵（参见表格-7），并最终利用excel软件对判断矩阵进行一致性检验，计算出各因素权重①。结果为：在住房质量指数中，厕所普及率、厨房普及率、浴室普及率、自来水普及率的权重分别为0.1950、0.2507、0.1847和0.3696，其中有59人通过一致性水平为0.12的一致性检验；住房指数中，人均住房面积、住房自有率、住房质量的权重分别为0.2362、0.4662和0.2976，其中有58人通过一致性水平为0.12的一致性检验；生活综合指数中，住房、社会保障和寿命的权重分别为0.2336、0.2662和0.5002，有70人通过一致性水平为0.12的一致性检验。住房和社保虽然在平时的生活中都十分重要，但远远低于寿命的重要性。

表格-7 层次分析法标度表

取值含义	1/1—9/1 标度
因素i与因素j相同重要	1/1=1
因素i比因素j稍微重要	3/1=3
因素i比因素j明显重要	5/1=5

① 计算的思路和方法参考：Rozanne W.Saaty. The analytic hierarchy process—what it is and how it is used［J］. Mathematical Modelling，1987，9（3—5）：161—176.

因素 i 比因素 j 强烈重要	7/1=7
取值含义	**1/1–9/1 标度**
因素 i 比因素 j 极端重要	9/1=9
介于两级之间的重要程度比较	2/1=2，4/1=4，6/1=6，8/1=8
因素 j 与因素 i 比较	上面各数的倒数

3. 主成分分析法

主成分分析是将多个变量通过线性变换以选出较少个数重要变量的一种多元统计分析方法。但是在很多情形中，变量之间是有一定相关关系的。当两个变量之间有一定相关关系时，这两个变量反映的信息会有一定的重叠。主成分分析就是建立尽可能少的新变量，使得这些新变量两两不相关，而且这些新变量在反映问题的信息方面尽可能保持原有的信息。

本研究中，对教育综合指数和生活综合指数两部分，我们都进行了主成分分析。教育综合指数包含三项指标，分别为平均受教育年限、文盲率和大学教育率。对数据进行 KMO 检验（测度指标之间相关关系的强弱）衡量是否适合主成分分析，我们得到 KMO 值仅为 0.401。数据不适合进行主成分分析。

反映生活综合指数部分的指标有六个，分别为住房自有率、人均住房面积、厨房占有率、厕所占有率、自来水管道占有率和浴室占有率。在进行主成分分析前，考虑到厨房占有率、厕所占有率、自来水管道占有率和浴室占有率这四项指标都囊括在住房质量指标中，我们首先对住房自有率、人均住房面积和住房质量这三项指标进行主成分分析。按照 AHP 打分方法得到厨房占有率、厕所占有率、自来水管道占有率和浴室占有率权重，计算出住房质量指标，再对住房自有率、人均住房面积和住房质量这三项指标进行主成分分析。对数据进行KMO检验，KMO值越高，表明变量的共性越强。三项指标的 KMO 值为 0.495，参照 KMO 检验标准，进行主成分分析的程度为“不合适”。

厨房占有率、厕所占有率，自来水管道占有率和浴室占有率相关性非常强又分别反映出住房情况的不同信息。把它们囊括在一个指标中可能会丢失很多信息，所以我们对反映生活综合指数部分的六项指标再次进行主成分分析。虽然六项指标的 KMO 值为 0.722，可以进行主成分分析，但特征值累计贡献率只有 66.868%，对全部指标的信息解释力较差。所以，相比较而言，层次分析法更具科学性、合理性和客观性。

第五章 全国县域居民发展程度的不平衡性

本研究对中国 1926 个县收入、教育、生活等方面的数据分析发现，发展不平衡在县域层面是一个普遍的现象。这种不平衡包含两个层面的内容：一个层面是同一地区居民在收入、教育、生活等方面发展的不平衡；另一个层面是无论在收入、教育还是生活方面，全国不同地区的县市发展程度差距巨大。发展不平衡的现状与全面实现小康社会的目标是有差距的。努力消除不同地区间居民的不平衡，让每一位居民都能够实现满意的收入、良好的教育、幸福的生活，实现居民的全面的发展，是未来县域发展的重要任务。这种发展不平衡的现状对未来县域发展来说既是很大的挑战，也为未来的发展带来许多机遇和无限可能。本研究的数据分析，一定程度可以解释县域发展不平衡的所在，为各级政府实现县域居民全面发展提供导向。

第一节 发展不平衡在全国普遍存在

本研究根据全国县域收入、教育、生活数据，分别计算了收入指数、教育指数和生活指数，每项得分 100 分为满分，得分越高代表该县在该方面发展程度越高。许多人也许持有这样的观点：“收入越高的地方，通常教育水平越高，生活水平越高。”我们通过对县域数据的研究和分析发现这种看法并不正确。数据显示，尽管全国各县市在收入水平、教育水平和生活水平方面具有一定的正相关性，但许多县市也展示了不符合这种正相关性的发展不平衡的特征，这种不平衡性值得我们注意和深入分析（参见表格-8，见图-7）。

表格-8 收入指数、教育指数、生活指数相关系数矩阵

	收入	教育	生活
收入	1		
教育	0.6289	1	
生活	0.4863	0.3166	1

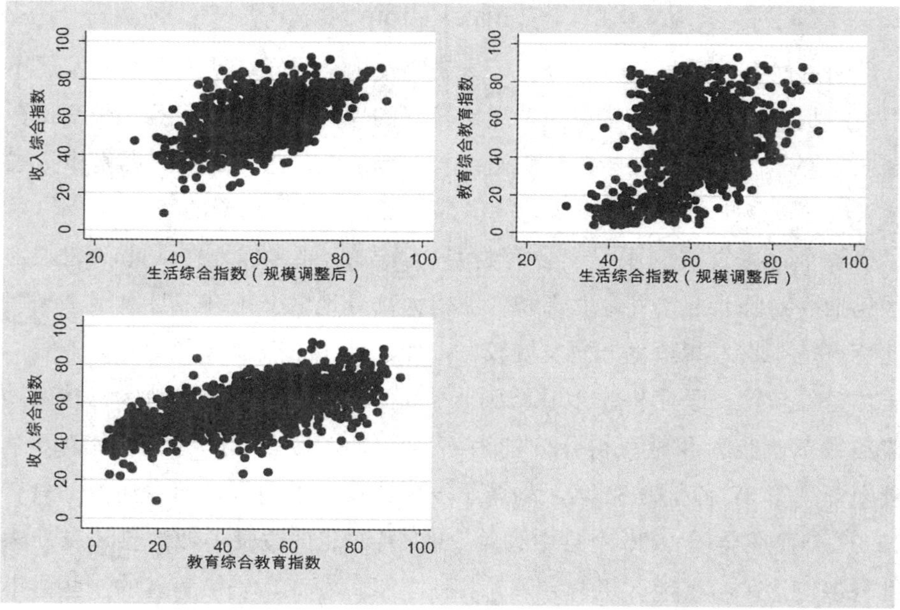

图-7 收入综合指数、生活综合指数和教育综合指数的相关性

本研究通过一系列的去量纲化方法和数据调整方法，使各项指数的分布大体呈正态分布。得分的绝对数值大致反映了该县在全国各县中的位置（比如某县收入、教育、生活得分均为75分，那么其在全国所有县中收入、教育、生活排名的位置均在前5%左右）。为了更好地反映不同分数在全国总体水平中的位置，本研究进一步计算了各县每项得分在全国所有县中的分位数。通过衡量某县收入、教育、生活不同得分的分位数的离散程度，

大致可以衡量该县在不同方面发展的均衡程度。因此，本研究通过各个方面得分的分位数的标准差来衡量一个县在不同方面的发展均衡程度。定义j县的发展不平衡度为$s^j=\sqrt{\frac{1}{3}\sum_{i=1}^{3}(x_i-\overline{x}^j)^2}$，$x_1^j$、$x_2^j$、$x_3^j$分别代表j县的收入指数得分分位数、教育指数得分分位数和生活指数得分分位数。

为使县域发展不平衡度看起来更清晰明了，本研究对其进一步单位化，计算j县的发展不平衡度指数u^j：

$$u^j=\frac{s^j-\max s}{\max s-\min s}$$

通过对全国各县的数据分析，本研究发现全国县域普遍存在着发展不平衡的状况。我们传统认识上发展比较好的地区，比如京津冀、长三角、珠三角等，大部分发展相对较均衡；而广阔的北部边疆地区、西南少数民族聚居区以及华北平原等很多地区，都存在着发展不均衡的问题。

各个地区发展的不平衡各有特点。比如北部边疆地区（北部边疆地区包括：新疆北部、甘肃北部和内蒙古大部分地区）的许多县发展不平衡的特点是：收入和教育方面发展较好，而生活水平较低（平均寿命较短、居住条件较差、医疗和社会保障水平不高）。比如内蒙古自治区锡林郭勒盟的镶黄旗收入和教育得分分别为77.28分和83.29分，在全国1926个县中分列第57名和第34名，均属于发展比较好的地区，而生活得分只有45.02分，在全国1926个县中列第1861名。北部边疆类似的县还有新疆维吾尔自治区哈密地区伊吾县等。相比之下，浙江、安徽等省的一些县市展现了高收入水平、高生活水平但教育水平相对较低的特点。

通过对数据的分析，我们可以将发展不平衡的类型归纳为：（1）高收入、高教育、低生活，全国共214个县呈现此特点，主要分布在北部边疆地区、山西和陕西部分地区；（2）高收入、低教育、高生活，全国共88个县呈现此特点，主要集中在浙江南部，其他分散分布于全国各省；（3）高收入、低教育、低生活，全国共31个县呈现此特点，主要集中在西部个别地区；（4）低收入、低教育、高生活，全国共122个县呈现此特点，主要集中在中原地区和西南地区；（5）低收入、高教育、低生活，全国共85个县呈现此特点，主要集中在新疆西南、东北北部以及山西和陕西部分地区；（6）低收入、高教育、高生活，全国共26个县呈现此特点，大多分布在湖南、广东和广西。

上述不同类型的发展不平衡都有其形成的原因与特点。在解决发展不平衡的道路上，都需要根据其特点制定不同的发展战略和政策。本研究归纳了各种类型的比较有代表性的县（参见表格-9）。

表格-9 不同类型的发展不平衡及其代表县市

不平衡类型	代表县
高收入、高教育、低生活	霍林郭勒市；肃北蒙古族自治县；陈巴尔虎旗
高收入、低教育、高生活	弥勒市；嵊泗县；庄河市；桐乡市；岱山县
高收入、低教育、低生活	玉门市；华池县；瓜州县
低收入、高教育、高生活	恩施市；平江县；大埔县
低收入、低教育、高生活	陆丰市；太和县；利辛县
低收入、高教育、低生活	临夏市；布尔津县；柯坪县

尽管很多县市展现了发展的不平衡，但发展水平较高的县更多展示的是平衡发展的特点，实现了收入、教育、生活的全面发展。均衡发展是实现县域居民全面发展的最终目的，下列县市（参见表格-10）为县域均衡发展树立了良好的榜样，值得研究者深入剖析，总结发展的经验。

表格-10 全国发展较为平衡的县

地区	所属省份	所属地区	收入综合指数	教育综合指数	生活综合指数（规模调整后）	发展指数	不平衡指数
昆山市	江苏省	苏州市	85.29	88.59	87.00	86.95	0.00
张家港市	江苏省	苏州市	86.47	82.74	89.47	86.19	0.02
邵武市	福建省	南平市	70.30	66.10	71.98	69.41	0.02
肥城市	山东省	泰安市	71.30	67.73	70.67	69.88	0.02

地区	所属省份	所属地区	收入综合指数	教育综合指数	生活综合指数（规模调整后）	发展指数	不平衡指数
句容市	江苏省	镇江市	71.83	68.01	72.91	70.89	0.02
靖江市	江苏省	泰州市	79.24	78.19	78.89	78.77	0.03
太仓市	江苏省	苏州市	83.71	79.50	85.44	82.84	0.03
章丘市	山东省	济南市	71.76	75.28	74.23	73.74	0.03
双流县	四川省	成都市	73.52	80.62	74.91	76.29	0.03
三河市	河北省	廊坊市	75.72	87.34	78.49	80.37	0.03

第二节　县域发展不平衡性的典型类型

前文归纳了县域发展不平衡性的类型。对于不同类型的县市，发展战略也应当不同，以实现长期、全面可持续发展的最终目标。

1. 高收入、高教育、低生活水平县市

此类县往往集中于新疆北部和内蒙古的广大地区，矿业等资源类产业往往是这些县的支柱型产业。由于资源型产业具有资本密集型的特点，这些地方往往人均地区生产总值和收入较高。因为资源型产业需要许多外来技术人员，使得该地的平均教育水平相对较高。此类地区教育水平相对较高的另一个原因是北方少数民族重视教育，平均受教育水平较汉族和全国平均水平更高。全国有15个民族受过大学教育人口的比重高于汉族，分别是俄罗斯族、塔塔尔族、赫哲族、鄂伦春族、高山族、乌孜别克族、鄂温克族、达斡尔族、锡伯族、朝鲜族、裕固族、蒙古族、纳西族、京族、满族①，其中列前12位的除高山族外均为北方少数民族，居住在从新疆北部、甘肃、内蒙古到东北的广大地区。

困扰此类县发展的最大问题，是相对生活水平较低，难以持久地留住人才，难以吸引除矿业及其相关产业以外的外来投资者。若此问题得不到

① 数据来自于2010年第六次全国人口普查。

解决，过度依赖于资源类，在资源开采枯竭之后，会面临着贫困化的问题。而这类县的一个优势是财政收入相对充足，这是这类县避免资源枯竭后陷入发展陷阱的重要基础。因此，利用当前的财政收入，投入公共服务、社会保障和基础设施，全面改善该县的生活水平和生活质量，才能留住本地人才，吸引外来人才，为未来的产业多样化和产业升级提供人才保障。

2. 高收入、低教育、高生活水平县市

这类县大多位于经济相对较发达的地区，生活水平也相对较高。教育水平相对较低的原因是，有部分县农业和渔业发达，从事渔业和农业的劳动力相对受教育水平较低。另一部分原因是，部分县吸引了许多外来务工人员，从事劳动密集型产业。这些人普遍受教育程度不高，从而影响了这些县的平均受教育程度。对于这些县来说，提升居民受教育水平，可以提升人力资本存量，从而建设与其产业发展相适应的劳动力队伍。未来，这些县的经济进一步发展大多需要走产业升级的道路，教育水平的欠缺会影响产业升级战略的实施。因此，通过提高教育建设高素质的劳动力队伍，是实现这些县未来产业战略的必要条件。同时，提升受教育水平也是对居民的尊重，是实现居民素质全面发展的必要条件。提升受教育水平，也有助于居民理性看待社会问题和社会现象，有助于当地社会和谐与稳定。

3. 高收入、低教育、低生活水平县市

全国具有这种发展特点的县不多，大多集中在甘肃、青海、陕西等省份。对于这类县来说，需要使用好其手中的财政收入，协调发展教育和提高综合生活水平。由于每个县的情况不同，以及教育和生活质量在县域发展作用机制的复杂性，我们无法提出一个教育和生活投入的最优比例。若只重视发展教育，而不注重提高综合生活水平，会导致本地人才的流失。尽管教育可以继续培养出人才，这些人才也会迁徙到其他地区，无法形成支撑本地产业的人力资本。若将有限的资源全部投入到提高生活质量，则无法有效形成人力资本存量，无法支持长期的产业发展。居民的偏好会随着社会的发展而变化。对于这类县级政府来说，需要加强与居民的交流与沟通，谨慎把握提高满足居民的生活需求的能力与发展教育、积累人力资本之间的关系。

4. 低收入、高教育、高生活水平县市

在低收入的情况下，实现相对较高的教育水平和生活水平的发展是比较困难的，全国只有极个别县呈现此类特点。并且此类县的高教育、高生活也是相对其收入水平而言。这类县普遍综合发展水平不高，表现最好的湖北省恩施市列全国第 177 名。相对其他低收入类型的县市，这类县市发展的基础条件较好，高教育水平意味着目前人力资本存量水平较高，有利于发展高附加值的产业；而生活水平相对较高意味着对于人口的吸引力较大，能够留住本地的优秀人才以及吸引外地人才就业。

5. 低收入、低教育、高生活水平县市

这里所说的低收入并不是指赤贫，而是指这些县相对于全国经济发展较好的县来说，收入还比较低。此类型分布在全国的不同地区。之前的积累已经使这类县具有较好的住房条件、基础设施和社会保障能力，但低教育水平导致的低人力资本存量，使这些县的产业只能集中在劳动密集型。低水平的人力资本也是这些县难以形成在全国具有重要地位的主导产业的原因之一。因此，对于这类县来说，其首要和紧迫的任务是全面提高其教育水平，并且将教育投入有效转化为人力资本。这些县可以考虑重点发展中等职业教育和高等职业教育，特别是鼓励初中毕业生经过三年的初等职业教育再进入劳动力市场，可以一定程度上提升技术工人的比例，为发展资本密集型产业奠定人力资源基础。

6. 低收入、高教育、低生活水平县市

这是北方边境地区县市特有的现象。如上文所说，许多北方少数民族重视教育，也导致平均教育水平较高。但由于产业发展相对滞后，农牧业比例仍然较高，导致普遍的人均地区生产总值较低和收入较低。高教育水平带来的高人力资本存量，并没有形成有效的生产力。对于这些县来说，首要任务是根据其资源禀赋和比较优势确定其主导产业发展方向，加强招商工作，大力发展主导产业及产业链，在全面提高收入水平的基础上改善生活质量。从上级政府的角度来看，可以对这些地区进行财政支持，特别在生产性的基础设施建设上进行投入，使这些县克服发展初期面临的困难，

便于吸引外来资本和企业。产业政策上对这些县进行支持，可以帮助这些县培育具有潜在比较优势的产业。相对高的教育水平使这些县的劳动力素质也相对较高，从而可能提升劳动生产率，提升处在发展萌芽阶段的产业未来成功的可能性。

第三节 发展不平衡威胁县域未来的可持续发展

县域发展的最终目的是为了实现县域居民的全面发展，既包括物质上的富足，也包括精神上的满足。因此，收入、教育和生活水平的发展是县域发展的重要方面。尽管某些县可以实现某一方面相对较快的发展，但这种不平衡的发展模式无法长期维持，最终将影响其长期、全面、可持续发展。

1. 低收入水平的威胁

收入水平一定程度上影响了教育水平和生活水平，在经济学上扮演着预算约束的作用。本研究中的收入水平包括两个层次，一方面是县域居民的可支配收入，另一方面是县级政府能够支配的财政力量，这两方面共同构建了县域教育水平和生活水平的基础。居民通过个体的支付购买教育服务和住房医疗等服务。只有居民有足够的支付能力能够满足温饱等基本需求的情况下，才有购买教育和住房医疗等高层次的需求。同时教育和医疗具有公共品的性质，政府有义务为居民提供基本的医疗服务和教育服务。因此，公共收入水平和公共支付能力的高低一定程度上决定了一个地区的教育水平和生活水平。从这个角度来看，收入在一定程度上具有决定性作用。从我们的数据分析来看，收入水平在地方居民的全面发展方面具有重要意义，大多在高收入水平的前提下实现了高教育水平和高生活水平，只有极个别县能够在低收入的情况下实现高教育水平和高生活水平。

长期低收入水平将影响县域居民的全面、可持续发展，表现在：

（1）直接影响居民生活质量的提升；

（2）可能影响居民在教育方面的投入，进而影响人力资本的积累；

（3）导致居民向外迁徙，最终导致地方衰败；

（4）可能伴随着社会不平等，导致高犯罪率和社会不稳定等一系列问题。

低收入水平可能带来的影响绝不仅仅是上面列举的方面，其对发展所带来的负面影响难以尽举。着力增加就业机会，提升居民收入水平是县域发展的首要问题。

2. 低教育水平的威胁

教育水平是居民发展的重要方面，既代表了居民人力资本的存量，也反映了居民能够享受精神财富的层次和能力。尽管在我们的数据分析中，一些县市能够在低教育水平的情况下，实现高收入水平和高生活水平，但这种情况出现的前提是当前这些地方的产业结构对劳动力的素质需求相对较低。中国县域发展要想跨过中等收入陷阱，必须要有相应产业的升级支撑。从劳动力密集型向资本密集型和技术密集型转型，这就需要地方上具有专业技能的高质量的劳动力。而低教育水平影响了劳动力的质量的提升，也影响了这些地方实现经济进一步发展的能力。

低教育水平长期将影响县域居民的全面、可持续发展，表现在：

（1）影响县域居民享受精神财富的层次和能力；

（2）影响当地社会的精神面貌和文明程度；

（3）不利于当地传统文化的继承与传承；

（4）影响地区人力资本存量的积累；

（5）使当地发展外向型经济难度较大，难以融入全球化的经济发展中；

（6）使居民解决矛盾冲突诉诸理性的可能较低，更容易发生群体性事件，可能会影响当地的治安与社会稳定。

低教育水平的影响难以尽举。因此。对于这些教育水平相对较低的县，即使目前收入水平和生活水平较高，也需要居安思危，着力发展教育，全面提升未来可持续发展的能力。

3. 低生活水平的威胁

生活水平代表了一个县居民所能享用的物质财富的水平。提升县域生活水平是县域发展的重要目的。生活水平也是能够长期吸引居民在县域安居乐业的重要因素。尽管在我们的分析中，许多县展现了高教育水平和高收入水平伴随着低生活水平的特点，但这种发展模式是无法长久的。从这种县域的空间分布来看，大都集中于中国北部边疆地区。这些地方因资源而兴，从而获得了高人均地区生产总值和高收入。但获得了高收入的同时，很多地方的教育水平和生活水平并没有获得相应提升。在资源枯竭或资源价格大幅下降的背景下，许多县市在呈现了昙花一现的经济繁荣后重新回归了贫困。曾经繁荣一时的甘肃省玉门市就是这样的例子。

长期低生活水平将影响县域居民的全面、可持续发展，表现在：

（1）影响居民长期定居的意愿，不利于形成代际稳定的人力资本结构；

（2）影响居民的心理状态，不利于居民形成积极乐观的世界观。

（3）不利于当地吸引外来劳动力。当地企业需要支付更多的工资，才能吸引合格的劳动力。

（4）许多移民都是独自在当地工作，而把家眷留在家乡，从而割裂家庭结构，进而影响社会结构。

低生活水平的影响也难以尽举。对于这些生活水平相对较低的县，即使目前收入水平和教育水平较高，也需要提前布局产业转型，提升公共服务与社会保障能力，促进社会福利均等化，留住本地居民，吸引目前的外来劳动力长期定居，也吸引更多高质量的外来劳动力的进入。

4. 平衡发展的重要意义

基于对收入水平、教育水平和生活水平紧密联系的关系，本研究构建了一个概念模型，展示三者相互依存，互为因果的关系（见图-8）。收入水平是县域发展的基础，若一个县有较高的收入水平，则该县可以将财政投入提升教育和（或）生活水平的领域，从而提升教育水平和（或）生活水平。教育水平的提升可以提升该县居民的人力资本，从而提升劳动生产率，最终提升人均地区生产总值和人均收入水平。一个县生活水平的提升，可以留住本县优秀的人才和吸引外来劳动力，才有可能建设高质量的劳动力和人才队伍，才有可能发展与之匹配的产业，从而提升该县的公共财政收入。但高收入水平并不是教育和生活发展的必要条件。收入水平的高和低都是相对的，即使收入水平较低的县也可以投入有限的收入资源提升教育水平和生活水平。因此本研究发现，许多县即使收入水平不高，也可以拥有相对高的教育水平或者生活水平。但因为其收入水平有限，所以很难兼顾教育和生活水平，难以实现这两方面的同时提升。因此，在本研究考察的全国1926个县中，只有26个县能够在低收入水平（全国后40%）的同时实现高教育水平（全国前40%）和高的生活水平（全国前40%），并且这些县综合发展水平一般，均未能进入全国前100名。

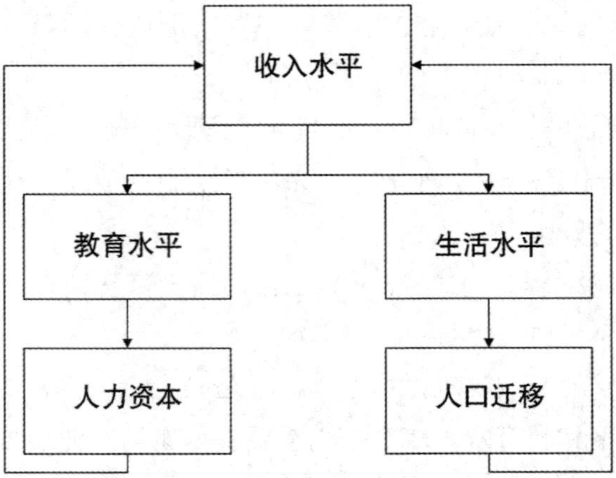

图-8 收入-教育-生活水平相互关系的概念模型

只有实现收入水平、教育水平和生活水平协调发展，一个县才有可能走上持续发展的道路。从另一个角度来看，对人口的吸引力是一个地方发展水平的重要标志。一个地区的活力与其人口的变化密不可分。人口增长的地方，通常也就是繁荣的地方；而人口流失的地方，也意味着地方的衰败。要想留住人，甚至吸引更多的外来人口，需要保证居民在该地能够实现全面的发展，既包括物质上的富足，也包括精神上的满足。一个县只有保证各方面的协调发展，才能够持续保持对居民的吸引力，在居民与居住地之间建立起强有力的纽带关系，也最终才能实现该县的持久发展。

5. 不平衡发展的案例：甘肃省玉门市

在全国发展不平衡的县市中，玉门市是比较有代表性的西部资源型县市，其发展过程中遇到的问题可以给我们一定启示。

甘肃省酒泉市所辖的玉门市，曾经是中国石油工业的重镇，玉门油田的所在地。玉门一带自20世纪30年代开始现代石油开采与加工，新中国成立后，玉门逐渐成为中国西部工业重镇。20世纪90年代以来，随着资源逐渐耗竭，当地经济增长减缓。2003年，玉门市政府从以石油工业为主的老君庙镇迁至以农业为主的玉门镇。作为经济支柱的玉门油田分公司和玉门石油管理局东迁至酒泉市肃州区，玉门老市区人口锐减。

在我们的归类中，玉门市属于高收入、低教育、低生活类县市。玉门市收入在全国属于较高水平，人均地区成产总值达到84578元，列全国第80名；人均居民储蓄存款30394元，列全国第214名。相比之下，教育和生活水平都处于全国较为落后的水平。玉门市平均受教育年限仅为8.04年，列全国第1266名；文盲率达12.15%，列全国第1645名；受过大学教育人口比重5.82%，列全国第389名。在生活水平方面，玉门市也难以尽如人意，比如万人社会福利床位数12.89床，列全国第1443名；住房内拥有厨房比例86.94%，列全国第832名；拥有厕所比例48.42%，列全国第1317名；拥有淋浴设施比例26.96%，列全国第1143名。

玉门市因石油而兴，因石油资源逐渐耗竭而衰败。《南方周末》曾在2004年、2010年、2014年多次报道玉门市经济社会发展所面临的困境[①][②]。玉门市的地理位置相对偏僻，在气候和生活舒适度方面难与东部县市媲美，不容易吸引除油田工作外的其他产业的劳动力到当地就业和生活。在石油资源枯竭后，玉门市最大的企业玉门石油管理局搬迁到了酒泉市，玉门经历了严重的经济衰退，国有企业全部破产，大量工人失业，房屋等不动产价格迅速下降至几十元一平方米，商业萧条，原有的外地商人大量离开了玉门市[③]。经济的迅速衰落也伴随着人才的大量流失，比如玉门市的医生和教师大量流失，导致了原有的名校玉门一中等学校衰落[④]。

---

① 南方周末.玉门迁城之困［N/OL］．南方网，2004-06-03［2016-03-16］．http://www.southcn.com/weekend/tempdir/200406030005.htm.

② 袁瑛.玉门：兴衰一线两重天［N/OL］．南方周末，2010-05-06［2016-03-16］．http://www.infzm.com/content/43609.

③ 王轶庶，朝格图.殇城［N/OL］．南方周末，2010-10-27［2016-03-16］．http://www.infzm.com/content/51597.

④ 南方周末.玉门——石油枯竭后的艰难重生［N/OL］．网易新闻中心，2004-06-03［2016-03-16］．http://news.163.com/2004w06/12572/2004w06_1086235297733.html.

在这种背景下，玉门市筹划产业转型，将县城整体搬迁到海拔较低、自然环境稍好的玉门镇另建新城。2009 年，玉门市被国务院确定为资源型转型城市，得到了中央和省级财政资金和优惠政策的支持。目前，玉门正在尝试发展风力发电等新能源产业，同时布局煤化工、石油化工等产业，试图实现产业转型，未来能否成功实现产业的重构还仍然是未知数。

玉门市的情况不是个案。北方的内蒙古和新疆许多县因资源而兴，从而获得了高人均地区生产总值和高收入。但获得了高收入的同时，很多地方的教育水平和生活水平并没有获得相应提升。在资源枯竭或资源价格大幅下降的背景下，许多县市在呈现了昙花一现的经济繁荣后重新回归了贫困。

目前，资源型经济体的转型一直是世界性难题，许多国家和地区进行了有益的尝试。比如，依赖于石油资源的卡塔尔、阿联酋等国均未雨绸缪，大力发展航空、旅游、金融等产业。中国也有类似的资源型城市。比如，因胜利油田而诞生的石油城山东东营，早年对胜利油田依赖较高。但东营市产业战略部署较早，发展了石油炼化、盐化工、轮胎制造、石油装备制造、铜冶炼等一系列的关联产业。尽管从 2000 年之后，胜利油田的产量开始下降，但业已成形的产业不再过度依赖于胜利油田的油气资源，而是通过进口资源，实现了自我发展的能力。

相比之下，玉门市错过了在繁荣时期利用资源部署未来发展战略的最佳时机，在石油资源枯竭之后，缺乏自我转型能力。来自上级政府的支持，可能带来大规模的固定资产投资，从而培育一批具有潜力的产业。但从长期来看，这些产业能否成功，依赖于玉门市的人力资本发挥作用。玉门市需要改善其居民的受教育水平和生活水平，才能形成在人力资源方面可持续发展的状态，才能形成对其产业的长期支撑。

可见，平衡发展不仅仅是一个居民发展的问题，也是一个地区能否实现长久可持续的繁荣的必要条件。只有在教育充分发展的前提下，该地区的人力资本才能够得到积累，才能够在全球产业布局和中国制造业转型的大背景下，实现产业升级，走上可持续发展的道路。只有生活水平全面的提高，才能够留住人才和吸引外来移民，从而繁荣当地经济，为当地公共财政的可持续发展提供有力保证。

第六章
全国县域居民发展程度的区域差异

全国各县除存在普遍的自身发展不平衡之外，从收入水平、教育水平和生活水平方面进行横向比较，不同县市之间也都存在普遍的发展不平衡。这种不平衡性影响了人口的迁徙，既包括劳动力从落后县域向发达县域的转移，也包括县域劳动力向大城市转移。区域差异既是人口转移产生的原因，也是人口转移的结果。落后县域面临着人才流失的巨大压力。如果这种状况得不到改变，未来会损害县域发展的竞争力。

全国县域发展的不平衡性具有一定的空间规律，值得学者和政策制定者重视和深入探讨。本章基于数据展示全国县域发展的地域不平衡性，以期为读者提供直观的理解。在中央和省级政府层面，可以采取一系列的措施，解决全国县域区域性落后的问题，以促进全国县域落后地区发展。

第一节　全国县域人口现状

1. 县域人口的地域分布

根据第六次人口普查的数据，截至2010年11月份，我国县域人口8亿1540万，占全国总人口61.18%，其中15—64岁适龄劳动人口5亿8732万，占全国适龄劳动人口的59.17%。可见，无论在总人口还是在适龄劳动人口方面，县域人口都占中国人口的大多数。县域人口结构对未来中国大城市和县域的发展都会有重要影响。

从空间分布上来看，全国县域常住人口分布与全国总体人口分布具有相同的空间特点，即大多数人口分布在黑河—腾冲线以东。除此之外，新疆个别县比如哈密市、库尔勒市、阿克苏市、墨玉县、莎车县等地人口相对较多，以及位于河西走廊的关陇地区个别县人口较多。

县域发展的不平衡是人口分布不平衡的重要原因，也是县域人口流动的重要动力。表格 -11 展示了县域人口特征与县域居民发展程度的相关性。我们将人口流动比例定义为：

$$人口流动比例=\frac{常住人口-户籍人口}{户籍人口}$$

人口流动比例这一指标可正可负，取决于常住人口与户籍人口孰多孰少。人口流动比例越大，代表该县吸引外来流动人口的程度越高；数值越小（负值），代表该县人口流失状况越严重。从表格中可以看出，县域人口的流动与县域居民综合发展水平有一定的正相关性，其中与收入和教育都有一定的正相关性，而与生活水平的相关性较弱。受数据所限，我们难以对这些变量进行基于回归的因果关系分析，但这一结果仍然可以从理论上进行推测和解释。

收入水平的差异一直被认为是驱动人口流动的重要要素。数据的正相关性，也一定程度上支持了收入高的县人口流入比例较高这一可能。人口流入对于县域人均收入的影响并不太确定，存在两种可能：一种是人口的流入增加了劳动力的供给，从而降低了平均工资水平；另一种是人口的流入产生知识扩散效应，普遍提高了人力资本水平和劳动生产率，从而带来收入水平的提高。我们现有的数据无法确定目前人口流入对于县域收入水平的影响。但对于县域政府的启示是，引入高层次的劳动力，可以帮助县域经济社会的全面发展。比如，新加坡和澳大利亚等经济发展较为成功的国家，都将吸引高质量的移民作为立国之本。

教育水平和人口流动也呈现了较强的正相关性。这一现象也可以从两个角度来理解。一方面，具有流动能力的劳动力大多受过一定程度的教育。这些人的流动提升了引进外来劳动力的县域的平均教育水平。这一特点在许多以资本密集型产业为主导产业的县域体现明显（这些产业需要吸引能够操纵大型机械的技术工人以及受过高等教育的技术人员）。另一方面，教育水平的高低也是吸引人口流动的重要动力。许多移民迁徙的动力是希望后代生活得更好，因此教育质量是迁徙的重要考虑因素。对于县域政府来说，重视教育的作用，特别是重视良好的教育质量，对于吸引外来劳动力、未来提升县域竞争力有重要意义。

相对来说，生活水平与人口流动的相关性不明显。我们可能先验地认为生活水平越高，可能吸引更多的人口流入，而数据计算的结果不支持这样的判断。存在这样的可能，即：对于生活水平的判断主观性较强，每个人都有不同的偏好。居住在每个地方的人，可以看作对地方的生活条件具有一定偏好的居民，因此生活的差异并不构成人口流动的主要动力。另一种可能的解释是，由于人口迁徙之前对其目的地并没有完全和清晰的概念，收入较高是迁徙者对于其目的地最简单直观的理解，而对于更多维度衡量的生活条件缺乏清晰的认识。因此，相对于收入来说，生活条件往往并不作为迁徙最主要的考虑因素。

各县常住人口的数量，可以说是县域人口流动的结果，一定意义上反映了县域发展的不同程度。常住人口的数量与县域居民综合发展的程度具有一定正相关性，反映了相对发达的地区居民也相对较多这一情况。另一方面，居民较多也便于地方政府提供一系列的基础设施和公共服务，产生规模经济效应，从而使居民综合发展水平较高。

常住人口数量与收入综合水平成微弱的正相关性，与教育综合水平的相关性很弱，与生活综合水平具有相对较强的正相关性。可见，生活水平相对较好的地区，一般来说人口相对也较多，而收入和教育与人口数量则没有强的正相关关系。具体说来，新疆、内蒙古的许多地区，收入水平和教育水平相对都较高，吸引了一部分劳动者前去工作；但这些地区生活条件相对不佳，所以很多人都是只身前去，而把家眷留在东部生活相对舒适的地区。可以这样认为，从短期来看，收入和教育可以吸引部分人口流动，但从长期来看，一个地方的生活质量是影响居民多寡的重要因素。

表格 -11 县域人口与县域居民发展程度相关系数矩阵

	常住人口数量	人口流动比例
居民发展指数	0.2755	0.2514
收入综合指数	0.1232	0.3086
教育综合指数	0.0735	0.3176
生活综合指数（调整前）	0.3072	-0.093
生活综合指数（调整后）	0.6971	-0.0673

2. 县域劳动力的相对过剩与绝对短缺

人口是未来县域发展的重要动力，但目前县域人口的发展机遇与危机并存，短期来看，大部分县域劳动力的供给相对大城市来说更充足，但长期来看，县域面临着老龄化和劳动力短缺的严重危机。

图 -9 和图 -10 展示的是全国总体人口年龄结构与县域人口年龄结构。总体来看，我国总体人口和县域人口结构保持代际稳定，但县域人口结构与全国人口结构仍有重要区别。表格 -12 中可以看出，县域 20—39 岁适龄劳动人口无论男女，比例均略低于全国总体水平。这一趋势背后隐含着适龄劳动人口从县域向大城市转移的趋势。若这种人口转移趋势难以发生根本性改变，未来县域可能出现劳动力短缺的状况。

从 40—59 岁这一年龄段来看，县域男性比例低于全国男性比例，而县域女性比例高于全国女性比例。这一数据反映了男性外出务工的年龄跨度大约在 20—59 岁，而女性外出务工集中在 20—39 岁。40 岁以上的女性很多都回到原籍照顾家庭和后辈。这一数据反映农民工家庭普遍的夫妻分离是一个显著的社会现象。60 岁以上的人口数据，各年龄段县域人口比例都略高于全国比例。综合来看，60 岁以上的男性农民工，由于劳动能力的下降，很多人也会回到原籍养老。若目前这种社会现象没有根本性改变，未来县域便存在着人口老龄化带来的养老问题。县域养老等问题的严峻性更甚于城市。中国传统社会结构产生了靠子女养老的现状，在县域和广大农村更是如此。而县域年轻劳动力到大城市工作，就产生了老人无人照顾的现象。县域政府需未雨绸缪，前瞻性地进行基础设施建设，建设数量足够的敬老院和养老院，以保障老年人的养老问题。

从 0—20 岁这一年龄段的人口比例来看，县域男性和女性的比例均高于全国水平，说明县域劳动力的储备相对较足。这一现象说明未来县域在人口方面具有很大竞争优势。但这一优势的发挥前提是县域居民的全面发展，从而能够留得住年轻人在县域生活和就业。若目前年轻人普遍流向大城市的趋势无法改变，未来县域劳动力将难以避免短缺的境况。

表格 -12 县域人口结构与全国人口结构比较

	县域男性比例	全国男性比例	县域女性比例	全国女性比例
0—4 岁	3.40%	3.08%	2.96%	2.59%
5—9 岁	3.20%	2.89%	2.80%	2.43%
10—14 岁	3.40%	3.02%	2.97%	2.60%
15—19 岁	3.89%	3.89%	3.71%	3.60%
20—24 岁	4.07%	4.80%	4.31%	4.76%
25—29 岁	3.32%	3.81%	3.50%	3.76%
30—34 岁	3.35%	3.72%	3.42%	3.57%
35—39 岁	4.25%	4.53%	4.31%	4.32%
40—44 岁	4.64%	4.77%	4.82%	4.59%
45—49 岁	3.87%	4.03%	4.00%	3.89%
50—54 岁	2.91%	3.03%	2.91%	2.88%
55—59 岁	3.07%	3.08%	3.12%	3.02%
60—64 岁	2.29%	2.24%	2.29%	2.16%
65—69 岁	1.61%	1.56%	1.62%	1.53%
70—74 岁	1.25%	1.23%	1.30%	1.24%
75—79 岁	0.84%	0.85%	0.99%	0.94%

	县域男性比例	全国男性比例	县域女性比例	全国女性比例
80—84 岁	0.44%	0.44%	0.59%	0.56%
85 岁及以上	0.21%	0.21%	0.38%	0.36%

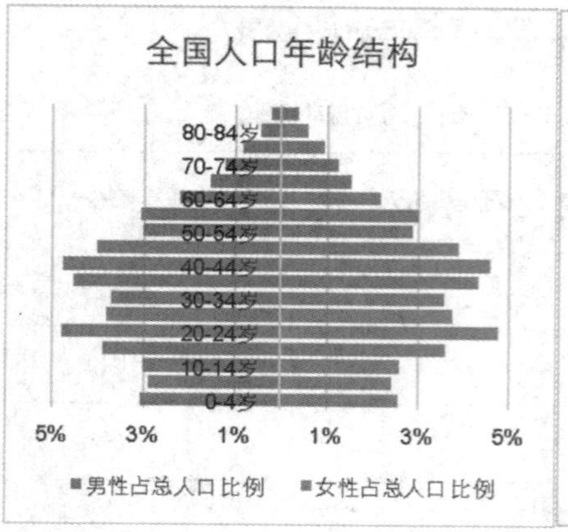

图 -9 全国人口年龄结构（数据来源：2010 年人口普查）

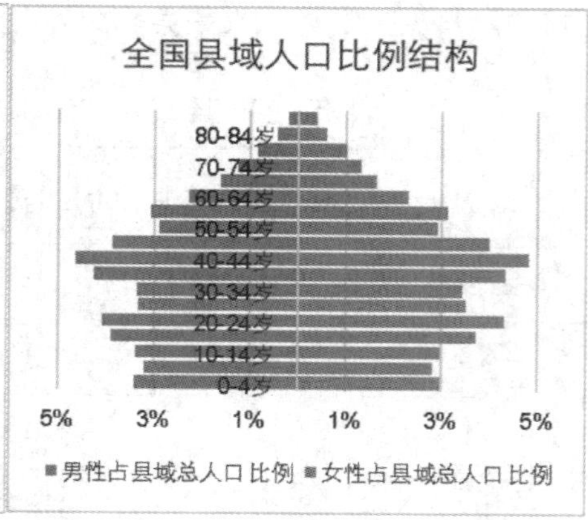

图 -10 全国人口结构与县域人口结构比较（数据来源：2010 年人口普查）

从另一个角度来看待人口问题，会发现人口转移背后存在着县域就业机会不足、县域收入较低等一系列的现状。在农业生产不需要过多劳动力的前提下，大量县域居民向大城市和相对发达的县域转移。在我们考察的全国近 2000 个县中，仅有 383 个县的人口没有流失，而其他县都存在着一定程度上的人口流失。人口流入的县域主要集中在京津唐、山东半岛、长三角等县域经济发展较好的地区和以矿业为支撑的部分边疆地区，以及内地对口援助相对集中的少数民族边疆地区。

上述考察内容一定程度可以反映，县域人口不足与县域人口过剩的矛盾现状。我们的调研也发现，县域企业目前都面临着招聘不到合适人才的问题。县域企业普遍缺乏受过高等教育的技术人员。比如，一些农业企业表示，尽管愿意出高薪，但也很难招聘到愿意从事农业的大学生。即使是农学专业的学生，毕业也不愿意从事农业技术工作。因此，农业产业化和专业化发展受到很大影响。而对于缺乏技术的劳动力，许多落后县域的本地产业无法提供足够的就业机会。相对发达的县却面临着招聘不到合适的工人的问题。大部分县域人口都向大城市转移。即使是经济发展水平相对较高的县，在与大城市竞争、吸引各层次人才的过程中也处于劣势。

县域劳动力的短缺和过剩，都反映了县域人口年龄和知识结构与县域的产业劳动力需求之间的错配现象。未来县域发展很大程度上是对各层次人才的竞争。县域政府都需要着重考虑和布局建设与产业发展战略相匹配的劳动力队伍，并且努力提升基础设施和公共服务以留得住这些居民。

第二节 区域差异现状

综合考虑收入指数、教育指数、生活指数，我们计算了全国 1926 个县的综合发展指数，发现县的发展程度在空间上具有很明显的地理分布规律。综合发展水平大致可以分为发达区和落后区两类。发达区域大致可以分为五个地区：沿海发达区、北疆发达区、长白发达区、京广沿线发达区、成渝发达区。落后区域大致可以分为六个地区：南疆落后区、太行—吕梁落后区、哈北落后区、藏区落后区、京九沿线落后区、西南落后区。各发达区与落后区均有其发展的特点，也有其形成的原因，值得我们从更广的区域视野来分析。

发达区域大致可以归纳为如下几个区域。

沿海发达区

中国沿海地区普遍发展水平较高，从环渤海地区、山东半岛、江苏、浙江、福建到广东，平均发展水平要高于全国水平。其中，京津唐地区、山东半岛和长三角地区的发展水平都处在全国前列。沿海发达区的特点是：收入水平和生活水平相对都比较高，部分地区（特别是长三角地区）教育水平也比较高，但也有部分地区教育水平较低。

北疆发达区

该地区包括新疆北部、甘肃北部、陕北、内蒙古大部分地区。该地区的特点是：收入水平和教育水平较高，生活水平相对较低。这一地区很多县主导产业都是资源类产业，人均地区生产总值和收入较高。这些地区的资源开采产业集聚了外来受过教育的劳动力。这些地区生活的少数民族本身也相对重视教育。因此，这些县市平均受教育水平较高。而这些地区许多牧民还住在传统的建筑中，像厕所、浴室等设施与现代的城市公寓有一定差距。因此，这些县市在生活指数方面得分不高。

长白发达区

该地区的县市分布在吉林东部和辽宁东部的长白山地区，延伸至辽东半岛。这一地区发展的特点是收入水平相对较高。长白山地区的朝鲜族聚居区，教育水平相对较高，但生活水平相对较差。2010 年的数据显示，朝鲜族受过大学以上教育人口比例达到 15.96%，高于汉族（9.74%）的水平。而辽东半岛地区生活水平较高，但教育水平较差。

京广沿线发达区

京广铁路沿线是传统上中国经济发展较为发达的地区，贯通了华北、华中、华南许多大城市，县域发展程度也较高。这一地区综合发展水平较高，但存在发展不平衡的问题。大部分地区收入水平较高，但河南南部和湖南南部地区收入水平不高。大部分地区教育水平较高，但河南南部、湖南南部、广东大部分地区教育水平不高。在生活水平方面，除河北南部的大部分地区之外，京广线沿线地区普遍生活水平较高。

成渝发达区

尽管县域发展水平在中国西南地区普遍较差，但成渝地区相对发展水平较高。成渝地区县市普遍在收入水平和生活水平方面均有较好表现。在教育方面，成都周边县市方面也有较好表现，四川东部县市及重庆所辖县市表现不佳。

落后区域大致可以归纳为如下几个区域。

南疆落后区

新疆西南部各县的综合发展水平较差。无论从收入水平、教育水平还是生活水平来说，新疆西南各县均表现较差。南疆东部各县由于具有丰富的石油与天然气资源，发展水平较好。而南疆西部无论在资源开采还是农业、工业发展方面，发展水平均较低，人均地区生产总值和人均收入水平较低。同时，南疆西部的生活水平和公共服务水平相对较低。在教育方面，南疆西部县市综合教育水平相对较低。南疆西部居住着大量的维吾尔族居民，根据2010年人口普查的数据，维吾尔族居民受过大学以上教育的人口比例为6.35%，低于汉族（9.74%）以及全国平均水平（9.53%）。

太行—吕梁落后区

在华北地区，太行山麓和吕梁山麓的县市发展水平较低。北至河北张家口市所辖县市，南至山西运城所辖县市，这一地区的发展特点是：收入处于中等水平，但教育和生活水平相对比较落后。例外的是位于太行、吕梁两大山脉之间的山西太原以南、河南洛阳以北的大部分县市，综合发展水平较高。

哈北落后区

从地理上看，连接哈尔滨、大庆、齐齐哈尔区域的滨洲铁路以北地区普遍发展水平较差。这一区域的发展特点是：教育水平处于中等水平，但收入水平和生活水平均相对较低。

藏区落后区

藏区是全国发展最为落后的地区，也是全国分布范围最为广泛的落后区，包括西藏自治区全境、青海大部分地区、甘南、川西、川北、滇西北等藏族及其他少数民族聚居区。这一地区无论从收入、教育还是生活水平方面均显著低于全国其他地区。

京九沿线落后区

在沿海发达区与京广铁路沿线发达区之间，广泛分布着发展较为落后的地区，这一地区基本上分布在京九铁路沿线，从河北由北向南，一直延伸到广东。尽管总体上显示出发展不平衡，但这一地区发展不平衡的原因不一而足。比较一致的特点是这一地区收入水平均处于中等偏低的水平，山东西部、河南东部和安徽大部分地区生活水平较高，但教育水平相对较低。江西和广东的京九铁路沿线地区生活水平中等，教育水平也处在中等水平。

西南落后区

西南地区除了藏区之外，还广泛分布着发展比较落后的地区，主要集中在四川南部、云南北部、贵州南部这一区域，地形以山区为主，分布着藏族、彝族等少数民族。西南落后区与藏区落后区有很多共同点，也是无论收入、教育还是生活水平方面都较为落后。

第三节　国家级贫困县的区域分布及发展程度

国家级贫困县（全称：新时期国家扶贫开发工作重点县）是经过国务院扶贫开发领导小组办公室认定，对其实施经济扶持的县，其资格审批工作在 1986 年、1994 年、2006 年和 2012 年共进行过四次[①]。根据国务院发布的 2012 年版《中国农村扶贫开发概要》，达到标准的县级行政区总共有 592 个[②]。从 2013 年开始，中央政府提出“精准扶贫”的思想，并且在“十三五”规划中提出确保在 2020 年以前完成贫困人口的脱贫任务。贫困是当前威胁县域居民发展的重要因素。通过对县域居民发展状况的分析，我们可以对全国贫困县的发展状况有一个相对直观的了解。

因为本书中涉及的评价对象并不包括市辖区，所以我们将贫困县名单中的市辖区剔除，但增加了西藏自治区的县市，总共评价了 638 个贫困县。638 个县中，进入本研究 1926 个县排名前 200 名的贫困县有 2 个（湖北省恩施市第 177 名、吉林省安图县第 198 名），进入前 500 名的有 26 个，有 520 个贫困县位于榜单 1000 名之后，基本反映了全国贫困县的落后现状。表格 -13 展示了国家级贫困县在整个排名榜中的分布状况。可以看到，有将近一半的贫困县居民发展水平排名位于 1500 名之后，52.51% 的县收入水平位于 1500 名之后。贫困县不仅仅是收入落后，在教育和生活水平方面均大幅落后于全国水平。贫困县的教育状况普遍不佳，有 43.89% 的县

① 林晖 . 各地微调国家扶贫开发工作重点县名单　38 个县区被调出［N/OL］. 新华网，2012-03-19［2016-03-16］. http://news.xinhuanet.com/politics/2012-03/19/c_111675418.htm.

② 中国首个扶贫日，592 个国家级贫困县名单［N/OL］. 人民网，2014-10-17［2016-03-16］. http://politics.people.com.cn/n/2014/1017/c1026-25854065.html.

教育水平位于全国1500名之后，72.73%的县教育水平位列1000名之后。贫困县的生活水平也远远落后于全国水平，37.93%的县生活水平位于全国1500名之后，71.79%的县生活水平位于全国1000名之后。

尽管数据显示有26个县进入了全国前500名，但这些县都展示了发展的严重不平衡性。比如贫困县中居民发展程度最高的恩施市，居民发展指数位列全国第177名，但这相对较高的综合排名主要得益于其教育和生活水平排名较高，分列全国第102名和第117名，但收入水平则远远落后于全国平均水平，位列全国第1295名。类似情况也出现在安图县，其居民综合水平列全国第198名，主要得益于较高的教育水平（全国第95名），而收入水平和生活水平均表现较差，分列全国第646名和第876名。可见，即使在我们榜单上表现较好的全国贫困县，其内在发展仍然存在很多的问题，无法掩盖其贫困落后的特点。

表格-13 国家级贫困县的县域居民发展程度排名状况

分布	发展指数名次	占所有贫困县比例	收入指数名次	占所有贫困县比例	教育指数名次	占所有贫困县比例	生活指数名次	占所有贫困县比例
前500名（个）	26	4.08%	20	3.13%	72	11.29%	52	8.15%
500～1000名（个）	92	14.42%	90	14.11%	102	15.99%	128	20.06%
1000～1500名（个）	210	32.92%	193	30.25%	184	28.84%	216	33.86%
1500名以后（个）	310	48.59%	335	52.51%	280	43.89%	242	37.93%

国家级贫困县在空间分布及发展程度上存在差异。绝大多数国家级贫困县分布在西部地区和东北地区。从发展程度来看，北方的国家级贫困县较南方的发展程度高，中部贫困县较西部的发展程度高。结合上一节及第五章的内容，我们可以深入了解这些国家级贫困县自身发展的不平衡性以及区域性落后的特点。

同时，本研究的排名也反映了一个问题，即大量的发展落后的县未能被认定为贫困县。有些县尽管按照人均收入标准稍稍高于最低标准，无法被列为贫困县，但这并不改变其落后的性质，特别是在教育方面落后的县，缺乏人力资本的积累，因而其收入水平也缺乏长期增长的动力。当政府政策倾向于部分贫困县的时候，也要重视这些“非贫困县”的落后问题，避免在消除一批贫困县后，诞生另一批贫困县。

我们需要认识到“贫困”是一个相对性的问题。当我们不断提高主观认可的最低可以接受的收入水平，也就重新定义了贫困。消除贫困的最终目的是为了实现居民的全面发展。因此，本研究谈到的收入以外的教育和生活水平，都应该引起政策制定者的重视。在以收入为标准划定贫困线进行扶贫的同时，可以考虑以教育和生活水平为标准划分落后县，从而制定针对性的政策，全面提升落后县的教育和生活水平。

第四节 区域差异的成因

上文总结的发达区域和落后区域，其形成背后具有复杂的原因，值得我们进行深入的分析。综合考虑各地差异形成的历史路径，本研究认为如下因素是构成区域发展差异的重要原因。

地理原因

无论在哪个国家或地区，地理位置和地理条件都构成一个地区发展的重要条件。中国县域发展的不平衡性背后也有地理因素的影响。地理位置往往带来交通优势，使这些县市的企业能够以更低的交通成本获得原材料，能以更低的成本将其制成品运送到最终市场。

中国沿海地区县市离重要港口的距离较近，具备较大的交通成本优势。因此过去二十多年这些县市在外向型经济主导的发展背景下，经济得到了快速的发展。沿海地区巨大的交通成本优势能够给其带来较其他地区更多的外商直接投资（Foreign Direct Investment，FDI）。FDI 承载着资本，知识和技术、能够促进地区经济发展所需的资本投入和技术效率。资本投入和技术效率关乎经济增长速度，FDI 的地区差异将带来地区经济增长的差异。研究结果显示东西部经济增长差异的 90% 可由 FDI 的差异解释[①]。

① 魏后凯．外商直接投资对中国区域经济增长的影响［J］．经济研究，2002（4）：19—26，92—93.

另外地理区位不同，基础设施不同，继而交通成本和经济增长将呈现出差异性。Sylvie Démurger 等人的研究结果表明基础设施发展水平的差异是地区经济增长差异的原因之一①。在我们的研究中发现，京广铁路沿线县市相对发达，可能原因之一是他们受益于京广铁路这一交通大动脉。这条铁路将中国南北的广大市场和巨大的生产能力匹配起来，给沿线地区的发展带来了很大好处。

然而，交通优势对于县域发展的作用需要我们深入的思考和进一步的研究。京九铁路是我国另一条纵贯南北的交通大动脉，在 1997 年开通之前，许多专家学者对这条铁路可能给中国经济发展带来的动力都寄予厚望。但是经过近二十年的时间，京九铁路沿线的县市发展程度仍然很低。京九铁路似乎扮演了阻碍经济发展的作用。基于经济学家 Gunnar Myrdal 累积因果论中关于极化效应、扩散效应和回程效应的观点②，我们初步认为造成这种现象的原因是京九铁路将周边县域有限的人力资源和自然资源转移到了更发达的地区，使沿线县市沦落为廉价劳动力和原材料的供给地。当然，这一论点需要更详尽的实证证据支持。

尽管交通的便利未必一定能给一个地区带来很大的发展动力，但交通不便利一定会阻碍该地区的发展。从全国落后区的分布来看，大部分落后区都处于交通相对不便的地理位置，导致其无法吸引外来投资者的目光，也无法将产品销售到广阔的市场。无疑在与外界极度隔绝的情况下，比较优势也就无从谈起。

人口原因

人口作用于地区发展的机制同样很复杂，不同地区面临的人口问题也不一样。通过对许多落后地区人口结构的分析可以看出，这些地区一般生育率过高，处在马尔萨斯陷阱中（比如四川凉山地区的县市）。相应的，从对发达地区的分析可以看出，许多发达地区能够吸引大量的外来劳动力，这构成了他们早期发展的初级产业的基础。研究结果表明，沿海地区凭

① S.Démurger，J.D.Sachs，W.T.Woo，et al. Geography，economic policy and regional development in china［J］. Asian Economic Papers，2002，1（1）：146—197.

② G.Myrdal. Rich lands and poor: The road to world prosperity［M］. Nova Iorque：Harper & Row，1957.

借其更高的工资率，吸引了大量的外来劳动力，是其经济高速增长的原因之一[①]。

同时，发达地区往往教育水平也比较高。相对高的教育水平给这些地方带来了巨大的人力资本的储备，从而为这些地方发展高端产业，实现产业升级提供了劳动力基础。相反，在相对落后的地区，因为缺乏有能力的劳动力，产业被锁定在相对低端的部门，难以摆脱初级产品生产与制造的位置。学者姚先国等人使用系统GMM估计和传统的固定效用估计考察了教育与地区收益差异的关系，结果表明劳动力教育程度的提高对地区经济增长有显著的积极作用[②]。

经济增长理论告诉我们，技术是促进经济增长的关键要素。而当我们谈技术对于发展的作用，不可避免地要谈到承载技术的人才队伍。一个地方教育水平相对低下，也就难以建立起相应的高素质的劳动力队伍，难以掌握先进的科学技术。若一县市希望通过引进先进技术实现产业升级，则必须具有受过相应教育的劳动力队伍，否则通过技术转移实现地方的跨越式发展就无从谈起。更进一步来说，当需要技术创新时，教育的重要性更加凸显。无疑，在个体层面，技术创新能力与教育程度相关性较大。

另外，许多落后县市都存在着严重的人口流失问题，特别是受过一定教育的人口流失，给这些县市带来了严重的经济社会问题。受教育人口的流失，使这些县市的产业难以发展。同时大量人口去发达地区打工，带来了留守儿童和空巢老人的问题。上文归纳的西南落后区中，贵州省毕节市所属的很多县市人口都大量流失，年轻人去发达地区工作，留下儿童缺乏照顾，导致了数起引起全国关注的儿童缺乏照料而死亡的事件。劳动人口流失的问题如果得不到解决，这些县市将难以发展。相反，发达地区则往往吸引了大量的外来劳动力。对于发达地区来说，外来劳动力大多数已经接受了初等教育，身体健康，所需的公共服务和消耗的公共资源非常少，而其正处在劳动生产率较高的年龄，给地方企业和政府带来很大好处。

最后需要指出的是，数据显示，改革开放以来居民的预期寿命不断提

① S.Démurger，J.D.Sachs，W.T.Woo，et al. Geography，economic policy and regional development in china［J］. Asian Economic Papers，2002，1（1）：146—197.

② 姚先国，张海峰 . 教育、人力资本与地区经济差异［J］. 经济研究，2008（5）：47—57.

高，加上计划生育政策的影响，中国人口呈现出老龄化特征[①]。随着中国人口老龄化和适龄劳动人口比重的下降，未来县域竞争很大程度上将是对适龄劳动人口的竞争。如果适龄劳动人口从不发达县市向发达县市流动的基本趋势不变，县域间发展的不平衡性就无法改变。

自然禀赋原因

自然禀赋的差异是形成中国县域发展不平衡的重要原因。比如北疆发达区，尽管自然环境艰苦，历史上以牧业为主，也缺乏相应的工业基础，但由于其资源储量巨大，资源类产业的发展使该地区县市实现了跨越式的经济增长，短时间内跨入了高收入地区。资源型产业主导的发展模式，也是林业资源丰富的长白发达区的特点。

资源型县市发展面临的困境是在自然资源耗尽之后该如何发展。甘肃省玉门市在经历了石油产量的严重下滑之后，陷入了长期的衰退。鉴于此，资源型县市的后继发展问题，值得我们进一步深入研究。

另外，需要注意的是自然资源与经济增长存在相关性，但不一定是正相关。丰富的自然资源也有可能成为经济增长的包袱，阻碍经济的持续增长，即所谓的资源诅咒[②]。比如在中国广泛存在着许多县市，因其土壤质量好，被划定为中国各个地方的农产品主产区。但由于农业劳动生产率相对较低，产值也相对较低，以农业为主的县市尽管为国家的粮食安全做出了巨大贡献，但在总体发展水平上仍相对比较落后。自然禀赋的优势反而成为困扰这类县发展的问题。

关于资源对经济增长的制约机制，有如下几种可能：（1）资源主导的产业结构对人力资本和科学技术要求不高，继而人力资本和科学技术进步较慢，制约了经济的进一步发展；（2）资源开采行业的资源分配会带来较大的贫富差距，因为边际消费递减，太大的贫富差距会制约总需求，继而制约经济的进一步发展；（3）当资源型城市环境变得太过恶劣的时候，

① 龚锋，余锦亮．人口老龄化、税收负担与财政可持续性［J］．经济研究，2015（8）：16—30.

② 徐康宁，邵军．自然禀赋与经济增长：对“资源诅咒”命题的再检验［J］．世界经济，2006（11）：38—47，96.

会导致资本外流，影响经济的进一步发展[①]。

文化原因

全国各地区发展不平衡还有部分文化传统的原因。比如，长白发达区的综合发展水平较高的原因是教育水平相对较高，而这些地区的居民很大一部分由朝鲜族居民组成。朝鲜族自古就有重视教育的传统，因此，总体教育水平较高。相比之下，藏区教育的传统完全不同，学校教育并不被强调，受过良好教育的往往是通过寺庙接受教育的僧侣。这种教育往往难以转化为居民的人力资本，对于藏区经济的发展，特别是产业的发展具有不利的影响。另外江浙一带以及广东地区居民较北方有较强的经商意识，思想观念更为开放，也一定程度上导致上述地区经济更加活跃，更加发达[②]。

政策原因

政策对经济增长也存在着举足轻重的作用。在标准的理论框架下，关乎经济增长的因素有资本要素、劳动要素、人力资本以及全要素生产率。中央政府的政策和地方政府的政策可以通过影响上述四个要素，继而影响经济的发展。

不同的经济政策会有不同的作用，正面的或是负面的，继而对经济增长带来不同的影响。适当的政策将能够为地区的经济吸引充足的资本要素，劳动力要素，并能够积极促进人力资本的积累和全要素生产率的提升。相反的，不当的政策会导致各类要素的流失，带来经济的衰退。Sylvie Démurger 等人验证了政府政策对地区经济差异的影响[③]。同样的，Belton Fleisher 等人将中国地区差距的原因归结为中央政府的地区倾斜政策，认为中央政府对东部地区的优先投资是中西部地区落后于东部地区的根源[④]。

---

① 徐康宁，王剑．自然资源丰裕程度与经济发展水平关系的研究［J］．经济研究，2006（1）：78—89.

② 佑林．区域文化与区域经济发展［M］，北京：社会科学文献出版社，2007.

③ S.Démurger，J.D.Sachs，W.T.Woo，et al. Geography，economic policy and regional development in china［J］. Asian Economic Papers，2002，1（1）：146—197.

④ B.M.Fleisher，J.Chen. The coast-noncoast income gap，productivity，and regional economic policy in China［J］. Journal of Comparative economics，1997，25（2）：220—236.

另外，地方发展战略制定不当的话，也会影响经济增长。林毅夫指出，当一个地区推行违背其比较优势的战略时，其地区生产总值增长将受到负面的影响。因为违背自身比较优势意味着企业选择了超越其要素禀赋结构的产业和产品，结果将导致生产企业没有自生能力，不仅不能起到带动经济增长的作用，反而需要政府的保护和补贴[①]。因此，县域需要恰当选择符合比较优势的产业发展战略，让优势产业带动地区经济增长。

第五节　处理区域差异的对策

区域经济发展的不平衡性无疑将影响中国全面建设小康社会的发展战略的实施。减少区域发展的不平衡，对于中国的全面发展具有重要意义，需要从不同的层面制定合理的发展对策。

依据比较优势决定县域发展战略

中国的经济增长始终伴随着地区产业的趋同。不同县域的发展同样具有产业同质化的迹象。各个县均试图通过走工业化的道路实现富裕。部分地区一味强调工业化，很多项目未经过严格的环评和审批就上马，导致了严重污染和生态破坏，如同竭泽而渔，不利于当地长期的发展。很多地区一味强调招商引资，很多大项目未经过严格论证，不符合该地区的比较优势，投产之后盈利能力差，产生了不好的社会影响。为了长期的可持续的发展，各个县级政府应该根据自己的比较优势制定恰当的发展战略。只有当地区经济发展战略的选择符合比较优势，当产业的选择遵循地区的要素禀赋时，产业才能够具备较低的成本优势，较发展其他产业才更加有利可图。

需要进一步指出的是，比较优势并不是绝对的。从原理上讲，比较优势反映了生产的相对成本的多少。而由于规模经济和技术积累等因素的存在，生产的平均成本可以随产业的成长与发展而递减。因此，产业保护和产业扶持对于一个县培育新兴产业是有必要的。但新兴产业的确定不能脱离该县发展的现状。人口和劳动力结构、地理位置和交通条件都是在短时

---

① 林毅夫，刘培林．中国的地区发展战略与地区收入差距［J］．经济研究，2003，2（3）：3.

间内无法改变的。引进和培育新兴产业必须考虑本地是否有合格的从事该产业的劳动力队伍，必须考虑本地的地理位置和交通条件能否为该产业提供可持续的竞争优势。

建立合理发展和评价县域发展的制度

各个县的条件不同，因此其发展战略和发展路径也不应当一概而论。不能单纯以经济的发展水平来评价各个县的发展。目前过于强调经济发展水平的评价体制，使不适合发展工业或不适合以工业为主导产业的县陷入了发展悖论：发展适合自己比较优势的产业则导致地区生产总值总量较小，影响领导政绩；而发展工业则基础薄弱、竞争力差，也会因为生态环境破坏等原因，影响原有的优势产业。因此，不同类型的县市，制定符合不同类型县市发展路径的评价体系，对于引导未来中国县域发展走向更合理的发展道路具有十分重要的作用。

2010 年 12 月 21 日，国务院印发了关于全国主体功能区规划的通知，以促进人口、经济、资源环境的协调发展。《全国主体功能区规划》将国土空间划分为优化开发区域、重点开发区域、限制开发区域以及禁止开发区域，其中限制开发区又分为农产品主产区和重要生态功能区[①]。

可以考虑根据主体功能区的划分，来确定不同类型县市的发展评价体制。优化开发区域和重点开发区域已经具有一定的工业基础，适合向工业化和城市化的方向发展。限制开发区域中的农产品主产区具有发展农业的自然条件的比较优势，并且具有发展农业的历史基础这些县的发展战略事关国家粮食安全。限制开发区域中的生态功能区，具有重要的生态功能，对于中国的生态安全意义重大。对于位于农产品主产区和生态功能区的县，其评价机制应当有所不同，以保证当地政策制定者在制定政策的时候能够遵从其农业、生态方面的比较优势，不至于一味追求工业发展。从国家战略上来看，首先也应当保障农产品主产区与重点生态功能区的地位，以保障国家粮食和生态安全。

① 国务院办公厅.国务院关于印发全国主体功能区规划的通知[EB/OL].中央政府门户网站，2011-06-08［2016-03-16］. http://www.gov.cn/zwgk/2011-06/08/content_1879180.htm.

建立长期的人口规划

人口问题是未来县域发展的核心问题，只有建立起符合县域产业结构的劳动力队伍，才有可能实现县域经济社会长期的可持续的发展。目前，东部县市人口自然增长率下降，很多地区面临着老龄化和未来劳动力短缺的问题。研究表明，2010 年我国沿海地区人口老龄化已达到 9.09%，中部地区人口老龄化已达到 8.72，西部地区人口老龄化已达到 9.06[①]。

另外西部一些少数民族聚居的地区，出生率过高，导致这些地方受抚养的儿童和青少年比例过高，陷入了人口的马尔萨斯陷阱，难以实现发展初期需要的资本积累。中国人口和就业统计年鉴数据显示，贵州省 2001 年至 2012 年平均出生率为 14.8%，而同时期的上海市平均出生率仅有 6.7%。相应的数据显示，2001 年至 2009 年贵州省的平均少儿抚养比为 44.7%，而上海市同时期的平均少儿抚养比仅为 13.9%。

目前，从中央到各地级市政府都制定了自己的人口规划。而在县级政府层面，大部分县市没有制定符合自己发展状况的人口和人才规划。各县市政府需充分考虑自己发展的现状和现有的人口结构，在现有中央政府政策允许的范围内，实施鼓励或限制人口增长的措施，引导人口结构向可持续的道路发展。

在中央政府层面，对待人口问题需要从更广阔的视角来看待，不能仅从中国人口总量和结构的角度来认识，需从全国各个地方人口发展的不同特点出发，充分考虑区域人口发展的不平衡性以及不同地区人口结构的差异性，制定有区别、有差异的政策来引导不同地区的人口增长和跨地区的人口转移，促进不同地区人口的平衡发展。

设立跨区域开发组织

从我们对县域数据的空间分析可以看出，发展的落后问题并不是孤立的。许多地区的发展落后问题，已经不仅仅发生在一个省的边界之内，而是跨区域的系统的落后。因此，在更高层面上建立跨区域的开发组织，协调发达区域与落后区域之间的交流与合作，促进落后区域之间合作，以共同解决发展中的困境和问题，具有十分重要的意义。

---

① 王志宝，孙铁山，李国平. 近 20 年来中国人口老龄化的区域差异及其演化[J]. 人口研究，2013，37（1）：66—77.

在中央政府层面成立跨省份、跨区域的开发机构，在美国有成功的先例。美国在1933年成立了田纳西河谷管理机构（Tennessee Valley Authority，TVA），综合协调田纳西河流域的基础设施建设、防洪设施建设、发电和输电设施建设等问题，促使区域经济协调发展。根据上文的总结，中国不同的落后区域内部都具有类似的特点及相邻的地理分布，成立类似TVA的跨省、跨区域的开发机构，可以协调资源的配置，避免事关共同利益的基础设施的重复建设，使产业的区域布局更加合理，促进区域间的分工合作，提升经济效率。

加强中央扶持

在过去几十年的中国发展历程中，县域的发展处于边缘化的位置。过去的二十几年，中国发展的重心更多地放在了大城市这些发展基础比较好的地方，上级政府的财政收支分配也向大城市倾斜，导致大城市无论在基础设施建设还是公共服务方面，都优于周边的县市。同时，由于大城市发展条件较好和发展机会较多，县市中的居民也更愿意迁徙到大城市工作和居住，导致县域发展中的人力资源流失。

目前，中国大城市的开发程度已经越来越接近西方发达国家的水平，经济增长率逐年降低，劳动力成本不断升高，财政资源投入的边际收益也逐渐下降。根据梯度开发理论的思想，未来县域会承接大城市的产业转移，这是未来中国实现经济增长的重要力量。而实际情况是目前大部分地区的财政资源仍然向大城市集中，县域在基础设施建设方面仍比较落后。在这种情况下，现有的许多劳动力密集型产业向越南、孟加拉国等国转移，而中国许多有可能承接产业转移的县市丧失了产业发展的机会。县域的发展，特别在发展的初级阶段，需要上级政府进行财政投入，提高基础设施水平、公共服务水平和劳动力素质，使之在承接大城市的产业转移活动中具有竞争力。

另外，上级政府还应当考虑对部分县市的重点企业进行扶持。因计划经济时代的历史渊源，许多县市都具有一到两个发展基础比较好的、实力比较强的企业。依托这些重点企业，县域政府可以制定产业政策，发展相关产业，塑造产业链。支持的范围可以包括投融资支持、技术升级支持、人才引进支持等方面。

第七章
省级视角的县域居民发展程度评估

上文从全国的视角展示了县域居民发展的不平衡性。鉴于省级政府在县域管理中的重要性，特别是在许多省份推行省直管县的背景下，省级政府在县域发展中扮演的角色越来越重要。因此，本章从省级角度分析省际县域发展的区别，展示各个省份在县域居民发展程度上的不平衡性。

第一节　分省份县域居民发展指数

本书利用等权重平均的方法对各个省份所有县域的居民发展指数、收入综合指数、教育综合指数分别进行处理，然后对各个省份的收入综合指数平均值、教育综合指数平均值、生活综合指数平均值等权重加权平均后的居民发展指数平均值进行排名。

结果显示（参见表格 -14），全国各个省份的县域发展程度基本上呈东高西低的态势。其中，北京、上海、江苏、天津、福建、浙江分列县域居民发展水平前六名。而经济大省山东和广东分列第 10 名和第 13 名，与其地区成产总值总量全国第 3 名和第 1 名的排名有所差距。东部地区的上海市的县域生活综合指数远远大于其他地区，但教育综合指数却相对较低。浙江省的县域居民收入综合指数平均值最高，但教育综合指数平均值相对较低。北方地区的辽宁省、吉林省、内蒙古自治区、新疆维吾尔自治区分列第7名、第8名、第9名、第11名，其中吉林、内蒙古和新疆在居民教育程度方面都有较好的表现，而且吉林省的县域居民的收入综合指数、教育综合指数、生活综合指数发展尤为协调。西南地区各省（自治区、直辖市）县域居民综合发展水平较为落后，重庆市、四川省、贵州省、云南省、西藏自治区分列第23名、第26名、第29名、第27名、第31名，并且教育综合指数平均值尤其落后，西藏自治区尤为显著。

表格-14 全国县域居民发展水平（分省份）

排名	省份	县总数（个）	居民发展指数平均值	收入综合指数平均值	教育综合指数平均值	生活综合指数平均值
1	北京市	2	75.84	67.21	78.32	82.93
2	上海市	1	70.04	68.98	54.75	90.97
3	江苏省	42	67.74	69.73	57.45	78.49
4	天津市	1	67.62	67.52	59.99	76.33
5	福建省	56	63.44	65.67	58.52	66.84
6	浙江省	54	63.26	70.72	49.34	73.59
7	吉林省	39	62.62	63.28	62.83	62.24
8	辽宁省	44	62.55	67.20	55.89	65.64
9	内蒙古自治区	80	62.22	67.65	62.23	58.54
10	山东省	86	61.58	65.44	52.04	69.47
11	新疆维吾尔自治区	86	60.08	56.73	68.87	56.57
12	山西省	96	58.70	58.91	60.78	57.11
13	广东省	57	58.54	58.03	52.55	66.34
14	海南省	15	58.48	57.75	52.84	66.11
15	湖南省	87	58.38	55.84	55.86	64.33
16	河北省	128	57.98	60.07	53.90	60.60
17	江西省	77	57.82	56.94	53.93	63.40
18	湖北省	63	57.69	58.59	50.34	65.72

排名	省份	县总数（个）	居民发展指数平均值	收入综合指数平均值	教育综合指数平均值	生活综合指数平均值
19	陕西省	82	57.54	60.23	56.49	57.09
20	黑龙江省	63	56.88	56.44	59.04	55.86
21	河南省	107	56.69	58.75	48.96	64.39
22	广西壮族自治区	72	54.46	53.90	48.69	62.46
23	重庆市	15	53.38	56.28	40.05	67.68
24	安徽省	62	52.71	57.33	38.41	67.95
25	宁夏回族自治区	13	51.60	57.55	42.60	58.65
26	四川省	134	49.90	56.13	38.50	61.36
27	云南省	116	49.41	52.06	40.21	59.78
28	甘肃省	69	45.09	51.02	37.33	53.02
29	贵州省	73	44.23	51.87	30.41	58.79
30	青海省	37	42.17	54.74	29.56	52.33
31	西藏自治区	69	27.97	43.58	13.48	41.82

第二节 分省份县域居民发展指数分布

从前全国100名县的数量来看（参见表格-15），江苏、山东、内蒙古、新疆四省（自治区）分别有15个、15个、14个、12个，共56个县市上榜，超过全国前100名县的半数以上，其中两个为东部地区，中部和西部地区各占一个。而广东省等11个省份无一个县市进入前100名。其中广东作为中国经济规模第一大省，城市化水平相对也较高，其发展程度较高的县市已划为市辖区，留下的县市发展水平不高，57个县中仅有12个县进入全国前500名。浙江作为人均收入和地区生产总值总量均占全国前列的省份，其前100名县的个数仅有6个，但前500名县的个数及比例较高。江苏的县域发展水平全国最高，不仅平均居民发展指数很高（仅次于北京和上海），前100名县的比例居全国第一（35.71%），前500名县的比例也居于全国前列（64.29%）。辽宁、福建、浙江三省尽管前100名县的个数不算很多，但所辖县居于全国前500名的比例分别达到68.18%、67.86%、66.67%，显示了这三个省的县域总体发展水平较高。重庆市尽管市辖区发展水平较高，但所辖15个县市均较为落后，无一进入全国前500名。四川和云南所辖县市的数量都居于全国前列，分别管辖134个和116个县市，但县域总体发展水平较为落后，分别仅有18个和9个县市进入全国前500名，占县市总数的13.43%和7.76%。西藏是全国县域发展最落后的省份，所辖县市均为国家级贫困县，无一县市进入全国前500名。

表格-15 全国各个省份前100名县和前500名县个数

所属省份	县总数（个）	前100名县（个）	前100名县比例（%）	前500名县（个）	前500名县比例（%）
北京市	2	2	100.00%	2	100.00%
天津市	1	0	0.00%	1	100.00%
河北省	128	3	2.34%	28	21.88%
山西省	96	3	3.13%	31	32.29%
内蒙古自治区	80	14	17.50%	38	47.50%
辽宁省	44	1	2.27%	30	68.18%
吉林省	39	2	5.13%	22	56.41%
黑龙江省	63	1	1.59%	7	11.11%
上海市	1	0	0.00%	1	100.00%
江苏省	42	15	35.71%	27	64.29%
浙江省	54	6	11.11%	36	66.67%
安徽省	62	0	0.00%	5	8.06%
福建省	56	4	7.14%	38	67.86%
江西省	77	1	1.30%	14	18.18%
山东省	86	15	17.44%	42	48.84%

所属省份	县总数（个）	前 100 名县（个）	前 100 名县比例（%）	前 500 名县（个）	前 500 名县比例（%）
河南省	107	5	4.67%	21	19.63%
湖北省	63	1	1.59%	20	31.75%
湖南省	87	3	3.45%	19	21.84%
广东省	57	0	0.00%	12	21.05%
广西壮族自治区	72	0	0.00%	6	8.33%
海南省	15	0	0.00%	3	20.00%
重庆市	15	0	0.00%	0	0.00%
四川省	134	4	2.99%	18	13.43%
贵州省	73	0	0.00%	2	2.74%
云南省	116	2	1.72%	9	7.76%
西藏自治区	69	0	0.00%	0	0.00%
陕西省	82	5	6.10%	14	17.07%
甘肃省	69	1	1.45%	4	5.80%
青海省	37	0	0.00%	3	8.11%
宁夏回族自治区	13	0	0.00%	4	30.77%
新疆维吾尔自治区	86	12	13.95%	43	50.00%

参考全国各县居民发展指数的均值和标准差，本研究对县域发展指数进行了极高、高、中、低、极低五类分类（分类标准参见表格 -16）。根据上述分类，可以更清晰地看出各个省份县域的发展程度（参见表格 -17）。县域居民发展水平极高的地区集中在河北（2 个）、内蒙古（3 个）、吉林（1 个）、江苏（8 个）、山东（1 个）、河南（1 个）、湖南（1 个）、新疆（1 个）。发展水平处于高水平和中等水平的地区分布较为广泛，其中内蒙古、浙江、山东、新疆县域居民发展处于高水平的县域数量较多。东部地区和中部地区的大多数县市的发展水平均在中等水平以上。发展水平低和极低

的县市大都处在西部地区，其中四川、西藏、甘肃、青海、贵州、云南有相当数量的县市发展水平极低。

表格 -16 全国县域发展水平分类标准

类别	县（个数）	平均得分	范围下限	范围上限
极高	18	80.35	76.69	100
高	204	69.73	65.98	76.69
中	1460	56.55	44.57	65.98
低	122	39.86	33.86	44.57
极低	121	27.33	0	33.86

表格 -17 各个省份不同层次县域发展水平县市个数

所属省份	不同发展程度县数量（个）				
	极高	高	中	低	极低
北京市	0	2	0	0	0
天津市	0	1	0	0	0
河北省	2	11	115	0	0
山西省	0	7	89	0	0
内蒙古自治区	3	19	58	0	0
辽宁省	0	8	36	0	0
吉林省	1	8	30	0	0
黑龙江省	0	2	61	0	0
上海市	0	1	0	0	0
江苏省	8	12	22	0	0
浙江省	0	19	35	0	0
安徽省	0	0	56	6	0
福建省	0	11	45	0	0
江西省	0	4	73	0	0
山东省	1	25	60	0	0
河南省	1	8	98	0	0

所属省份	不同发展程度县数量（个）				
	极高	高	中	低	极低
湖南省	1	8	78	0	0
广东省	0	3	54	0	0
广西壮族自治区	0	1	63	8	0
海南省	0	0	15	0	0
重庆市	0	0	15	0	0
四川省	0	9	92	14	19
贵州省	0	1	37	26	9
云南省	0	3	80	28	5
西藏自治区	0	0	2	9	58
甘肃省	0	3	35	16	15
青海省	0	1	16	6	14
宁夏回族自治区	0	1	7	4	1
新疆维吾尔自治区	1	20	61	4	0

第三节　地级市县域发展指数

在中国历史发展的过程中形成了省、市、县、乡的四级行政管理体制，尽管宪法并没有赋予地级市管理县的职能，但现实中除了个别县之外，大多数县都由地级市代管。作为县级政府的直接上级，地级市政府对于县域发展起到举足轻重的作用。我们采用平均值的方法计算了地级市的县域居民发展指数，即将每个地级市所辖县市的县域居民发展指数求平均值。地级市的县域发展指数可以反映地级市所辖县域发展的平均水平，一定程度上反映了地级市在县域发展中扮演的角色。

表格 -18 展示了地级市限于居民发展指数的前 20 名。从名单中可以看出，地级市县域发展较好的地方，通常也是城市经济较为发达的地方。我们将地级市县域居民发展指数的排名和地级市市辖区地区生产总值的排名做了相关性分析，其相关系数为 0.50，展示了一定的正相关性，说明地级市市辖区作为中心城市，对周边县域具有一定的带动作用的可能性。地级市居民收入综合指数的排名与地级市市辖区地区生产总值的排名相关系数为0.52，展示了县域经济与其周边中心城市经济之间的相互关联关系。

表格-18 地级市县域居民发展指数前20名

发展指数排名	地区	居民发展指数	收入综合指数	教育综合指数	生活综合指数	市辖区地区生产总值(亿元)	市辖区地区生产总值排名
1	苏州市	84.47	84.78	81.76	87.03	6621	2
2	无锡市	81.21	82.49	76.05	85.37	4174	9
3	镇江市	74.50	77.58	71.87	74.39	1266	49
4	威海市	73.85	77.04	64.25	81.43	685	85
5	长沙市	72.60	71.75	70.34	76.53	4505	7
6	常州市	72.28	77.76	61.18	79.39	3350	14
7	鄂尔多斯市	72.12	83.72	66.44	67.79	880	66
8	绍兴市	70.85	74.83	61.35	77.50	2361	24
9	南通市	70.81	74.40	57.07	83.85	1909	33
10	郑州市	70.29	71.51	67.87	71.93	3336	15
11	青岛市	69.73	72.85	58.23	80.00	5150	5
12	烟台市	69.62	74.38	64.08	71.55	2603	22
13	唐山市	68.94	73.53	64.12	69.74	2489	23
14	泰州市	68.94	72.26	58.60	79.12	1291	45
15	东营市	68.73	77.05	61.56	68.78	1997	31
16	枣庄市	68.56	67.19	61.01	78.62	928	64
17	杭州市	68.13	72.48	58.62	74.94	6640	1
18	宁波市	68.09	74.02	54.65	78.39	4309	8
19	嘉兴市	67.73	75.89	55.93	73.40	780	76
20	大连市	67.63	78.08	55.53	72.20	4910	6

地级市与其管理的县域的关系存在着两种可能：一种是地级市中心城区的发展程度较高，一定程度上可以带动周边县域的发展；另一种是地级市中心城区本身比较弱势，由于其上下级的管理关系，将县域的资源抽走支持中心城区发展，从而阻碍了县域发展。上文所述的地级市市辖区的地区生产总值与其县域居民发展程度的正向相关关系，反映了中心城区更多的可能是辐射扩散支持县域发展，但也反映了很多地级市的中心城区并没

有起到带动县域发展的作用。图 -11 用散点图的方式呈现了地级市市辖区地区生产总值排名和其县域居民发展指数排名的关系。图 -11 中可以看出（图中右下区域的散点），很多地级市中心城区发展程度较高，而县域发展程度较低，展示了许多中心城区可能吸取了周边县市的资源，因而抑制了县域发展的可能性。同时，图 -11 中也可以看出（图中左上区域的散点），许多地级市县域发展程度较高，而中心城区发展程度较低。

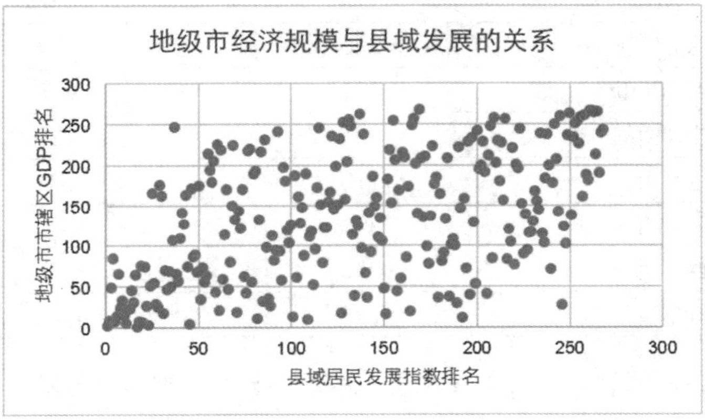

图 -11　地级市市辖区经济规模与县域居民发展程度的关系

基于图 -11，地级市与其所辖县域的关系可以分为“强市强县”、“弱市弱县”、“强市弱县”、“弱市强县”四类。其中后两类展示了中心城区与县域发展的不平衡性，值得我们深入研究。表格 -19 展示了典型的“强市弱县”的地级市，从表格中可以看出，这些地级市大多位于西部地区和东北地区，包含乌鲁木齐、兰州、南宁、西宁、昆明、贵阳、哈尔滨 7 个省会城市，显示了这些省会城市的弱势地位甚至难以带动其所辖县市的发展，遑论带动全省（自治区、直辖市）经济发展了。

表格 -19　典型“强市弱县”的城市

地区	发展指数排名	市辖区地区生产总值排名
乌鲁木齐市	246	28
大庆市	192	12
马鞍山市	240	71
柳州市	205	41

地区	发展指数排名	市辖区地区生产总值排名
南宁市	189	30
兰州市	196	40
汕头市	185	38
日照市	199	53
昆明市	164	20
贵阳市	179	36
大同市	220	77
哈尔滨市	151	16
十堰市	225	90
绵阳市	216	83
齐齐哈尔市	227	95
西宁市	208	84
邯郸市	194	72

与“强市弱县”相反，表格 -20 展示了县域发展水平较高，但中心城区发展水平不高的地级市。可以看出这些城市都不是地区性的中心城市，甚至在其所在的省（自治区、直辖市）也不具有中心地位。对于这些城市来说，协调好县域与中心城区的关系，实现县域与中心城区的共同发展，依托发展基础较好的县域，打造中小城市体系。

表格 -20 典型“弱市强县”的城市

地区	居民发展指数排名	市辖区地区生产总值排名
三门峡市	37	246
宜春市	60	225
延安市	55	214
晋中市	62	219
鸡西市	69	224
白城市	93	241
呼伦贝尔市	29	176
南平市	58	205
伊春市	86	231

地区	居民发展指数排名	市辖区地区生产总值排名
酒泉市	78	220
白山市	25	166
宁德市	77	217
铁岭市	56	194
丹东市	30	163
晋城市	84	216
三明市	46	172
通化市	50	175
焦作市	57	179
牡丹江市	43	164

第四节　省直辖的县域发展状况

近年来，中央积极推进省直管县，以减少行政管理层级，提高行政效率。2008 年 10 月，十七届三中全会通过了《关于推进农村改革发展若干重大问题决定》，提出“有条件的地方可依法探索省直接管理县（市）的体制”；2009 年 2 月，《中共中央国务院关于 2009 年促进农业稳定发展农民持续增收的若干意见》提出“稳步推进扩权强县改革试点，鼓励有条件的省份率先减少行政层次，依法探索省直接管理县（市）的体制”；2010 年，中央机构编制委员会办公室发出《关于开展省直管县体制改革试点的通知》，指导各地依法进行省直管县体制改革试点。一系列举措体现了中央推进省直管县这一重大行政体制改革的决心。

目前，各地推行省直管县的方式不同。据不完全统计，全国有 1041 个县推行财政省直管县，有 693 个县试行扩权强县，17 个县试行全面省直管县。省直管县财政改革的主要内容是，在政府间收支划分、转移支付、资金往来、预决算、年终结算等方面，省财政与市、县财政直接联系，开展相关业务工作，目标在全国除民族自治地区外全面推进省直接管理县财政改革①；“扩权强县”是指在不涉及行政区划调整的情况下，将部分地

① 财政部. 关于推进省直接管理县财政改革的意见［EB/OL］. 中央政府门户网站，2009－07－09［2016－03－16］. http://www.gov.cn/zwgk/2009-07/09/content_1360963.htm.

级市的经济管理权和社会管理权直接赋予县和县级市，以推进县域经济的发展；全面省直管县不仅赋予县级政府财政和经济社会管理权，更将人事权等许多属于地级市的权力下放到县，加强了县与省级政府的直接联系，进一步弱化了地级市政府的居间作用。

由于试行省直管县的县市数量较多，开始实行的时间也不一致，依据我们目前的数据，很难定量评估省直管县带来的效果。但“省直辖县”可以给我们提供一个了解问题的视角。“省直辖县级行政单位”（简称省直辖县）与“省直管县”的概念有所区别。“省直辖县级行政单位”指直接由省级政府管辖和领导的县级行政区，如海南省的各县和县级市，湖北省的仙桃市、潜江市、天门市、神农架林区，河南省的济源市，新疆的九个由自治区和新疆生产建设兵团双重领导的县级市等。根据中华人民共和国宪法，中国实行“省级、县级和乡级”三级行政区划。1982年，中共中央发出了《关于改革地区体制，实行市管县的通知》，1983年2月，中共中央、国务院又发出《关于地市州党政机关机构改革若干问题的通知》，地级市代管县体制开始在全国范围内推行，构成了目前普遍的四级制的管理体制。尽管如此，在后来几年，全国有个别县脱离地级市成为所在省直辖的县级市。1996年12月，河南省委、省政府发布《关于对济源市实行直管体制的实施方案》，从1997年1月1日起，济源市完全脱离焦作市，改由省直辖；1983年8月，国务院下发《关于同意湖北省地市行政体制改革方案的批复》，原属郧阳地区的神农架林区改由湖北省直接领导；1994年9月，国务院下发《关于同意湖北省荆州地区、沙市市合并设立荆沙市的批复》，原荆州地区的仙桃市、潜江市、天门市由湖北省直辖；1988年4月13日，第七届全国人民代表大会第一次会议通过了《关于设立海南省的决定》和《关于建立海南经济特区的决议》，所设县级行政单位全部由海南省直辖；新疆维吾尔自治区自1984年9月设立自治区直辖县级市石河子市之后，又陆续设立了阿拉尔市、图木舒克市、五家渠市、北屯市、铁门关市、双河市、可克达拉市、昆玉市等自治区直辖县级市，实行师市合一的管理体制。

表格-21展示了省直辖县县域居民发展指数表现（神农架林区和新疆维吾尔自治区个别新设立的县级市没有进入我们的评估）。从表格中展示的各省直辖县的指数表现来看：济源市、石河子市、五家渠市三个县市进入全国前100名；济源市作为河南唯一的省直辖县，表现列河南所有县第1名，全国第18名；湖北省的三个直辖县仙桃市、潜江市、天门市在全省63个县中分列第16名、第6名和第25名；海南省由于所辖县全部为直辖县，我们无法横向比较其在省内的表现，其在全国的表现处于中游水平；新疆维吾尔自治区设立的直辖县本身都是自治区中的兵团所在地，发展基础较好，表现也居新疆前列。

本研究的数据无法回答省直辖县是否给表格中的县的发展带来了好处，但从媒体报道来看，省直辖县带来的最大的好处是县市财权的独立，避免了县财政受到地级市的剥夺，以致影响了自身的发展能力①。而地级市代管县的好处是：若其所属的地级市为影响力巨大的中心城市，这些县在基础设施方面，可能受益；地级市的一些项目也可能扩散到所属县市。无论是济源市、仙桃市、潜江市还是天门市，离周围的具有强大辐射能力的中心城市距离都较远（仙桃市离武汉市一百多公里），难以接收中心城市的辐射，省直辖县一定程度上可能帮助了它们的发展。李郇、徐现祥的研究发现，撤县设区现象在五年内可以帮助县发展，这主要来自于投资的影响，即地级市政府的统筹规划带来了大规模基础设施建设，但对撤县设区人均消费和人均财政支出没有影响②。他们认为，撤县设区的县带来经济增长的好处五年后则逐渐消失，因为撤县设区与财政分权产生的作用相反，削弱了县级政府权限，使县域长期发展经济的激励作用消失。尽管本研究无法定量分析省直辖县带来的好处与问题，但本研究呈现的结果可以为进一步的研究提供分析基础。

表格-21　省直辖县县域居民发展指数表现

地区	所属省份	发展指数	排名	本省份排名	收入综合指数	教育综合指数	生活综合指数（规模调整后）
济源市	河南省	76.78	18	1	70.30	86.41	74.50
仙桃市	湖北省	62.88	390	16	65.63	53.90	70.30

① 刘俊．撤县设区？长兴不高兴［N/OL］．南方周末，2013-05-16［2016-03-16］．http://www.infzm.com/content/90408.

② 李郇，徐现祥．政策评估：行政区域一体化的经济绩效分析［D］．城市时代，协同规划——2013中国城市规划年会论文集，2013.

地区	所属省份	发展指数	排名	本省份排名	收入综合指数	教育综合指数	生活综合指数（规模调整后）
潜江市	湖北省	66.48	201	6	68.65	60.80	70.41
天门市	湖北省	59.34	670	25	59.09	51.56	68.59
五指山市	海南省	62.63	406	3	54.89	72.20	62.00
琼海市	海南省	65.87	226	1	64.35	61.54	72.19
文昌市	海南省	62.64	405	2	63.33	55.55	69.85
万宁市	海南省	60.83	535	5	58.91	54.80	69.73
东方市	海南省	55.38	1104	12	58.55	42.70	67.95
定安县	海南省	58.39	787	8	54.96	55.68	65.06
屯昌县	海南省	55.59	1086	11	52.98	50.11	64.73
澄迈县	海南省	60.85	533	4	63.22	50.15	71.05
临高县	海南省	54.22	1227	15	55.83	42.47	67.25
白沙黎族自治县	海南省	55.00	1149	13	54.38	51.08	59.90
昌江黎族自治县	海南省	58.44	774	7	63.58	46.88	66.99
乐东黎族自治县	海南省	54.62	1180	14	52.74	47.55	64.98
陵水黎族自治县	海南省	59.18	685	6	58.83	51.34	68.63
保亭黎族苗族自治县	海南省	56.66	988	10	56.56	57.35	56.09
琼中黎族苗族自治县	海南省	56.92	955	9	53.12	53.17	65.29
石河子市	新疆维吾尔自治区	76.29	23	2	75.30	84.28	69.96
阿拉尔市	新疆维吾尔自治区	69.25	119	13	73.95	81.28	55.25
图木舒克市	新疆维吾尔自治区	48.87	1576	75	60.59	45.84	42.02
五家渠市	新疆维吾尔自治区	71.07	79	9	75.56	77.20	61.54

第八章
县域发展的陷阱及解决对策

县域发展的道路并不是没有任何障碍的坦途，而是存在着许许多多如同陷阱的影响因素。若不能谨慎处理这些因素，则县域的发展可能陷入陷阱而无法自拔。其中一些因素可能看起来是正面因素，但若不谨慎处理，则可能转变为负面因素，影响县域发展的进程。在制定政策的过程中，需要谨慎考虑县域发展所面临的陷阱因素，提前布局，慎重处理，以使县域发展能够绕过这些陷阱，走上长期稳定的发展道路。

第一节　人口陷阱

人口是一个地区发展的核心因素，也是一个地区发展的最终目的。从总体上看，县域人口结构基本稳定，15—64 岁劳动人口比重占总人口比重约 72.36%，略低于全国 74% 的水平。从人口结构分析来看，全国县域人口展现出了一定的收缩趋势。尽管从人口金字塔结构图上来看，全国县域儿童和青少年人口比例与青年人口比例大致保持稳定，但由于大量青年人口迁移到大城市工作，没有被计算到图 -12 中的人口比例中，而许多儿童留守在乡村。从这个角度来看，青年人口比例一定程度上被低估，县域总体人口呈微弱的下降趋势。

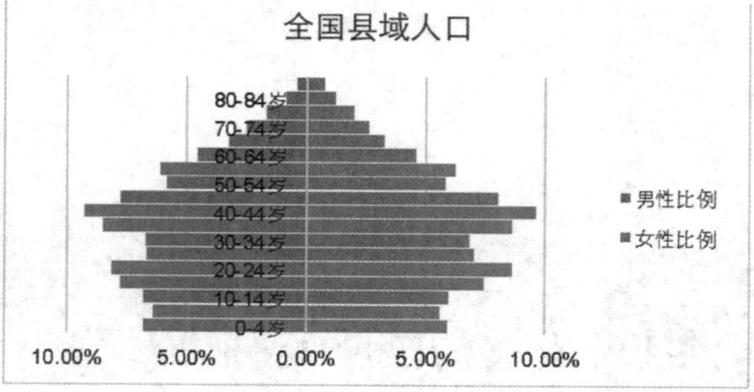

图 -12 全国县域人口结构图

县域总体人口微弱的下降既有出生率下降的原因，也有年轻人口外迁的原因。如果人口流失的趋势难以得到改变，县市会陷入空心化的境地，县域发展无从谈起。在本研究涉及的 1926 个县市中，有 1544 个县市存在着人口流失的现象，占所有县市的 80.17%[①]。从区域分布上看，大部分人口流入的县市都处于京津冀和长三角等相对发达的地区，而人口流失则是全国县域普遍面临的问题。一个比较奇特的现象是，许多少数民族聚居区和边疆地区都显示出户籍人口小于人口普查时的人口总数的特征，其原因可能并不是由于普遍的人口流入导致的，而是多方面的（比如户籍人口登记制度的执行状况），值得我们进一步的思考与研究。

县域人口流失的状况需要引起我们的重视，各级政府要采取措施，提升县域政府的公共服务能力和县域的生活质量，使这些地区能够留得住人。20 世纪 70 年代之后，在许多发达国家出现了逆城市化的社会现象。由于乡村具有更好的自然环境和城市不具备的田园风光，许多城市居民向往这样的生活，产生了人口向大城市周边的小城镇和乡村转移的趋势。尽管逆城市化现象并没有在中国普遍发生，但是它可以给我们很多启示，即：县域由于其人口密度较低、自然环境较好，给人的心理压力较小，一定程度上比大城市更适合人类居住。如何利用县域的这种自身的优势，吸引青壮年劳动力到县市工作，是县域政府需要思考和解决的迫在眉睫的问题。

不仅仅在全国层面来看，县域存在人口危机，从个案来看，也有大量

① 若一个县市的户籍人口少于人口普查时的人口，则认为人口流入，反之则认为人口流失。

的县市在发展中存在着人口结构问题，可能导致未来的发展陷入不可持续的陷阱。人口发展的不均衡展现出了马太效应，即越发达的地区，劳动人口比重越重；越不发达的地区，劳动人口比例越低。而劳动人口的不足又导致不发达的地区更加落后，形成了循环因果积累效应。全国公认县域经济发达的昆山市，劳动人口比重达到 86.37%，而经济贫困的贵州省铜仁市毕节市所辖县市、四川省凉山彝族自治州所辖县市等地区，劳动人口比重尚不足 60%。国际公认老龄化比较严重的日本，劳动人口比重为 61%[①]，发达国家诸如美国，劳动人口比重为 67%，澳大利亚同样为 67%。这些国家已经开始警惕自己的人口结构老龄化的问题，也相应推迟了退休年龄，以保证财政收入能够支付大量人口的养老金。中国县域地区的人口结构存在同样问题。如果以 67% 的劳动人口比重为参考水平，有 247 个县的劳动人口比重不足 67%。劳动人口比重比较低的地区，也往往是发展水平比较低的地区，劳动人口比重和本研究中的综合发展指数的相关系数达到 58%。

从个案来看，很多县劳动人口的不足，并不是因为出生率下降导致的。相反，这些县往往是人口出生率非常高，而当地的收入水平不足以支撑一个家庭养育很多孩子，青年劳动力不得已外出谋生。比如图 -13 中所示的青海省杂多县的人口结构，生育率过高，为抚养、教育儿童和青少年，不仅仅家庭负担着巨大的压力，公共财政压力也很大，使这些县难以摆脱人口的马尔萨斯陷阱。

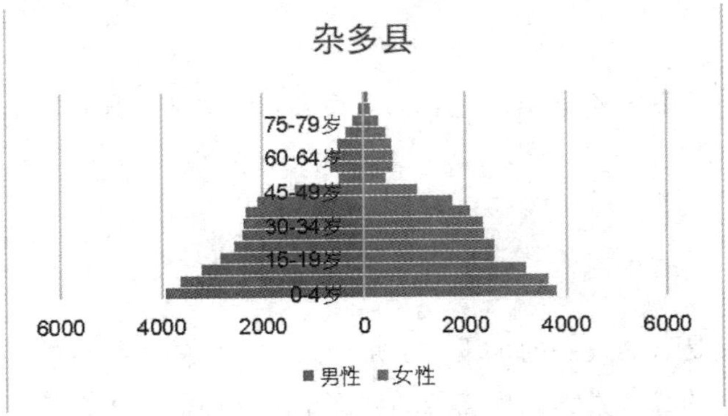

图 -13 生育率过高的典型县市：青海省杂多县

① 相关数据信息可参见：http://data.worldbank.org/indicator/SP.POP.1564.TO.ZS/countries?order=wbapi_data_value_2014+wbapi_data_value+wbapi_data_value−last&sort=asc。

除上述人口流失的威胁，许多县还面临着人口老龄化的严重威胁。从我们分析的数据来看，全国各县市 65 岁以上人口比例平均为 8.71%，略低于全国 9% 的平均水平，但有 281 个县老龄人口比重超过 11%，其中最高的江苏省如东县老龄人口比重达到 19%（见图 -14），已接近全世界最为严重的老龄化国家，如日本（26%）、意大利（22%）、希腊（21%）、德国（21%）等国的老龄化水平。即使 11% 的老龄化水平，也已相当于阿根廷、以色列、新加坡等国的老龄化水平，当地政府需要引起重视。

面临老龄化威胁的县市往往经济发展水平比较高，人口平均寿命比较长，因此导致扶养老人的压力比较大，未来在医疗保障等公共服务方面，需要巨额的公共财政投入。由于面临着适龄劳动人口的收缩，这些县市在未来的产业布局和升级转型的过程中，需要着力发展技术密集型和资本密集型产业，以提高单位劳动力的劳动生产率和产值，才能产生足够的财政资源支持老年人口的需要。

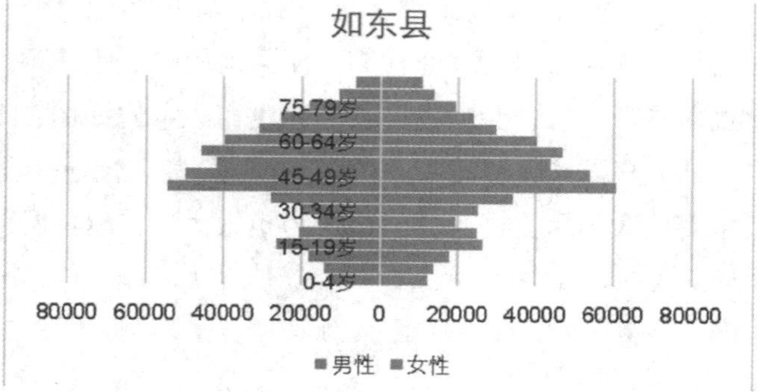

图 -14 老龄化危机的典型县市：江苏省如东县

第二节 教育陷阱

教育既是人类发展的手段，也是使人类发展的最终目的。通过教育，可以提高人的综合素养，提高劳动生产率，从而创造更多的社会财富。而教育使人的知识更广泛，更有能力欣赏和享用人类所创造的精神财富。促使教育的全面发展是县域发展的重要内容。从目前现状来看，与大城市相比，县域发展在教育方面存在许多问题，未来会进一步威胁县域的可持续发展。

目前，县域普遍存在平均受教育程度过低的问题。本研究考察的1926个县市的平均受教育年限为8.10年，其中平均受教育年限小于9年的县市有1658个，占本研究考察的县市总数的86.09%。平均受教育年限最高的是吉林省延吉市的11.14年，最低的是西藏自治区聂荣县，平均受教育年限只有2年。有114个县市的平均受教育年限不足6年，占县市总数的5.92%。相比之下，发达国家诸如澳大利亚平均受教育年限达到12.8年，美国为12.9年、德国为12.9年、加拿大为12.3年、英国为12.3年，中国周边国家诸如韩国为11.8年、日本为11.5年[①]。相比城市而言，县域居民受过高等教育的人口比例也过低。全国县域平均受过大专以上教育人口比例为4.73%，低于全国9.53%的总体水平。高于全国总体水平的只有101个县，而有1825个县的高等教育人口比例达不到全国平均水平。而从另一方面来看，全国县域文盲人口比例较高，达7.76%，高于全国平均4.9%的水平，其中文盲人口比例（文盲人口占15岁以上总人口比重）大于10%的县市有392个，文盲人口比例大于20%的县市有130个，其中最高的西藏自治区左贡县的文盲人口比例达到66.22%，四川省和西藏自治区还有其他11个县，文盲人口总数占总人口一半以上。

目前，县域居民普遍受教育程度较低，受过高等教育的人口比较低，以及文盲人口比率过高的教育现状，给未来县域发展带来很大的问题。

中国劳动密集型产业的发展已经进入了瓶颈阶段。随着劳动力成本的提高，许多劳动密集型产业已经无利可图。对于这些目前中国出口所依赖的主要产业，部分需要实现生产技术的革新和转型，从而使该产业变得更加技术密集和资本密集，未来才能够保持竞争力。而对于一些传统产业，目前难以采用技术密集和资本密集的生产方式，仍需要大量劳动力。这些产业要保持竞争力，则必须向劳动力更加便宜的地区转移。尽管称为劳动密集型产业，但并不意味着这些产业就不需要劳动力具有知识和技术。即使是典型的劳动密集型产业的纺织产业，也有许多工序需要技术工人的操作和把握。基础教育有助于工人更容易掌握基本的技能，对于这些产业的技术经验的积累和传递具有重要作用。这些产业的未来的技术革新，不能

① 相关数据信息可参见：http://hdr.undp.org/en/content/mean-years-schooling-adults-years。

完全脱离一线工人在技术上的创新。我们难以判断高等教育对劳动密集型产业发展的作用，但是可以肯定初等教育对这些产业发展具有基础性作用。

从目前县域教育的发展的程度来看，初等教育在许多县仍然未能够得到普及，特别是9—12年的初等教育。这一阶段的教育，特别是技工学校的教育，对于培养高素质的产业工人队伍是具有重要意义的。但是从全国县域教育发展来看，许多学生都是在完成初中教育之后走进劳动力市场的，缺乏必要的职业技能培训。而西南地区少数民族聚居的地区，很多地方连九年的义务教育也尚未能够得到完全普及和贯彻，文盲率很高，特别是居民对于作为中国通用语言的汉语言的掌握欠佳，使当地难以承接东部地区的产业转移。甚至这些地方的劳动力到东部地区工作的机会都比较少，因为他们的语言技能和文化差距，使得他们在东部地区就业和寻找工作并不容易。这些地方既缺乏资本又缺乏人力资源的支持，发展的前景十分不乐观。

而对于一些发展较为落后的内陆县市，存在一个难得的机遇，即相对于东部的高劳动力成本和生活成本，这些内陆县市生活成本相对较低，特别是房价较低。在这种情况下，年轻劳动力在发达地区攒够一定的积蓄之后，特别是到了生育年龄后，纷纷回到位于内陆的家乡工作。而他们中很多人正处于壮年并且掌握了一定的劳动技术，处于劳动生产率比较高的阶段。因此，充分利用起这部分劳动力，可以对落后县市发展产生较好的效果。

但是，目前这部分县市熟练劳动力的成本优势并没有完全得到体现。发展程度较高的地区的产业，特别是外资投资的产业，在面临着成本提高的压力下，向成本相对较低的国家转移而不是向中国内陆地区转移。中国内陆不发达县市的劳动力素质，相对于越南等产业转移的目的国，并没有明显的优势。而劳动力成本和相对出口到发达国家的交通成本，则比越南、孟加拉国这些国家高很多。在这种情况下，中国内陆不发达县市承接发达地区的产业转移，需要重点面向中国国内市场、兼顾国际市场。中国具有幅员辽阔的国土和占世界上四分之一的人口，具有巨大的国内需求。中国内陆县市离国内消费市场距离较近，有一定的交通成本优势，而这些县市本身也是较大的市场。依赖于国内市场，有助于他们发展自身的劳动密集型产业。另一个优势是，比起其他发展中国家，中国的企业对中国自身的需求可以有更深的了解。发挥这些优势的前提都是有相应的高素质的劳动力队伍，在劳动生产率方面能够补偿高工资带来的高成本，从而降低产品的单位成本。高素质的劳动力队伍，能够革新生产工艺，能够设计更符合中国消费者需求的产品，从而保持中国内陆县市相对于其他发展中国家的竞争优势。

县域受过高等教育的人口比例仍然较少。我们以大专（包括高职）以上人口比例来衡量受过高等教育的人口比例。我们的研究团队调研了东部的部分县域城市，在劳动密集型企业，受过大专以上教育的人口主要从事管理工作，一线工人比例很小。未来中国县域的腾飞与发展，特别是对于东部县域经济已经发展较好的地区来说，比如长三角、山东半岛等地区，实现产业的升级和转型是这些地区未来发展的必然道路。县域发展面临着人力资源的悖论：不管县域政府是否重视教育、投入教育，留在当地工作和生活的受过高等教育的人口都很少。目前，受过高等教育的人口往往迁徙到大城市生活工作。尽管大城市竞争激烈、生活压力大，但很多受过高等教育的人即使在大城市难以获得很高的收入和社会地位，也愿意聚集在北京、上海这样的大城市以至于这些大城市的人口过度膨胀，产生了大城市病。而对于人才需求强烈的县域地区却留不住受过高等教育的人口。这种人口悖论很难使县域政府有动力投资教育。而未来县域只有在高等教育方面有所突破，提升劳动力素质，才能实现产业技术的革新，特别是在互联网经济和工业 4.0 的大趋势之下，能够把握未来的产业和技术发展的趋势，实现工业生产规模化和满足人的多样化需求相结合的生产技术和生产方式的革新，才有可能实现保持传统产业的竞争力，开拓发展新兴产业。

因此，中国各级政府都应当思考如何解决县域教育发展和留住人才悖论。缩小基础设施、公共服务、社会保障方面与大城市的差距，并且保持县域的良好生态环境，是县域能够有能力留住和吸引高层次的劳动力的关键。未来教育发展的水平是县域发展的可持续性的保证，而教育的发展又与县域的生活水平和收入水平高度相关。因此，县域发展需要综合考虑居民发展的各个方面，避免进入增长的陷阱。

第三节　资源陷阱

中国地大物博，很多县市都拥有可以开发的自然资源。这些资源型区域作为国家的能源和原材料保障基地，为国民经济建设做出了重大贡献。在我们研究的1926个县市中，有770个县市拥有资源开采类工业或是森林工业。拥有资源优势对一个县的发展来说是一件好事，但若这一资源优势不能得到合理的运用，则资源的优势可能会变为发展的陷阱。由于资源枯竭，许多县目前普遍面临着“矿竭城衰”的困境。

对于许多发展程度较高的县来说，资源开采是产业链中的重要一环，但整个经济并不完全依赖于资源类产业。比如，煤炭开采尽管占龙口市的产业比重很大，但龙口在多年的产业发展中，已经建立起包括船舶制造、汽车配件、旅游、房地产等产业。未来即使经历煤炭资源耗竭，因其已形成了可持续的产业结构，其他产业依然能够支持该县的可持续发展。

但是，若一个县的产业结构过于单一且主要集中于产业链的低端，长期对资源进行掠夺式和粗放式的开采和利用，会使资源储备量日益减少，甚至枯竭。在没有能力发展其他产业的情况下，县域发展会陷入停滞甚至衰退的境地。

如同玉门市这样的地区在中国的资源型县市中并不算少数。它们具有一些共同的特点：收入水平和人均地区生产总值水平依赖于资源类产业的发展阶段与所开采资源的国际市场价格，若开采的资源在当前国际市场价格较好，本地的开采正处于高产量阶段，则人均地区生产总值和收入状况较好；若国际市场价格不佳，或开采的产业产量已经处于夕阳阶段，则该地区收入水平相对不高。因为地理位置偏僻，生活条件相对艰苦，若非因为资源类产业所带来的巨大的就业机会和高收入的前景，很少有外来移民会被吸引到本地工作。这些县市的平均教育水平可能因为资源类产业所雇佣的相对受过好的教育的劳动力而整体比较高，但是若资源枯竭，随着资源类产业的重新布局，这些劳动力会离开这些地区。受教育的劳动力对于这些地区的黏性并不强，而是跟随着资源类产业的转移而迁徙，不会在这些衰退地区的产业中寻找工作机会。因此，若不能充分利用这些人的劳动技能，吸引这些人留在本地工作，则这些劳动力对资源枯竭的县市的产业重组的贡献并不大。

根据国务院2013年11月12日印发的《全国资源型城市可持续发展规划（2013—2020年）》，中国262个资源型城市（包括地级市、地区等地级行政区和县级市、县等县级行政区）面临着可持续发展的重大战略问题。资源型城市可持续发展对中国能源资源安全、经济结构转变、新型工业化和城镇化建设的推进以及资源节约和环境友好型社会建设都具有重要意义。梳理资源型城市的发展战略，制定符合自身的产业转型战略，对于经济依赖于资源的县域未来的经济与社会的持久发展具有重要意义。

自然资源丰裕程度及开采状况与经济增长之间的关系一直是国内外学者关注的问题。直到20世纪80年代，大多数经济学家都认为自然资源开发对当地经济发展具有正向作用，如Walt Rostow等人认为，自然资源禀赋及其开发将成为工业发展的“启动器”，可以帮助发展中国家和地区向发达转变，如澳大利亚、英国和美国等地区[①]。但是到了20世纪80年代后期，大量研究对这种传统观点提出了质疑。其中比较著名的是“资源诅咒”理论。“资源诅咒”理论认为，丰富的自然资源对地区的经济发展是一种诅咒，大多数自然资源丰富的地区比资源稀缺地区发展更慢，虽然资源丰富的地区在短期会对经济发展产生促进作用，但最终会陷入停滞状态。这种现象也被称为“丰富的悖论”。Jeffrey Sachs等人从1997年开始对95个发展中国家的经济增长数据进行研究，发现在控制初始人均收入、贸易政策、政府效率和投资率等影响经济增长的多种变量后，自然资源充裕程度与经济增长速度成明显的负相关[②]。Richard Auty等人认为，“资源诅咒”是指丰富的自然资源对一些国家的经济增长并不是充分的有利条件，反而是一种限制[③]。徐康宁和王剑认为，“资源诅咒”是自然资源对经济增长产生了限制作用，资源富裕地区的增长速度一般慢于资源贫乏的地区[④]。邵帅和杨莉莉指出，“资源诅咒”是一个国家或地区的经济活动过度依赖自

① Walt Whitman Rostow. The stages of economic growth［J］.The Economic History Review，1959，12（1）：1—16.

② Jeffrey D.Sachs，Andrew M. Warner. Natural resource abundance and economic growth［J］. National Bureau of Economic Research，1995，No. w5398.

③ Richard M.Auty. Resource abundance and economic development［M］. Oxford University Press，2001.

④ 徐康宁，王剑．自然资源丰裕程度与经济发展水平关系的研究［J］．经济研究，2006，1（78）：2.

然资源型产业，由此引发一系列不利于长期经济增长的负面效应，最终限制区域经济发展[①]。

目前，经济学界普遍认为，资源诅咒的产生原因涉及资源地区的人力资本形成、经济类型、利益分配和补偿机制、冲突管理能力、政治和制度等方面。因此，资源诅咒往往会发生在制度较差的地区。另外，国内一些学者们关注了资源地区脆弱性问题的研究。孙良书等人借助脆弱性研究的风险——灾害模型，结合典型煤炭城市社会脆弱性特点，把社会系统延伸到经济、社会、自然三维立体的研究中，构建S-D模型，对煤炭城市社会系统脆弱性进行分析研究[②]；李鹤以东北老工业基地的矿业城市为研究对象，指出矿业城市脆弱性分析框架包括系统敏感性、应对能力以及其耦合作用，得出产业衰退、下岗失业、生态破坏是制约矿业城市实现可持续发展的主要因素[③]；王士君等以大庆市经济系统脆弱性为研究对象，指出石油城市经济系统脆弱性的主要驱动因素是刚性的产业结构、接续产业发展缓慢、替代产业不完善、产业转型艰难以及石油资源枯竭等方面，并从敏感性和脆弱性两方面选择指标进行分析评价[④]。

资源枯竭是严重依赖于资源开采类产业的县市所必须要考虑的问题。部分地区开发强度过大，资源综合利用水平低，生态环境破坏严重，新的地质灾害隐患不断出现。高耗能、高污染、高排放项目低水平重复建设，接续替代产业发展滞后。资源开发、征地拆迁等引发的利益分配矛盾较多，维稳压力大。资源开发与经济社会发展、生态环境保护之间不平衡、不协调的矛盾突出。因此，这些县市需要在资源开采仍处在旺盛的时期提前考虑未来的产业布局、劳动力和人才的布局、生活环境的改善和生活水平的提高。大部分尚未进入衰退阶段的资源类县市，财政资源相对比较充足，有能力投资教育和基础设施、公共服务等，在资源枯竭之前有能力思考、布局和培育

① 邵帅，等. 自然资源丰裕，资源产业依赖与中国区域经济增长[J]. 管理世界，2010(9)：26—44.

② 孙良书，刘大千，杨凤敏. 基于脆弱性理论东北地区典型煤炭城市社会系统研究[J]. 现代农业科学，2009(6)：119—122.

③ 李鹤. 东北地区矿业城市脆弱性特征与对策研究[J]. 地域研究与开发，2011，30(5)：78—83.

④ 王士君，王永超，冯章献. 石油城市经济系统脆弱性发生过程、机理及程度研究——以大庆市为例[J]. 经济地理，2010，30(3)：397—402.

战略性产业，从而形成可持续发展的产业结构。对于资源已经枯竭的地区，各级政府必须要慎重考虑其未来的发展战略。在慎重考虑其自然禀赋和潜在比较优势的前提下，在可能的情况下，上级财政可以考虑给予一定的支持，以培育和促进其产业转型。对于一些产业发展难以可持续的县市，以及自然环境恶劣不适宜人类居住的县市、资源开采的污染和破坏导致已经不适宜人类居住的县市，可以考虑采取一定的激励措施，鼓励合并居民点，鼓励居民迁徙到更适宜居住的地区，恢复被资源开采所破坏的自然环境。

第四节 地理交通优势陷阱

一般来说，一个地区的交通和地理条件优越会给这个地区的发展带来很大的优势。并且从我们对于县市的发展程度的评价来看，沿海地区较内陆地区发展程度要高。但是，地理和交通的优势并不一定保证能够转化成发展的优势。甚至在有些条件下，交通优势可能会对发展产生不利的作用。比如上文对京九铁路沿线县市的分析。地理和交通对一个地方的发展的作用机制非常复杂，需要我们深入理解的基础上配合以政策的支持，以便于将这种优势转化为县域发展的优势。

诺贝尔经济学奖获得者、经济学家 Gunnar Myrdal 对于经济发展的空间规律的分析可以对我们认识交通和地理位置的作用有所启发。首先，经济增长的过程中资源、资本、劳动力等向发展基础较好的地区集中，产生了极化效应。中心城市成为区域发展中的增长极。在县域分析中，全国和地区性大城市或者县市所属的地级市成为中心城市。依赖于不同的分析角度，超大城市如北京、上海、广州、深圳等均为区域发展的增长极，而酒泉等地级市市区所在地对于其所辖县市也扮演着增长极的作用。这些增长极不仅仅是资源和劳动力在空间上的聚集点，更是巨大的市场，是县域经济发展的基础。县域经济所生产出来的生产资料和消费资料，最终很大一部分被销售到增长极所在的中心城市。地理交通优势往往就是通达到这些增长极的便利程度。

尽管地理上的邻近和交通的便利可以使县市中的生活资料和生产资料能够以更低的成本与增长极之间产生交换，但是这种交换是双向的，既可能给县市的发展带来好处，也可能带来不利影响。Gunnar Myrdal 提出了扩展效应和回程效应。在扩散效应的影响下，增长极的发展会带动周边的发展。增长极将自身的资本优势和技术优势等向周边地区扩散，使周边地区建立起增长极的关联产业或者承接增长极的产业转移。在回程效应的影响下，增长极自身的发展会将资源和劳动力等一系列发展的必要要素向增长极自身聚集，从而削弱周边地区的发展力量。从县域发展的角度来看，交通和地理位置都通过扩散效应和回程效应影响着中心城市增长极周围的县域发展程度。

从我们的分析来看，北京、上海、广州等特大城市周围的县市，受特大城市的扩散效应的影响，发展程度一般较高。这些县市很大程度上可以视为特大城市的延伸，实际上融入了特大城市的扩张，进入了与特大城市一体化的过程。这些县市在产业布局上也与特大城市具有很多的关联性和互补性。比如，河北省廊坊市下属的三河市，很大一部分居民通勤到北京市工作，整体受教育水平和收入水平都与北京市大部分地区一致。从数据分析上来看，除传统上较大的城市和经济基础较好的城市，大部分地级市并没有显示出增长极的特点，由地级市代管县能够给县市的发展带来的好处也值得商榷。

交通运输网络的完善一定程度上增加了回程效应对许多县市的影响。特别是我们看到京九铁路沿线的县市普遍发展程度较低，其中一个可能就是铁路将原本相对难以移动的资源和人力纷纷移动到发达地区。从我们的研究中可以看到，中国最东部的沿海地区的综合发展水平较高，京广线沿线地区发展水平也相对较高，而夹在中间的京九线地区普遍发展水平较低，京九铁路的建设似乎并没有达到预想的使沿线经济腾飞的目标。很大的可能是，京九线的建设完善了纵横中国的铁路网络，更便于将京九沿线县市的资源运送到其他发达地区深加工，而原始资源往往是附加值比较小的商品。铁路的作用更多是大宗货物运输，更多的是将资源类和粮食等运出这些地区。而这些地区的经济腾飞很大程度依赖于原材料的深加工和消费品工业的发展，以使本地能够获得的增加值提高，就业机会增加。这些工业的发展可以一定程度上解决本地的就业，可以替代外来产品，对于本地的经济在腾飞的初步阶段具有重要作用。但是，铁路的建设在一定程度上阻碍了这种发展的可能。铁路将本地具有优势的自然禀赋资源以很低的成本运送到其他城市，同时也将富余的劳动力资源运送至发达地区。根据我们对京九铁路沿线的河北省枣强县的调研发现，京九铁路对于该地经济的正面的影响非常有限，而公路网络的建设对于本地经济发展的促进作用更大。因此，我们要慎重思考交通网络对于区域发展的作用，特别是警惕交通网络伴随的回程效应可能给一些地区带来负面影响，从而更好地利用交通优势，促进落后县市的发展。

第五节　制度陷阱

制度及制度环境的差异会一定程度上影响一个县域发展的程度：不同的县域由于地方法规、政府政策、教育制度、文化环境、宗教信仰等各种正式与非正式制度的差异导致了不同的经济发展模式，经济发展水平与居民生活质量都呈现出不同程度的差异。诺斯曾经说过："制度构成了一个社会的激励结构，因而，经济和政治制度是经济绩效的根本性决定因素。"[①]

制度环境的不同导致各个县域的劳动分工水平和交易成本不同，进而在一定程度上会影响不同县域的经济发展。有些县域由于法律法规制度等不健全，政府职责不明晰，实行地方保护主义政策等，导致本地市场经济秩序比较混乱，这使得陌生人之间的交易相对很难达成，从而导致社会分工的受限、交易范围的缩小和交易成本的增加，该县域的要素禀赋难以发挥出来，本地经济也难以发展起来。

县域的贸易保护主义政策也会制约县域的经济发展。例如，曾经某县化肥厂向该县县政府报告说近几个月由于外来化肥的流入，导致本地化肥销售困难，此时也正值种麦季节，如果销售业绩不好，会影响该县的财政收入。为保护本地的化肥厂，增加政府财政收入，该县县政府下发行政文件——"县政府办公室以县政府的名义起草了一个文件下发全县各部门、企业，称在接到文件后，任何人不得再经销外地化肥，已存的外地化肥要降价处理，今后不得再进。今后如发现经销外地化肥的单位，以投机倒把论处，要对其处以罚款，甚至吊销营业执照，并追究有关部门人员的行政责任"——阻止外地优质、低价的化肥进入本地市场，使得本地劣质化肥

① 道格拉斯·C. 诺斯 . 时间进程中的经济成效［J］. 比较经济体制，1995（5）.

以高出市场平均价的大约20%进行出售，导致当地农民的粮食生产成本增加，严重影响了农民的种粮积极性，导致粮食产量下降，收入水平降低，进而影响了该县经济的长期和可持续发展。①

从另一个角度看，贸易保护可能会导致邻县也采取贸易保护政策，使得不同县域之间的经济贸易交易成本增加，继而导致不同县域之间经济贸易规模的缩小，从而导致不同县域的竞争优势难以发挥出来，难以形成专业化分工，进而难以实现不同县域的科学、协调、专业化的发展。其他如在山西省某县，在五台山风景区附近一段20公里的S205省道两端都设有收费站，对过往车辆进行收费，而且对过往车辆征收进山费而非过路费，且按人头收费（每人149元），否则不予通行（据了解，只有附近两个县的居民可以免费通行，外地人开车通过都要收费）②。这种制度导致该地区的交易成本急剧增加，不仅会一定程度上影响其旅游业及相关产业的长远发展，还可能影响该地区的经济规模的扩大和该县整体经济的发展。在本次县域排名中，其在全国县域排名为第900名左右，全省排名在第60名以后，与其他类似旅游县域排名相比，其排名较差。除此之外，还有许多县域因为在某些制度上的缺陷，导致其交易成本相对较高，使得该县难以实现经济的发展。

不同县域的产权保护力度的差异导致其资本投入和积累水平的不同，从而导致不同县域经济发展水平的差异。由于法律法规制度的不健全，产权制度的不完善，导致不同县域的政府权力受到约束的程度不同，使得不同县域政府可能存在的寻租空间不同，进而在一定程度上可能会使得不同县域的投资环境出现差异，进而导致不同县域的投资规模和资本积累不同，从而可能会影响县域的经济发展。一般来说，一个县域的法规制度越不健全，产权制度越不明晰，县域政府的寻租空间可能越大，寻租事件发生的可能性就会越多，当地的投资环境可能就越差，在一定程度上会导致人们对当地的投资预期越低，使得人们对当地的投资就越少，进而可能导致其

---

① 郭津，“地方保护主义”保护了什么［N/OL］. 人民网，2000-06-15［2016-03-16］. http://www.people.com.cn/GB/channel3/25/20000615/104595.html.

② 杨峰雷，郭浩东 . 忻州市政府调查组在五台山风景区召开进点会议［EB/OL］. 忻州在线，2015-09-18［2016-03-16］. http://www.sxxz.gov.cn/info/1059/16540.htm.

经济发展水平越低；经济水平越低，当地政府为了实现财政目标，就越可能发生寻租行为，进而导致当地投资环境可能更差、投资水平更低，从而可能会形成经济发展的恶性循环，影响当地的资本积累水平，导致其很难实现经济的长期和可持续增长。

除此之外，由于产权制度的不健全，产权界定的模糊，导致县域政府可能寻租的范围较大，部分地区都不同程度地出现了投资被政府侵占的现象，这导致了人们对当地投资环境的忧虑，可能使外来投资者对当地投资减少，经济活力出现一定程度上的不足，进而可能会影响当地经济的健康稳定发展。所以，国家法律和地区行政法规的不健全，产权界定的不明确，导致县域政府寻租空间较大，从而可能导致投资的减少，不仅可能影响当期产出，资本积累的持续降低还会持续影响经济增长。

不同县域的制度差异可能会影响该县域人力资本的投资和积累水平。不同的政策和制度下，教育和人力资本投资水平不同。由于不同县域的国家政策不同和不同县域政府对教育的重视不同，导致当地政府可能的教育投入不同，如西藏自治区、四川省、云南省等地区的许多县域在教育上的投资严重不同，导致当地的教育水平较低，使得当地人力资本水平较低，一定程度上影响了当地经济的发展，也一定程度上造成了当地经济发展的潜力不足；而在新疆、内蒙古等省份的一些地区，由于国家政策的支持和地方政府的重视，多数县域实施高中免费教育等一系列政策法规，当地很多人的受教育水平得到了很大的提高，一定程度上提高了当地的人力资本水平，进而在某种程度上促进了当地经济的快速发展。在本次排名中，四川、云南、西藏、甘肃等省份有很多县域在1500名以后，且其教育综合指数较低；而新疆、内蒙古分别进入百强县的12个和14个县域的教育综合指数都很高，且其收入综合指数和生活综合指数也都相对较高。

第六节　非正式制度陷阱

非正式制度也可以看作是制度的一个方面，指“人们在长期的社会生活中逐步形成的习惯习俗、伦理道德、文化传统、价值观念、意识形态等对人们行为产生非正式约束的规则”[1]。新制度经济学派代表人物诺斯认为，即使在最发达的经济体系中，由于人们的多数行为选择范围受非正式制度限制，所以非正式制度是人类行为约束体系中的重要组成部分。因此，非正式制度对于一个县域的经济发展具有非常重要的作用。

我们在这里特别强调非正式制度，是因为不同县域之间的非正式制度的差异比正式制度的差异更大，更难以消除，比如观念、习俗、文化等方面的差异。由于不同县域在观念、习俗、文化等方面的约束不同，即意识形态刚性对不同县域的制度变迁导致了少数民族聚居县域、偏远落后地区无法内生出诱导性制度变迁；偏远落后县域、贫困地区总体上呈现出一种独立性、封闭性的特点，较东部发达县域的整体文化氛围具有明显的农业文化特征。尤其西南地区的少数民族聚居区、新疆南部、青海、甘肃等地区的大部分县域，由于在宗教、信仰、传统习俗等非正式制度方面具有很大的差异，及其地理位置的封闭性导致外来文化、观念、信仰很难在当地生根、传播，导致这些县域很难内生出诱致性制度变迁，使其自足自给的自然经济和一套长期存在的制度及习俗具有相对稳定的特征[2]。

历史演化过程中形成的非正式制度，这有其符合当地特点的理性的一面，又存在着与现代经济和社会相冲突的一面。比如在四川，一些彝族聚居的县，地方治理很大程度上依赖于彝族的头人和基于“家支”的社会网络[3]。刘绍华对于彝族地方禁毒史的研究，给我们展示了全国性的大一统的政策在少数民族地区遇到的种种困难。因此在制定经济和社会政策时，需要充分考虑非正式制度对当地居民行为的约束。有不少研究从文化的角度探讨浙江等地区为什么富裕[4]，但对于文化等非正式制度与地方贫穷关系这一问题，还有待高水平研究的系统性梳理。

---

① 罗能生，胡舜．制度、非正式制度与经济发展［J］．湖南财经高等专科学校学报，2001（12）：1—18.

② 窦玲．东西部区域经济制度供给的差异及其原因［J］．西北大学学报（哲学社会科学版），2010（9）：46—51.

③ Shao-hua Liu. Passage to manhood：Youth migration，heroin，and AIDS in Southwest China[M]. Stanford University Press，2011.

④ 陈立旭．区域工商文化传统与当代经济发展——对传统浙商晋商徽商的一种比较分析［J］．浙江社会科学，2005（3）：3—12.

避免非正式制度对县域发展的负面影响，对于西部地区许多发展落后的县具有十分重要的意义。上级政府应当充分考虑并一定程度上认可积极的非正式制度，并且可以将一些非正式制度转化为正式制度。樊纲认为许多正式制度就是根据当地的习俗、文化、宗教信仰等非正式制度而制定或创立的；有些正式制度是在一定的传统、习俗、价值观念、宗教等非正式制度存在的条件下形成的①。所以，非正式制度与正式制度之间的鸿沟并不是绝对的。利用和借鉴地方广为认可的非正式制度制定适合当地的发展战略，可以充分调动起当地居民的主动性，避免在政策实施过程中与当地居民产生冲突。

第七节　权责不匹配陷阱

财权与事权不匹配的现象，一定程度上影响了县域的发展，在未来需要顶层制度的重新设计来解决。1994 年分税制改革以来，地方政府财权变小，但却要承担当地几乎所有的管理职能与经济发展的职能。县域作为一个地区经济发展的重要推动力量，县域政府的财政困难成为制约一个县域经济发展的极大困境。尤其对于一个经济不发达的县域，由于自身财政实力弱，自我造血能力差，尽管财政继续保持增长，但是与县级政府的财政刚性支出相比，县级政府的财政运转仍然困难；加上现在财政体制“事权下放、财权上收”的总体特征，严重弱化了县级政府的财政能力，尽管国家和上级政府加强了对于不发达县域的财政转移支付力度，但是在财权与事权严重不对称的格局没有发生根本性变化的条件下，多数县级政府的财政仍然入不敷出，这也增加了县域政府意图寻租的可能，进而影响当地经济的发展。

具体来说，如 20 世纪 90 年代分税制改革以来，县级政府承担着庞大的县域公共服务支出——包括一半以上的预算内教育支出和医疗支出，加上县级政府的法定硬性投入增长——包括农业、教育、卫生、文化、体育、计生、社保、治安、救灾、救济等上百项之多，使得贫困县级政府的财政

① 樊纲．转轨经济理论分析——新制度经济学与中国［M］．北京：中国经济出版社，2004：213.

更加困难[①]。这些都导致县级政府财政入不敷出，使得县域政府可能在很大程度上通过政府寻租、买卖土地、借债等方式来解决财政困境，同时这也导致了如今县级政府债务成为我国现阶段县域经济发展的一个突出问题。

解决这一问题需要立法上进一步明确县域政府的财权与事权，实现政府需要承担的公共支出与预期收入能力相匹配，上级政府应当主动承担起其应当承担的公共服务和基础设施投入。我们在调研中也发现，上级政府经常给县级、镇级政府目标性指派的任务，而且不提供完成这些任务所需的足够的资金，导致出现了下级政府向企业乱收费（或以其他方式要求企业提供协助）的现象，使企业承担了本不应当承担的职责，在一定程度上也影响了本地投资环境。对于这种现象，各级政府都应当提升行政水平，科学合理地制定预算案，使县级政府的任务与其财政能力相匹配。

---

① 北京文辉. 我国县域经济发展现状、问题与对策［EB/OL］. 新浪博客，2012-09-05［2016-03-16］. http://blog.sina.com.cn/s/blog_73655b020106czo0.html.

第九章
结束语

县域发展是影响未来中国发展的关键问题。而对县域发展的研究目前还不够深入，未来需要更多优秀的研究者加入这一领域的研究中。山东大学县域发展研究院在这时代发展的大背景下成立，目的也是集中优秀的研究力量开展这一领域的研究。县域发展研究院已经组织研究力量对县域发展的热点问题进行规范的科学研究，很多研究成果正在撰写阶段，也有很多研究正在如火如荼地进行，未来会有很多高质量的研究报告陆续向社会公布。本书是县域发展系列报告的第一部，希望起到抛砖引玉的作用，既能为县域发展研究院未来将陆续出版的研究报告奠定基础，也能通过本书发现的县域发展中的现象，引起更多学者的关注，使他们能够加入到县域发展研究的队伍中。

本研究的县域居民发展排名是目前国内唯一公开的对除港澳台之外的全国所有县市的排名。本研究的目的并不是否定其他科研机构排名的有效性，而是为研究者和公众提供看待县域问题的另一个视角。对于全国所有县市进行排名具有重要意义。目前，其他机构的排名大多集中在全国百强，涉及县市最多的也只排到全国前 400 名。对于全国近 2000 个县市来说，这些排名排除了大多数的县市。而这些被排除的县市的发展对于未来中国的发展具有重要意义，它们的发展是实现全面建设小康社会的关键。因此，一个科学的评价体系引导这些县市实现科学的、全面的发展是必要的。本研究尽管在一些方面可能还不够完善，但是对全国所有县市的评价排名弥补了该领域的空白，对于未来类似的评价体系的制定能起到抛砖引玉的作用。从另一个方面来看，目前大多数的研究都从经济发展入手，忽略了经济发展的最终目的——人的发展。本研究从人的发展入手，借鉴联合国人类发展指数的思路，制定评价体系评价县域居民的发展程度，一定程度上弥补了目前该研究角度的空白。

本研究发现了许多县域发展中的特有现象，值得未来深入地思考与分析。如下问题需要更多的实证研究的分析的结论来回答。

（1）落后县的发展战略问题。西南地区很多县无论收入、教育还是生活水平都全面落后。这些县财政难以自给，需要中央财政支持。如何使这些县走上自我可持续发展的道路是需要解决的重要的理论问题。尽管发展经济学中的大推进理论①、平衡发展理论②等可以给我们一定的启示，但是县域的发展有其自身的特点，以国家为主要分析对象的发展经济学的理论难以机械地应用到县域的分析中。从县域层面来看，人口、资本等生产要素的流动并没有约束的边界。落后国家可以通过吸引初始资本来促进初期的经济腾飞，对于县域却未必有效。县域发展的核心问题是人的问题，即如何吸引人、如何留住人。与国家的发展不同，县域发展可以由中央和省（自治区、直辖市）政府大量投资实现初步的发展，而若没有能够与其规划产业相配套的劳动力支持，仅靠上级政府的支持，是难以可持续发展的。如同 Tiebout 模型提出的居民用脚投票来选择不同的居住地③。各地政府需要通过公共财政支出，提高生活水平，以争取高质量的劳动力。县域行政管理体制的特点，使我们需要辩证地看待已有的发展理论的适用性，需要更多学者的努力来发展系统的县域发展理论。

（2）发展不平衡县的发展战略问题。本研究总结了几种发展不平衡的类型，也给出了初步的分析，但需要未来进一步就个案深入案例分析，以及总体上的统计和计量分析。在公共预算收入的约束下，如何协调发展

① P. N.Rosenstein-Rodan. Problems of industrialisation of eastern and south-eastern Europe［J］. The economic journal，1943：202—211.

② R. F.Harrod. An essay in dynamic theory［J］. The Economic Journal，1939：14—33.

③ Charles M.Tiebout. A pure theory of local expenditures［J］. The journal of political economy，1956：416—424.

居民收入、教育和生活水平，以使居民发展水平实现最大化，是未来需要定量分析解决的重要问题。

（3）区域性落后的问题。本研究总结了在县域发展方面六个空间上连续的落后的区域。每个区域中各县落后的原因有一定的共性，有一些是由于跨区域的政策、基础设施方面的原因所导致。系统性的落后的问题是研究者亟须解决的问题。“十三五”规划中提出解决区域性贫困的问题。连片的县域的贫困是区域性贫困的主要原因。解决区域性贫困和落后的问题，是对这些区域居民的人权的最大尊重，是对人类发展的重要贡献。从理论上寻找区域落后的解决之道，不仅仅对于中国县域具有重要意义，对于许多发展中国家落后地区的发展都具有重要意义。

（4）地级市与所辖县发展不平衡的问题。“省直管县”是近年来中央大力推动的改革举措，取得一些积极的成就，也遇到一些挫折。第七章中展示了“强市弱县”和“弱市强县”地级市的中心城区与其所辖县市发展差距巨大的现象，特别是西部和东北多达七个省会城市都位列差距榜前列，显示在现有政治结构的框架下，强大的省会城市对于周围县市并没有起到增长极的辐射作用，反而可能阻碍了周围县域的发展。相比之下，东部省会城市如杭州则展示了中心城区发展程度与其县域发展相匹配的现象。中心城区的经济和人口规模与所辖县域的发展关系密切。当中心城区达到一定规模后，可能对县域发展成正向作用，而未达到这一规模，则可能阻碍周边县域发展。这一现象需要深入地实证研究去进一步分析和验证。

简而言之，本研究的数据分析初步呈现了县域发展的一些现象，很多结论和判断都需要未来进一步地实证研究的支持。因本研究的排名与其他流行排名可能有一定差距，我们也意识到排名的公布可能会引起一些争议。我们欢迎读者对本研究的内容批评指正，也希望本研究带来的争议会使更多的目光聚焦到县域研究，能够吸引更多的高水平的研究者来回答县域发展中需要解决的问题。

附录 1　县域居民调查问卷（AHP 方法）

问卷编号：No.______

居民生活质量指数调查问卷

一、关于住房内部设施的调研

1．就重要性来说，您认为**厕所**与**浴室**相比：（请勾选您认为合适的选项）

厨房极端重要	厨房非常重要	厨房比较重要	厨房稍稍重要	同等重要	厕所稍稍重要	厕所比较重要	厕所非常重要	厕所极端重要

2．就重要性来说，您认为**厕所**与**浴室**相比：（请勾选您认为合适的选项）

浴室极端重要	浴室非常重要	浴室比较重要	浴室稍稍重要	同等重要	厕所稍稍重要	厕所比较重要	厕所非常重要	厕所极端重要

3．就重要性来说，您认为**厕所**与**自来水**相比：（请勾选您认为合适的选项）

自来水极端重要	自来水非常重要	自来水比较重要	自来水稍稍重要	同等重要	厕所稍稍重要	厕所比较重要	厕所非常重要	厕所极端重要

4．就重要性来说，您认为**厨房**与**浴室**相比：（请勾选您认为合适的选项）

浴室极端重要	浴室非常重要	浴室比较重要	浴室稍稍重要	同等重要	厨房稍稍重要	厨房比较重要	厨房非常重要	厨房极端重要

5．就重要性来说，您认为**厨房**与**自来水**相比：（请勾选您认为合适的选项）

自来水极端重要	自来水非常重要	自来水比较重要	自来水稍稍重	同等重要	厨房稍稍重要	厨房比较重要	厨房非常重要	厨房极端重要

6．就重要性来说，您认为**自来水**与**浴室**相比：（请勾选您认为合适的选项）

浴室极端重要	浴室非常重要	浴室比较重要	浴室稍稍重要	同等重要	自来水稍稍重要	自来水比较重要	自来水非常重要	自来水极端重要

二、关于影响住房选择因素的调研

1．就重要性来说，您认为**住房面积**与**住房是否自有**相比：（请勾选您认为合适的选项）

住房自有极端重要	住房自有非常重要	住房自有比较重要	住房自有稍稍重要	同等重要	住房面积稍稍重要	住房面积比较重要	住房面积非常重要	住房面积极端重要

2．就重要性来说，您认为**住房面积**与**住房内部设施**相比：（请勾选您认为合适的选项）

住房设施极端重要	住房设施非常重要	住房设施比较重要	住房设施稍稍重要	同等重要	住房面积稍稍重要	住房面积比较重要	住房面积非常重要	住房面积极端重要

3．就重要性来说，您认为**住房设施**与**住房是否自有**相比：（请勾选您认为合适的选项）

住房自有极端重要	住房自有非常重要	住房自有比较重要	住房自有稍稍重要	同等重要	住房设施稍稍重要	住房设施比较重要	住房设施非常重要	住房设施极端重要

注：**“住房自有”**是指房子是您自己的，而不是租借的；**“房屋内部设施”**是指是否有自来水、厨房、浴室、厕所等。

三、关于生活质量指数的调研

1．就重要性来说，您认为**住房情况**与**社会保障**情况相比：（请勾选您认为合适的选项）

住房情况极端重要	住房情况非常重要	住房情况比较重要	住房情况稍稍重要	同等重要	社会保障稍稍重要	社会保障比较重要	社会保障非常重要	社会保障极端重要

2．就重要性来说，您认为**住房情况**与**寿命长短**相比：（请勾选您认为合适的选项）

住房情况极端重要	住房情况非常重要	住房情况比较重要	住房情况稍稍重要	同等重要	寿命长短稍稍重要	寿命长短比较重要	寿命长短非常重要	寿命长短极端重要

3．就重要性来说，您认为**社会保障**情况与**寿命长短**相比：（请勾选您认为合适的选项）

社会保障极端重要	社会保障非常重要	社会保障比较重要	社会保障稍稍重要	同等重要	寿命长短稍稍重要	寿命长短比较重要	寿命长短非常重要	寿命长短极端重要

注：**“住房情况”**包括房屋面积、房屋内部环境、住房是否自有等；**“社会保障”**包括医院的数量、福利院的数量等。

非常感谢您的配合，祝您生活愉快！

山东大学县域发展研究院

二〇一五年九月

附录 2　部分县市教育数据调整

地区	所属省份	所属地区	调整前			调整后		
			大学人口比例	平均受教育年限（年）	合计文盲人口占 15 岁及以上人口比重（%）	大学人口比例	平均受教育年限（年）	合计文盲人口占 15 岁及以上人口比重（%）
大兴区	北京市	北京市	18.74%	10.61	1.97%	19.18%	10.63	1.96%
迁安市	河北省	唐山市	7.83%	9.29	2.89%	8.46%	9.32	2.87%
三河市	河北省	廊坊市	19.52%	10.37	2.21%	19.83%	10.38	2.20%
东胜区	内蒙古自治区	鄂尔多斯市	15.81%	10.12	2.91%	16.18%	10.13	2.90%
阿拉善左旗	内蒙古自治区	阿拉善盟	16.95%	10.07	4.71%	17.43%	10.09	4.68%
昆山市	江苏省	苏州市	14.34%	10.34	1.32%	14.38%	10.34	1.32%
海宁市	浙江省	嘉兴市	6.78%	8.47	6.21%	7.84%	8.53	6.13%
桐乡市	浙江省	嘉兴市	5.33%	8.00	9.06%	5.91%	8.03	9.00%
中牟县	河南省	郑州市	5.47%	8.68	6.34%	6.75%	8.75	6.23%
江津区	重庆市	重庆市	4.10%	8.11	3.79%	4.49%	8.13	3.77%
	平均值		11.49%	9.41	4.14%	12.04%	9.43	4.10%

附录 3 主成分分析法试算结果

教育综合指数的主成分分析

教育综合指数包含平均受教育年限、文盲率和大学教育率三个三基指标。对这些指标进行无量纲化处理后，我们进行主成分分析。

附表 3-1 解释的总方差

成分	初始特征值			提取平方和载入		
	合计	方差的 %	累积的 %	合计	方差的 %	累积的 %
1	2.122	70.746	70.746	2.122	70.746	70.746
2	0.800	26.679	97.425			
3	0.077	2.575	100.000			

提取方法：主成分分析。

附表 3-2 KMO 和 Bartlett 的检验

Kaiser-Meyer-Olkin Measure of Sampling Adequacy.		0.401
Bartlett's Test of Sphericity	Approx. Chi-Square	4210.562
	df	3
	Sig	0.000

由附表3-2可知，三变量的主成分分析中的KMO值为0.401，远小于0.7，所以无法利用主成分分析法进行分析。

住房综合指数的主成分分析

住房指数主要包括人均住房面积、住房自有率、住房质量三个三级指标，住房质量又包括自来水管道占有率、厨房占有率、浴室占有率和厕所占有率四个四级指标。为了保障数据计算的科学性和合理性，我们对人均住房面积、住房自有率进行了无量纲化处理，使得这两个指标可以和住房质量这个指标进行比较分析。利用主成分分析的方法对这些指标进行分析。

三变量的主成分分析

首先，按照 AHP 打分得到的权重，我们计算出住房质量指标，然后利用主成分分析的方法对住房自有率、人均住房面积和住房质量这三项指标进行主成分分析（结果见附表 3-3）。

附表 3-3　解释的总方差

成分	初始特征值			提取平方和载入		
	合计	方差的 %	累积的 %	合计	方差的 %	累积的 %
1	1.487	49.577	49.577	1.487	49.577	49.577
2	0.974	32.476	82.053			
3	0.538	17.947	100.000			

提取方法：主成分分析。

附表 3-4　KMO 和 Bartlett 的检验

Kaiser-Meyer-Olkin Measure of Sampling Adequacy.	0.495
Bartlett's Test of Sphericity　Approx. Chi-Square	514.592
df	3
Sig	0.000

由附表 3-4 可知，只有一个主成分，包含了全部指标不到一半的信息。KMO 值为 0.495，表明不能够接受主成分分析。

多变量的主成分分析

考虑到厨房占有率、厕所占有率、自来水管道占有率和浴室占有率相关性非常强又分别反映出住房情况的不同信息，我们将住房指数下的三级和四级指标混合进行主成分分析，力图找到一个更好的指标来反映住房指数。所以我们又对自来水管道占有率、厨房占有率、浴室占有率、厕所占有率、无量纲化处理后的人均住房面积和住房自有率这六项指标再次进行主成分分析（结果见附表 3-5）。

附表 3-5　解释的总方差

成分	初始特征值			提取平方和载入		
	合计	方差的 %	累积的 %	合计	方差的 %	累积的 %
1	2.872	47.863	47.863	2.872	47.863	47.863
2	1.140	19.005	66.868	1.140	19.005	66.868
3	0.802	13.362	80.230			
4	0.532	8.859	89.089			
5	0.362	6.041	95.130			
6	0.292	4.870	100.000			

提取方法：主成分分析。

附表 3-6　KMO 和 Bartlett 的检验

Kaiser-Meyer-Olkin Measure of Sampling Adequacy.		0.722
Bartlett's Test of Sphericity	Approx. Chi-Square	3961.786
	df	15
	Sig	0.000

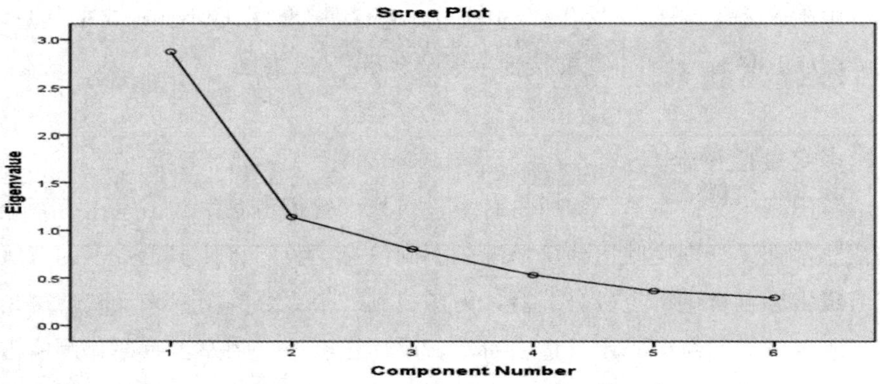

碎石图

通过碎石图（见上图），我们可以很直观地看出各个特征值的大小。在该图中，特征值等于1处的水平线标示了保留主成分分析的分界点，同时再次强调了成分3到6并不重要。我们进行KMO检验以验证我们分析的效果。KMO值为0.722表明可以接受主成分分析。但是前两个特征值累计贡献率66.868%，只包含了全部指标的部分信息，住房指数中还有33.132%是提取出来的两个主成分无法解释的。根据成分得分系数矩阵分别求得F1和F2的得分。住房指数的总得分是F1和F2两项得分乘以各自的方差贡献率后相加，再比上累积方差贡献率。根据总得分的情况得到全国所有县域的住房指数排名。

在有六个变量的时候，可以选择用主成分分析的方法。但是无论是从成分的累积贡献度上来说还是从KMO检验的结果来看，主成分分析的结果并不理想。所以本文采用层次分析法（AHP）来尝试重新确定权重。

附录 4 全国县域居民发展水平排名

全国排名	地区	居民发展指数	区域排名	本省份排名	本地市排名	收入综合指数	教育综合指数	生活综合指数
1	昆山市	86.95	华东第 1 名	江苏省第 1 名	苏州市第 1 名	85.29	88.59	87.00
2	张家港市	86.19	华东第 2 名	江苏省第 2 名	苏州市第 2 名	86.47	82.74	89.47
3	太仓市	82.84	华东第 3 名	江苏省第 3 名	苏州市第 3 名	83.71	79.50	85.44
4	江阴市	82.72	华东第 4 名	江苏省第 4 名	无锡市第 1 名	85.00	77.09	86.37
5	常熟市	81.92	华东第 5 名	江苏省第 5 名	苏州市第 4 名	83.65	76.21	86.22
6	长沙县	80.79	华中第 1 名	湖南省第 1 名	长沙市第 1 名	76.03	89.51	77.47
7	阿拉善左旗	80.68	华北第 1 名	内蒙古自治区第 1 名	阿拉善盟第 1 名	87.27	81.59	73.75
8	三河市	80.37	华北第 2 名	河北省第 1 名	廊坊市第 1 名	75.72	87.34	78.49
9	龙口市	79.87	华东第 6 名	山东省第 1 名	烟台市第 1 名	82.92	77.59	79.19
10	宜兴市	79.70	华东第 7 名	江苏省第 6 名	无锡市第 2 名	79.99	75.01	84.37
11	延吉市	78.93	东北第 1 名	吉林省第 1 名	延边朝鲜族自治州第 1 名	73.86	93.67	71.08
12	靖江市	78.77	华东第 8 名	江苏省第 7 名	泰州市第 1 名	79.24	78.19	78.89

全国排名	地区	居民发展指数	区域排名	本省份排名	本地市排名	收入综合指数	教育综合指数	生活综合指数
13	库尔勒市	78.63	西北第1名	新疆维吾尔自治区第1名	巴音郭楞蒙古自治州第1名	81.02	87.76	68.39
14	准格尔旗	78.57	华北第3名	内蒙古自治区第2名	鄂尔多斯市第1名	91.06	69.16	77.03
15	霍林郭勒市	77.76	华北第4名	内蒙古自治区第3名	通辽市第1名	88.51	88.63	59.94
16	扬中市	77.69	华东第9名	江苏省第8名	镇江市第1名	82.90	79.14	71.47
17	迁安市	77.20	华北第5名	河北省第2名	唐山市第1名	83.19	75.19	73.57
18	济源市	76.78	华中第2名	河南省第1名	河南省直辖县第1名	70.30	86.41	74.50
19	鄂托克旗	76.57	华北第6名	内蒙古自治区第4名	鄂尔多斯市第2名	87.97	76.19	66.98
20	荣成市	76.56	华东第10名	山东省第2名	威海市第1名	81.01	64.81	85.48
21	伊金霍洛旗	76.30	华北第7名	内蒙古自治区第5名	鄂尔多斯市第3名	91.97	66.68	72.43
22	双流县	76.29	西南第1名	四川省第1名	成都市第1名	73.52	80.62	74.91
23	石河子市	76.29	西北第2名	新疆维吾尔自治区第2名	新疆维吾尔自治区直辖县第1名	75.30	84.28	69.96
24	密云县	76.24	华北第8名	北京市第1名	北京市第1名	69.60	76.48	83.26

全国排名	地区	居民发展指数	区域排名	本省份排名	本地市排名	收入综合指数	教育综合指数	生活综合指数
25	昌吉市	76.18	西北第3名	新疆维吾尔自治区第3名	昌吉回族自治州第1名	74.56	86.98	68.17
26	新郑市	76.15	华中第3名	河南省第2名	郑州市第1名	71.77	84.24	73.05
27	哈密市	76.12	西北第4名	新疆维吾尔自治区第4名	哈密地区第1名	72.34	87.20	69.94
28	满洲里市	76.09	华北第9名	内蒙古自治区第6名	呼伦贝尔市第1名	76.05	87.98	65.84
29	闽侯县	75.93	华东第11名	福建省第1名	福州市第1名	69.15	83.62	75.71
30	奎屯市	75.84	西北第5名	新疆维吾尔自治区第5名	伊犁哈萨克自治州第1名	77.26	87.81	64.29
31	延庆县	75.43	华北第10名	北京市第2名	北京市第2名	64.83	80.16	82.60
32	神木县	75.39	西北第6名	陕西省第1名	榆林市第1名	88.73	66.36	72.78
33	丹阳市	74.93	华东第12名	江苏省第9名	镇江市第2名	78.01	68.45	78.80
34	海门市	74.68	华东第13名	江苏省第10名	南通市第1名	78.38	63.32	83.93
35	宜都市	73.88	华中第4名	湖北省第1名	宜昌市第1名	78.44	64.19	80.08
36	义马市	73.83	华中第5名	河南省第3名	三门峡市第1名	78.33	88.98	57.74

全国排名	地区	居民发展指数	区域排名	本省份排名	本地市排名	收入综合指数	教育综合指数	生活综合指数
37	章丘市	73.74	华东第 14 名	山东省第 3 名	济南市第 1 名	71.76	75.28	74.23
38	寿光市	73.68	华东第 15 名	山东省第 4 名	潍坊市第 1 名	71.22	68.53	81.97
39	乌审旗	73.58	华北第 11 名	内蒙古自治区第 7 名	鄂尔多斯市第 4 名	85.33	75.89	61.52
40	郫县	73.38	西南第 2 名	四川省第 2 名	成都市第 2 名	67.09	87.16	67.55
41	临安市	73.35	华东第 16 名	浙江省第 1 名	杭州市第 1 名	73.59	70.79	75.73
42	诸暨市	73.20	华东第 17 名	浙江省第 2 名	绍兴市第 1 名	76.28	62.93	81.72
43	蓬莱市	73.04	华东第 18 名	山东省第 5 名	烟台市第 2 名	78.63	67.93	72.95
44	大理市	73.01	西南第 3 名	云南省第 1 名	大理白族自治州第 1 名	68.65	78.59	72.15
45	府谷县	72.94	西北第 7 名	陕西省第 2 名	榆林市第 2 名	86.67	63.61	70.38
46	锡林浩特市	72.91	华北第 12 名	内蒙古自治区第 8 名	锡林郭勒盟第 1 名	76.43	83.47	60.74
47	瓦房店市	72.90	东北第 2 名	辽宁省第 1 名	大连市第 1 名	79.12	60.55	80.86
48	义乌市	72.86	华东第 19 名	浙江省第 3 名	金华市第 1 名	79.47	65.49	74.32

全国排名	地区	居民发展指数	区域排名	本省份排名	本地市排名	收入综合指数	教育综合指数	生活综合指数
49	桓台县	72.73	华东第20名	山东省第6名	淄博市第1名	75.05	68.28	75.08
50	孝义市	72.54	华北第13名	山西省第1名	吕梁市第1名	78.41	72.45	67.19
51	黄陵县	72.48	西北第8名	陕西省第3名	延安市第1名	75.58	84.87	59.35
52	垦利县	72.45	华东第21名	山东省第7名	东营市第1名	82.12	70.61	65.59
53	珲春市	72.45	东北第3名	吉林省第2名	延边朝鲜族自治州第2名	71.24	83.76	63.73
54	海宁市	72.40	华东第22名	浙江省第4名	嘉兴市第1名	77.86	63.30	77.01
55	陈巴尔虎旗	72.38	华北第14名	内蒙古自治区第9名	呼伦贝尔市第2名	84.28	80.76	55.72
56	海安县	72.33	华东第23名	江苏省第11名	南通市第2名	75.07	60.79	82.92
57	溧阳市	72.28	华东第24名	江苏省第12名	常州市第1名	77.76	61.18	79.39
58	招远市	72.24	华东第25名	山东省第8名	烟台市第3名	78.92	61.72	77.38
59	若羌县	71.98	西北第9名	新疆维吾尔自治区第6名	巴音郭楞蒙古自治州第2名	82.72	82.88	54.40
60	余姚市	71.81	华东第26名	浙江省第5名	宁波市第1名	76.81	60.41	79.82

全国排名	地区	居民发展指数	区域排名	本省份排名	本地市排名	收入综合指数	教育综合指数	生活综合指数
61	襄垣县	71.78	华北 第 15 名	山西省 第 2 名	长治市 第 1 名	76.40	74.61	64.87
62	安宁市	71.73	西南 第 4 名	云南省 第 2 名	昆明市 第 1 名	73.77	72.60	68.91
63	仪征市	71.72	华东 第 27 名	江苏省 第 13 名	扬州市 第 1 名	74.48	68.44	72.39
64	伊宁市	71.67	西北 第 10 名	新疆维吾尔自治区 第 7 名	伊犁哈萨克自治州 第 2 名	64.50	85.20	66.99
65	鄂温克族自治旗	71.57	华北 第 16 名	内蒙古自治区 第 10 名	呼伦贝尔市 第 3 名	73.19	85.76	58.40
66	绥芬河市	71.54	东北 第 4 名	黑龙江省 第 1 名	牡丹江市 第 1 名	79.90	82.62	55.47
67	永安市	71.52	华东 第 28 名	福建省 第 2 名	三明市 第 1 名	72.29	72.19	70.09
68	冷水江市	71.50	华中 第 6 名	湖南省 第 2 名	娄底市 第 1 名	71.45	78.29	65.35
69	伊吾县	71.49	西北 第 11 名	新疆维吾尔自治区 第 8 名	哈密地区 第 2 名	74.62	86.78	56.43
70	石狮市	71.28	华东 第 29 名	福建省 第 3 名	泉州市 第 1 名	80.34	64.09	70.35
71	胶州市	71.25	华东 第 30 名	山东省 第 9 名	青岛市 第 1 名	76.30	58.98	80.37
72	荥阳市	71.23	华中 第 7 名	河南省 第 4 名	郑州市 第 2 名	72.77	69.89	71.06

全国排名	地区	居民发展指数	区域排名	本省份排名	本地市排名	收入综合指数	教育综合指数	生活综合指数
73	长岛县	71.21	华东 第 31 名	山东省 第 10 名	烟台市 第 4 名	83.68	76.87	56.14
74	迁西县	71.19	华北 第 17 名	河北省 第 3 名	唐山市 第 2 名	78.77	68.67	66.69
75	乳山市	71.14	华东 第 32 名	山东省 第 11 名	威海市 第 2 名	73.06	63.69	77.37
76	新津县	71.13	西南 第 5 名	四川省 第 3 名	成都市 第 3 名	73.37	72.47	67.66
77	都江堰市	71.12	西南 第 6 名	四川省 第 4 名	成都市 第 4 名	66.94	75.12	71.55
78	南昌县	71.08	华中 第 8 名	江西省 第 1 名	南昌市 第 1 名	66.09	74.88	72.57
79	五家渠市	71.07	西北 第 12 名	新疆维吾尔自治区 第 9 名	新疆维吾尔自治区直辖县 第 2 名	75.56	77.20	61.54
80	莱州市	71.05	华东 第 33 名	山东省 第 12 名	烟台市 第 5 名	74.89	58.62	81.69
81	乌兰浩特市	71.03	华北 第 18 名	内蒙古自治区 第 11 名	兴安盟 第 1 名	66.65	86.07	62.47
82	即墨市	71.02	华东 第 34 名	山东省 第 13 名	青岛市 第 2 名	73.49	58.76	82.97
83	吉首市	71.02	华中 第 9 名	湖南省 第 3 名	湘西土家族苗族自治州 第 1 名	65.93	81.05	67.04
84	侯马市	71.01	华北 第 19 名	山西省 第 3 名	临汾市 第 1 名	67.00	86.69	61.64

全国排名	地区	居民发展指数	区域排名	本省份排名	本地市排名	收入综合指数	教育综合指数	生活综合指数
85	巩义市	70.98	华中第 10 名	河南省第 5 名	郑州市第 3 名	70.99	71.43	70.52
86	额济纳旗	70.95	华北第 20 名	内蒙古自治区第 12 名	阿拉善盟第 2 名	80.57	84.36	52.56
87	句容市	70.89	华东第 35 名	江苏省第 14 名	镇江市第 3 名	71.83	68.01	72.91
88	广饶县	70.83	华东第 36 名	山东省第 14 名	东营市第 2 名	79.16	59.60	75.34
89	扎兰屯市	70.83	华北第 21 名	内蒙古自治区第 13 名	呼伦贝尔市第 4 名	64.82	79.03	69.35
90	如皋市	70.67	华东第 37 名	江苏省第 15 名	南通市第 3 名	70.94	58.24	85.42
91	韩城市	70.64	西北第 13 名	陕西省第 4 名	渭南市第 1 名	73.66	77.25	61.94
92	新昌县	70.53	华东第 38 名	浙江省第 6 名	绍兴市第 2 名	76.10	61.34	75.17
93	吴起县	70.45	西北第 14 名	陕西省第 5 名	延安市第 2 名	78.58	72.87	61.07
94	莱西市	70.42	华东第 39 名	山东省第 15 名	青岛市第 3 名	72.73	61.56	78.00
95	阿拉善右旗	70.37	华北第 22 名	内蒙古自治区第 14 名	阿拉善盟第 3 名	81.43	78.45	54.56
96	阜康市	70.31	西北第 15 名	新疆维吾尔自治区第 10 名	昌吉回族自治州第 2 名	74.50	79.17	58.92

全国排名	地区	居民发展指数	区域排名	本省份排名	本地市排名	收入综合指数	教育综合指数	生活综合指数
97	喀什市	70.29	西北第16名	新疆维吾尔自治区第11名	喀什地区第1名	63.25	83.60	65.67
98	福清市	70.27	华东第40名	福建省第4名	福州市第2名	71.36	59.97	81.07
99	肃北蒙古族自治县	70.25	西北第17名	甘肃省第1名	酒泉市第1名	84.66	80.43	50.91
100	博乐市	70.18	西北第18名	新疆维吾尔自治区第12名	博尔塔拉蒙古自治州第1名	70.47	83.82	58.52
101	资兴市	70.15	华中第11名	湖南省第4名	郴州市第1名	72.19	68.47	69.84
102	慈溪市	70.11	华东第41名	浙江省第7名	宁波市第2名	76.31	56.93	79.31
103	启东市	70.08	华东第42名	江苏省第16名	南通市第4名	76.05	53.99	83.85
104	灵武市	70.08	西北第19名	宁夏回族自治区第1名	银川市第1名	77.51	67.52	65.76
105	崇明县	70.04	华东第43名	上海市第1名	上海市第1名	68.98	54.75	90.97
106	青州市	69.96	华东第44名	山东省第16名	潍坊市第2名	70.87	65.59	73.67
107	长白朝鲜族自治县	69.92	东北第5名	吉林省第3名	白山市第1名	70.51	81.84	59.23
108	肥城市	69.88	华东第45名	山东省第17名	泰安市第1名	71.30	67.73	70.67

全国排名	地区	居民发展指数	区域排名	本省份排名	本地市排名	收入综合指数	教育综合指数	生活综合指数
109	大厂回族自治县	69.83	华北第23名	河北省第4名	廊坊市第2名	73.88	76.20	60.49
110	乐亭县	69.76	华北第24名	河北省第5名	唐山市第3名	70.09	69.61	69.59
111	楚雄市	69.69	西南第7名	云南省第3名	楚雄彝族自治州第1名	65.20	76.08	68.24
112	调兵山市	69.66	东北第6名	辽宁省第2名	铁岭市第1名	75.63	81.56	54.79
113	格尔木市	69.65	西北第20名	青海省第1名	海西蒙古族藏族自治州第1名	82.54	75.62	54.13
114	安义县	69.55	华中第12名	江西省第2名	南昌市第2名	69.49	75.79	63.88
115	武夷山市	69.48	华东第46名	福建省第5名	南平市第1名	67.79	80.01	61.84
116	德清县	69.48	华东第47名	浙江省第8名	湖州市第1名	74.47	59.92	75.16
117	邵武市	69.41	华东第48名	福建省第6名	南平市第2名	70.30	66.10	71.98
118	邹平县	69.34	华东第49名	山东省第18名	滨州市第1名	73.95	59.92	75.24
119	阿拉尔市	69.25	西北第21名	新疆维吾尔自治区第13名	新疆维吾尔自治区直辖县第3名	73.95	81.28	55.25
120	涿州市	69.19	华北第25名	河北省第6名	保定市第1名	67.32	80.42	61.20

全国排名	地区	居民发展指数	区域排名	本省份排名	本地市排名	收入综合指数	教育综合指数	生活综合指数
121	当阳市	69.16	华中第13名	湖北省第2名	宜昌市第2名	72.76	61.96	73.37
122	灵川县	69.12	华南第1名	广西壮族自治区第1名	桂林市第1名	63.75	78.91	65.64
123	龙海市	69.11	华东第50名	福建省第7名	漳州市第1名	68.59	64.97	74.09
124	任丘市	69.01	华北第26名	河北省第7名	沧州市第1名	73.99	67.68	65.63
125	东阳市	68.97	华东第51名	浙江省第9名	金华市第2名	71.46	57.53	79.80
126	枝江市	68.97	华中第14名	湖北省第3名	宜昌市第3名	71.01	63.26	73.02
127	阿勒泰市	68.93	西北第22名	新疆维吾尔自治区第14名	阿勒泰地区第1名	61.06	86.11	62.30
128	灵石县	68.91	华北第27名	山西省第4名	晋中市第1名	75.85	66.40	64.96
129	晋江市	68.89	华东第52名	福建省第8名	泉州市第2名	74.43	55.15	79.63
130	浏阳市	68.88	华中第15名	湖南省第5名	长沙市第2名	69.80	59.59	78.57
131	图们市	68.87	东北第7名	吉林省第4名	延边朝鲜族自治州第3名	63.90	88.64	57.68
132	嵊州市	68.81	华东第53名	浙江省第10名	绍兴市第3名	72.09	59.78	75.61

全国排名	地区	居民发展指数	区域排名	本省份排名	本地市排名	收入综合指数	教育综合指数	生活综合指数
133	泰兴市	68.80	华东第 54 名	江苏省第 17 名	泰州市第 2 名	70.54	58.73	78.59
134	遵化市	68.79	华北第 28 名	河北省第 8 名	唐山市第 4 名	74.72	63.45	68.66
135	西乌珠穆沁旗	68.67	华北第 29 名	内蒙古自治区第 15 名	锡林郭勒盟第 2 名	76.11	78.27	54.35
136	曲阜市	68.67	华东第 55 名	山东省第 19 名	济宁市第 1 名	67.07	70.68	68.30
137	阿克苏市	68.65	西北第 23 名	新疆维吾尔自治区第 15 名	阿克苏地区第 1 名	62.18	82.71	62.90
138	海盐县	68.64	华东第 56 名	浙江省第 11 名	嘉兴市第 2 名	76.50	60.11	70.32
139	滕州市	68.56	华东第 57 名	山东省第 20 名	枣庄市第 1 名	67.19	61.01	78.62
140	奉化市	68.55	华东第 58 名	浙江省第 12 名	宁波市第 3 名	73.01	57.49	76.76
141	峨眉山市	68.52	西南第 8 名	四川省第 5 名	乐山市第 1 名	67.66	69.75	68.17
142	塔城市	68.43	西北第 24 名	新疆维吾尔自治区第 16 名	塔城地区第 1 名	65.93	82.54	58.88
143	和布克赛尔蒙古自治县	68.38	西北第 25 名	新疆维吾尔自治区第 17 名	塔城地区第 2 名	66.06	85.78	56.43
144	高密市	68.35	华东第 59 名	山东省第 21 名	潍坊市第 3 名	68.29	58.82	79.50

全国排名	地区	居民发展指数	区域排名	本省份排名	本地市排名	收入综合指数	教育综合指数	生活综合指数
145	达拉特旗	68.28	华北第30名	内蒙古自治区第16名	鄂尔多斯市第5名	79.20	58.53	68.67
146	上杭县	68.21	华东第60名	福建省第9名	龙岩市第1名	67.58	61.98	75.76
147	邹城市	68.16	华东第61名	山东省第22名	济宁市第2名	70.46	57.11	78.70
148	建德市	68.14	华东第62名	浙江省第13名	杭州市第2名	72.73	58.05	74.94
149	宁乡县	68.12	华中第16名	湖南省第6名	长沙市第3名	69.43	61.91	73.54
150	尉犁县	68.11	西北第26名	新疆维吾尔自治区第18名	巴音郭楞蒙古自治州第3名	65.72	79.87	60.20
151	新密市	68.09	华中第17名	河南省第6名	郑州市第4名	71.97	60.43	72.58
152	敦化市	68.05	东北第8名	吉林省第5名	延边朝鲜族自治州第4名	64.50	70.43	69.39
153	沙县	68.05	华东第63名	福建省第10名	三明市第2名	72.90	66.32	65.17
154	二连浩特市	68.03	华北第31名	内蒙古自治区第17名	锡林郭勒盟第3名	79.26	84.47	47.03
155	四会市	67.98	华南第2名	广东省第1名	肇庆市第1名	75.10	57.60	72.62
156	桐庐县	67.95	华东第64名	浙江省第14名	杭州市第3名	73.77	58.54	72.66

全国排名	地区	居民发展指数	区域排名	本省份排名	本地市排名	收入综合指数	教育综合指数	生活综合指数
157	鄂托克前旗	67.91	华北 第 32 名	内蒙古自治区 第 18 名	鄂尔多斯市 第 6 名	79.30	63.93	61.79
158	东港市	67.91	东北 第 9 名	辽宁省 第 3 名	丹东市 第 1 名	74.88	57.40	72.84
159	宽城满族自治县	67.90	华北 第 33 名	河北省 第 9 名	承德市 第 1 名	76.17	59.35	69.25
160	樟树市	67.82	华中 第 18 名	江西省 第 3 名	宜春市 第 1 名	67.36	63.87	72.50
161	海城市	67.78	东北 第 10 名	辽宁省 第 4 名	鞍山市 第 1 名	72.19	62.63	68.88
162	登封市	67.77	华中 第 19 名	河南省 第 7 名	郑州市 第 5 名	70.97	60.52	72.47
163	韶山市	67.76	华中 第 20 名	湖南省 第 7 名	湘潭市 第 1 名	73.29	72.64	58.43
164	凯里市	67.69	西南 第 9 名	贵州省 第 1 名	黔东南苗族侗族自治州 第 1 名	63.60	71.29	68.41
165	南安市	67.62	华东 第 65 名	福建省 第 11 名	泉州市 第 3 名	70.73	57.69	75.77
166	蓟县	67.62	华北 第 34 名	天津市 第 1 名	天津市 第 1 名	67.52	59.99	76.33
167	凤城市	67.60	东北 第 11 名	辽宁省 第 5 名	丹东市 第 2 名	74.20	58.72	70.91
168	根河市	67.60	华北 第 35 名	内蒙古自治区 第 19 名	呼伦贝尔市 第 5 名	72.27	79.38	53.85

全国排名	地区	居民发展指数	区域排名	本省份排名	本地市排名	收入综合指数	教育综合指数	生活综合指数
169	普兰店市	67.58	东北第 12 名	辽宁省第 6 名	大连市第 2 名	78.22	53.40	73.89
170	中牟县	67.54	华中第 21 名	河南省第 8 名	郑州市第 6 名	70.60	60.70	71.91
171	正定县	67.52	华北第 36 名	河北省第 10 名	石家庄市第 1 名	70.93	67.57	64.23
172	香河县	67.48	华北第 37 名	河北省第 11 名	廊坊市第 3 名	69.65	64.50	68.38
173	鹤山市	67.47	华南第 3 名	广东省第 2 名	江门市第 1 名	69.17	67.19	66.10
174	大洼县	67.44	东北第 13 名	辽宁省第 7 名	盘锦市第 1 名	71.40	61.08	70.33
175	长兴县	67.39	华东第 66 名	浙江省第 15 名	湖州市第 2 名	72.02	54.99	77.27
176	醴陵市	67.19	华中第 22 名	湖南省第 8 名	株洲市第 1 名	64.28	63.31	74.53
177	恩施市	67.17	华中第 23 名	湖北省第 4 名	恩施土家族苗族自治州第 1 名	54.20	76.12	73.46
178	介休市	67.08	华北第 38 名	山西省第 5 名	晋中市第 2 名	67.29	73.18	61.29
179	洛川县	66.98	西北第 27 名	陕西省第 6 名	延安市第 3 名	73.42	72.79	56.23
180	抚松县	66.95	东北第 14 名	吉林省第 6 名	白山市第 2 名	69.19	64.90	66.82

全国排名	地区	居民发展指数	区域排名	本省份排名	本地市排名	收入综合指数	教育综合指数	生活综合指数
181	河津市	66.94	华北第39名	山西省第6名	运城市第1名	68.41	73.52	59.63
182	广汉市	66.93	西南第10名	四川省第6名	德阳市第1名	69.36	64.18	67.37
183	梅河口市	66.92	东北第15名	吉林省第7名	通化市第1名	66.45	67.30	67.00
184	汶川县	66.91	西南第11名	四川省第7名	阿坝藏族羌族自治州第1名	67.37	72.56	61.28
185	富蕴县	66.89	西北第28名	新疆维吾尔自治区第19名	阿勒泰地区第2名	66.79	76.48	58.59
186	乌拉特后旗	66.87	华北第40名	内蒙古自治区第20名	巴彦淖尔市第1名	72.08	78.67	52.74
187	敦煌市	66.86	西北第29名	甘肃省第2名	酒泉市第2名	72.96	81.64	50.17
188	建湖县	66.84	华东第67名	江苏省第18名	盐城市第1名	67.59	58.80	75.13
189	永康市	66.78	华东第68名	浙江省第16名	金华市第3名	74.40	56.49	70.85
190	西昌市	66.78	西南第12名	四川省第8名	凉山彝族自治州第1名	68.41	60.03	72.52
191	沂水县	66.77	华东第69名	山东省第23名	临沂市第1名	61.73	66.09	72.97
192	马尔康县	66.76	西南第13名	四川省第9名	阿坝藏族羌族自治州第2名	64.11	79.37	58.48

全国排名	地区	居民发展指数	区域排名	本省份排名	本地市排名	收入综合指数	教育综合指数	生活综合指数
193	鄯善县	66.65	西北第30名	新疆维吾尔自治区第20名	吐鲁番地区第1名	69.31	79.55	53.71
194	户县	66.65	西北第31名	陕西省第7名	西安市第1名	61.53	78.94	60.94
195	远安县	66.64	华中第24名	湖北省第5名	宜昌市第4名	73.25	60.64	66.63
196	阿克塞哈萨克自治县	66.62	西北第32名	甘肃省第3名	酒泉市第3名	78.96	78.79	47.54
197	武安市	66.60	华北第41名	河北省第12名	邯郸市第1名	74.07	59.04	67.56
198	安图县	66.57	东北第16名	吉林省第8名	延边朝鲜族自治州第5名	61.87	76.61	62.24
199	托克逊县	66.55	西北第33名	新疆维吾尔自治区第21名	吐鲁番地区第2名	63.46	81.23	57.19
200	东宁县	66.52	东北第17名	黑龙江省第2名	牡丹江市第2名	74.15	65.88	60.26
201	潜江市	66.48	华中第25名	湖北省第6名	湖北省直辖县第1名	68.65	60.80	70.41
202	丹江口市	66.40	华中第26名	湖北省第7名	十堰市第1名	63.77	62.28	73.72
203	开平市	66.39	华南第4名	广东省第3名	江门市第2名	68.03	60.29	71.33
204	宁海县	66.37	华东第70名	浙江省第17名	宁波市第4名	70.47	54.81	75.69

全国排名	地区	居民发展指数	区域排名	本省份排名	本地市排名	收入综合指数	教育综合指数	生活综合指数
205	东乌珠穆沁旗	66.33	华北第42名	内蒙古自治区第21名	锡林郭勒盟第4名	79.24	70.72	52.08
206	赤壁市	66.32	华中第27名	湖北省第8名	咸宁市第1名	67.52	64.39	67.08
207	德安县	66.31	华中第28名	江西省第4名	九江市第1名	60.81	79.38	60.42
208	沁水县	66.31	华北第43名	山西省第7名	晋城市第1名	72.42	71.19	56.56
209	临江市	66.30	东北第18名	吉林省第9名	白山市第3名	68.38	64.40	66.20
210	如东县	66.30	华东第71名	江苏省第19名	南通市第5名	71.54	49.01	83.12
211	乐清市	66.28	华东第72名	浙江省第18名	温州市第1名	69.77	57.69	72.35
212	本溪满族自治县	66.26	东北第19名	辽宁省第8名	本溪市第1名	70.49	65.63	62.90
213	津市市	66.26	华中第29名	湖南省第9名	常德市第1名	64.06	73.31	61.93
214	平度市	66.23	华东第73名	山东省第24名	青岛市第4名	68.86	53.62	78.69
215	镶黄旗	66.17	华北第44名	内蒙古自治区第22名	锡林郭勒盟第5名	77.28	83.29	45.02
216	昌邑市	66.15	华东第74名	山东省第25名	潍坊市第4名	70.59	58.17	70.48

全国排名	地区	居民发展指数	区域排名	本省份排名	本地市排名	收入综合指数	教育综合指数	生活综合指数
217	诸城市	66.11	华东第75名	山东省第26名	潍坊市第5名	69.68	52.28	79.31
218	平湖市	66.11	华东第76名	浙江省第19名	嘉兴市第3名	74.74	52.97	72.98
219	沛县	66.07	华东第77名	江苏省第20名	徐州市第1名	64.68	56.56	78.83
220	滦县	66.05	华北第45名	河北省第13名	唐山市第5名	71.96	57.19	70.02
221	孟州市	66.04	华中第30名	河南省第9名	焦作市第1名	68.30	68.33	61.71
222	志丹县	66.00	西北第34名	陕西省第8名	延安市第4名	76.84	66.15	56.55
223	太谷县	65.94	华北第46名	山西省第8名	晋中市第3名	60.12	81.02	58.88
224	正蓝旗	65.92	华北第47名	内蒙古自治区第23名	锡林郭勒盟第6名	70.32	80.88	50.36
225	达尔罕茂明安联合旗	65.90	华北第48名	内蒙古自治区第24名	包头市第1名	78.75	56.21	64.65
226	琼海市	65.87	华南第5名	海南省第1名	海南省直辖县第1名	64.35	61.54	72.19
227	滦南县	65.85	华北第49名	河北省第14名	唐山市第6名	67.46	58.24	72.68
228	大石桥市	65.78	东北第20名	辽宁省第9名	营口市第1名	72.83	58.07	67.32

全国排名	地区	居民发展指数	区域排名	本省份排名	本地市排名	收入综合指数	教育综合指数	生活综合指数
229	桐乡市	65.78	华东第78名	浙江省第20名	嘉兴市第4名	76.27	49.33	75.63
230	福安市	65.76	华东第79名	福建省第12名	宁德市第1名	66.69	57.43	74.26
231	齐河县	65.76	华东第80名	山东省第27名	德州市第1名	68.71	60.07	68.89
232	东台市	65.75	华东第81名	江苏省第21名	盐城市第2名	71.64	47.87	82.88
233	嘉善县	65.73	华东第82名	浙江省第21名	嘉兴市第5名	74.09	53.94	71.05
234	大邑县	65.67	西南第14名	四川省第10名	成都市第5名	62.92	64.60	69.69
235	肥西县	65.67	华东第83名	安徽省第1名	合肥市第1名	66.19	61.34	69.74
236	灵宝市	65.58	华中第31名	河南省第10名	三门峡市第2名	69.51	63.96	63.44
237	钟祥市	65.57	华中第32名	湖北省第9名	荆门市第1名	62.31	62.22	72.71
238	京山县	65.52	华中第33名	湖北省第10名	荆门市第2名	65.38	64.46	66.74
239	长乐市	65.52	华东第84名	福建省第13名	福州市第3名	73.77	52.95	72.01
240	沁源县	65.52	华北第50名	山西省第9名	长治市第2名	69.15	65.94	61.68

全国排名	地区	居民发展指数	区域排名	本省份排名	本地市排名	收入综合指数	教育综合指数	生活综合指数
241	柳林县	65.46	华北第51名	山西省第10名	吕梁市第2名	72.18	61.31	63.38
242	黄骅市	65.43	华北第52名	河北省第15名	沧州市第2名	67.33	62.25	66.82
243	山阴县	65.41	华北第53名	山西省第11名	朔州市第1名	74.73	59.86	62.57
244	湘乡市	65.37	华中第34名	湖南省第10名	湘潭市第2名	61.97	65.62	68.69
245	莱阳市	65.33	华东第85名	山东省第28名	烟台市第6名	63.47	62.71	70.07
246	博罗县	65.32	华南第6名	广东省第4名	惠州市第1名	66.36	57.27	73.35
247	龙井市	65.29	东北第21名	吉林省第10名	延边朝鲜族自治州第6名	58.74	77.08	61.47
248	庄河市	65.25	东北第22名	辽宁省第10名	大连市第3名	76.53	46.79	77.60
249	惠安县	65.20	华东第86名	福建省第14名	泉州市第4名	70.30	53.67	73.47
250	都匀市	65.19	西南第15名	贵州省第2名	黔南布依族苗族自治州第1名	62.24	70.78	62.87
251	东兴市	65.17	华南第7名	广西壮族自治区第2名	防城港市第1名	72.50	57.71	66.15
252	渑池县	65.17	华中第35名	河南省第11名	三门峡市第3名	67.99	64.82	62.79

全国排名	地区	居民发展指数	区域排名	本省份排名	本地市排名	收入综合指数	教育综合指数	生活综合指数
253	安吉县	65.10	华东第 87 名	浙江省第 22 名	湖州市第 3 名	71.27	52.55	73.66
254	漠河县	65.07	东北第 23 名	黑龙江省第 3 名	大兴安岭地区第 1 名	69.56	77.54	51.08
255	桦甸市	65.06	东北第 24 名	吉林省第 11 名	吉林市第 1 名	68.82	59.42	67.35
256	蒙自市	65.06	西南第 16 名	云南省第 4 名	红河哈尼族彝族自治州第 1 名	61.79	66.17	67.34
257	汨罗市	65.06	华中第 36 名	湖南省第 11 名	岳阳市第 1 名	62.70	65.13	67.42
258	金湖县	65.04	华东第 88 名	江苏省第 22 名	淮安市第 1 名	68.75	55.76	71.77
259	新巴尔虎右旗	65.04	华北第 54 名	内蒙古自治区第 25 名	呼伦贝尔市第 6 名	70.93	80.03	48.46
260	辛集市	65.02	华北第 55 名	河北省第 16 名	石家庄市第 2 名	71.66	60.34	63.58
261	集安市	65.01	东北第 25 名	吉林省第 12 名	通化市第 2 名	65.78	65.62	63.66
262	沂源县	64.97	华东第 89 名	山东省第 29 名	淄博市第 2 名	63.81	63.79	67.37
263	沁阳市	64.94	华中第 37 名	河南省第 12 名	焦作市第 2 名	70.16	63.92	61.05
264	永春县	64.84	华东第 90 名	福建省第 15 名	泉州市第 5 名	67.75	61.60	65.31

全国排名	地区	居民发展指数	区域排名	本省份排名	本地市排名	收入综合指数	教育综合指数	生活综合指数
265	凤县	64.81	西北第35名	陕西省第9名	宝鸡市第1名	75.77	66.40	54.12
266	长海县	64.77	东北第26名	辽宁省第11名	大连市第4名	78.45	61.36	56.45
267	漳平市	64.73	华东第91名	福建省第16名	龙岩市第2名	68.06	63.08	63.16
268	德化县	64.72	华东第92名	福建省第17名	泉州市第6名	69.65	63.82	60.99
269	呼图壁县	64.70	西北第36名	新疆维吾尔自治区第22名	昌吉回族自治州第3名	69.57	65.21	59.68
270	舞钢市	64.69	华中第38名	河南省第13名	平顶山市第1名	62.61	66.81	64.73
271	苏尼特右旗	64.69	华北第56名	内蒙古自治区第26名	锡林郭勒盟第7名	71.08	73.41	51.88
272	个旧市	64.68	西南第17名	云南省第5名	红河哈尼族彝族自治州第2名	66.07	57.38	71.37
273	奇台县	64.65	西北第37名	新疆维吾尔自治区第23名	昌吉回族自治州第4名	66.60	67.10	60.47
274	汾阳市	64.65	华北第57名	山西省第12名	吕梁市第3名	61.35	70.43	62.53
275	霍州市	64.65	华北第58名	山西省第13名	临汾市第2名	63.31	73.77	57.85
276	土默特左旗	64.65	华北第59名	内蒙古自治区第27名	呼和浩特市第1名	67.51	61.88	64.67

全国排名	地区	居民发展指数	区域排名	本省份排名	本地市排名	收入综合指数	教育综合指数	生活综合指数
277	长泰县	64.64	华东 第 93 名	福建省 第 18 名	漳州市 第 2 名	71.09	60.50	62.80
278	乌恰县	64.62	西北 第 38 名	新疆维吾尔自治区 第 24 名	克孜勒苏柯尔克孜自治州 第 1 名	57.39	81.40	57.78
279	玛纳斯县	64.58	西北 第 39 名	新疆维吾尔自治区 第 25 名	昌吉回族自治州 第 5 名	68.74	67.51	58.03
280	泰宁县	64.54	华东 第 94 名	福建省 第 19 名	三明市 第 3 名	69.62	64.26	60.10
281	和林格尔县	64.54	华北 第 60 名	内蒙古自治区 第 28 名	呼和浩特市 第 2 名	71.30	61.59	61.21
282	武平县	64.52	华东 第 95 名	福建省 第 20 名	龙岩市 第 3 名	63.23	60.17	70.58
283	肃南裕固族自治县	64.51	西北 第 40 名	甘肃省 第 4 名	张掖市 第 1 名	72.65	68.50	53.96
284	和静县	64.51	西北 第 41 名	新疆维吾尔自治区 第 26 名	巴音郭楞蒙古自治州 第 4 名	65.60	69.90	58.55
285	天台县	64.50	华东 第 96 名	浙江省 第 23 名	台州市 第 1 名	67.89	54.00	73.19
286	偃师市	64.49	华中 第 39 名	河南省 第 14 名	洛阳市 第 1 名	67.98	60.21	65.54
287	岫岩满族自治县	64.47	东北 第 27 名	辽宁省 第 12 名	鞍山市 第 2 名	67.24	57.91	68.82
288	和龙市	64.46	东北 第 28 名	吉林省 第 13 名	延边朝鲜族自治州 第 7 名	61.16	70.47	62.15

全国排名	地区	居民发展指数	区域排名	本省份排名	本地市排名	收入综合指数	教育综合指数	生活综合指数
289	怀仁县	64.44	华北 第 61 名	山西省 第 14 名	朔州市 第 2 名	71.69	59.23	63.03
290	罗源县	64.41	华东 第 97 名	福建省 第 21 名	福州市 第 4 名	70.20	54.16	70.27
291	射阳县	64.37	华东 第 98 名	江苏省 第 23 名	盐城市 第 3 名	63.25	58.35	72.29
292	辽中县	64.36	东北 第 29 名	辽宁省 第 13 名	沈阳市 第 1 名	71.81	56.54	65.67
293	博兴县	64.36	华东 第 99 名	山东省 第 30 名	滨州市 第 2 名	70.79	52.70	71.45
294	沅江市	64.33	华中 第 40 名	湖南省 第 12 名	益阳市 第 1 名	58.59	67.42	67.39
295	巴里坤哈萨克自治县	64.27	西北 第 42 名	新疆维吾尔自治区 第 27 名	哈密地区 第 3 名	64.55	70.48	58.35
296	新民市	64.26	东北 第 30 名	辽宁省 第 14 名	沈阳市 第 2 名	69.35	56.05	68.28
297	阿图什市	64.24	西北 第 43 名	新疆维吾尔自治区 第 28 名	克孜勒苏柯尔克孜自治州 第 2 名	49.63	83.61	63.89
298	乌苏市	64.22	西北 第 44 名	新疆维吾尔自治区 第 29 名	塔城地区 第 3 名	66.38	64.69	61.68
299	闽清县	64.21	华东 第 100 名	福建省 第 22 名	福州市 第 5 名	68.06	58.04	67.02
300	桓仁满族自治县	64.19	东北 第 31 名	辽宁省 第 15 名	本溪市 第 2 名	68.43	60.65	63.74

全国排名	地区	居民发展指数	区域排名	本省份排名	本地市排名	收入综合指数	教育综合指数	生活综合指数
301	兴城市	64.19	东北第32名	辽宁省第16名	葫芦岛市第1名	60.91	66.06	65.73
302	阿巴嘎旗	64.19	华北第62名	内蒙古自治区第29名	锡林郭勒盟第8名	75.59	73.35	47.70
303	谷城县	64.18	华中第41名	湖北省第11名	襄樊市第1名	66.18	55.99	71.36
304	三原县	64.17	西北第45名	陕西省第10名	咸阳市第1名	62.42	72.26	58.58
305	通化县	64.15	东北第33名	吉林省第14名	通化市第3名	67.57	61.61	63.41
306	平潭县	64.12	华东第101名	福建省第23名	福州市第6名	63.81	55.51	74.43
307	武义县	64.10	华东第102名	浙江省第24名	金华市第4名	71.27	52.40	70.53
308	高邮市	64.07	华东第103名	江苏省第24名	扬州市第2名	69.38	51.51	73.59
309	轮台县	64.06	西北第46名	新疆维吾尔自治区第30名	巴音郭楞蒙古自治州第5名	68.38	71.26	53.96
310	额尔古纳市	64.04	华北第63名	内蒙古自治区第30名	呼伦贝尔市第7名	63.43	78.03	53.05
311	昌黎县	64.03	华北第64名	河北省第17名	秦皇岛市第1名	63.96	63.35	64.78
312	新安县	64.00	华中第42名	河南省第15名	洛阳市第2名	68.87	59.89	63.54

全国排名	地区	居民发展指数	区域排名	本省份排名	本地市排名	收入综合指数	教育综合指数	生活综合指数
313	岱山县	63.99	华东 第104名	浙江省 第25名	舟山市 第1名	76.09	47.01	73.26
314	崇州市	63.97	西南 第18名	四川省 第11名	成都市 第6名	62.95	56.72	73.30
315	昌乐县	63.95	华东 第105名	山东省 第31名	潍坊市 第6名	64.43	60.73	66.84
316	彭州市	63.93	西南 第19名	四川省 第12名	成都市 第7名	63.92	57.20	71.46
317	苏尼特左旗	63.93	华北 第65名	内蒙古 自治区 第31名	锡林郭勒盟 第9名	75.38	73.56	47.12
318	牙克石市	63.91	华北 第66名	内蒙古 自治区 第32名	呼伦贝尔市 第8名	69.61	60.70	61.79
319	明溪县	63.90	华东 第106名	福建省 第24名	三明市 第4名	67.89	61.63	62.36
320	上高县	63.86	华中 第43名	江西省 第5名	宜春市 第2名	63.70	57.73	70.83
321	海阳市	63.86	华东 第107名	山东省 第32名	烟台市 第7名	67.98	54.20	70.69
322	文山市	63.84	西南 第20名	云南省 第6名	文山壮族 苗族自治州 第1名	63.36	62.46	65.75
323	枣阳市	63.83	华中 第44名	湖北省 第12名	襄樊市 第2名	63.92	57.50	70.77
324	长葛市	63.81	华中 第45名	河南省 第16名	许昌市 第1名	67.63	55.92	68.71

全国排名	地区	居民发展指数	区域排名	本省份排名	本地市排名	收入综合指数	教育综合指数	生活综合指数
325	和硕县	63.81	西北第 47 名	新疆维吾尔自治区第 31 名	巴音郭楞蒙古自治州第 6 名	63.40	76.17	53.80
326	玉田县	63.76	华北第 67 名	河北省第 18 名	唐山市第 7 名	68.50	56.52	66.96
327	尤溪县	63.75	华东第 108 名	福建省第 25 名	三明市第 5 名	64.44	60.93	66.00
328	且末县	63.75	西北第 48 名	新疆维吾尔自治区第 32 名	巴音郭楞蒙古自治州第 7 名	61.97	79.36	52.69
329	无棣县	63.74	华东第 109 名	山东省第 33 名	滨州市第 3 名	66.72	54.56	71.13
330	德令哈市	63.73	西北第 49 名	青海省第 2 名	海西蒙古族藏族自治州第 2 名	73.05	68.68	51.59
331	新乡县	63.72	华中第 46 名	河南省第 17 名	新乡市第 1 名	69.81	61.74	60.04
332	东山县	63.71	华东第 110 名	福建省第 26 名	漳州市第 3 名	68.36	56.73	66.67
333	台安县	63.70	东北第 34 名	辽宁省第 17 名	鞍山市第 3 名	71.44	55.39	65.31
334	南靖县	63.69	华东第 111 名	福建省第 27 名	漳州市第 4 名	64.90	60.51	65.80
335	瑞昌市	63.66	华中第 47 名	江西省第 6 名	九江市第 2 名	60.09	65.00	66.04
336	象山县	63.63	华东第 112 名	浙江省第 26 名	宁波市第 5 名	73.50	43.62	80.37

全国排名	地区	居民发展指数	区域排名	本省份排名	本地市排名	收入综合指数	教育综合指数	生活综合指数
337	台山市	63.63	华南第8名	广东省第5名	江门市第3名	65.24	54.65	72.27
338	霍山县	63.63	华东第113名	安徽省第2名	六安市第1名	64.97	58.49	67.79
339	磐安县	63.62	华东第114名	浙江省第27名	金华市第5名	66.76	54.17	71.21
340	湘阴县	63.62	华中第48名	湖南省第13名	岳阳市第2名	58.55	66.78	65.85
341	杭锦旗	63.61	华北第68名	内蒙古自治区第33名	鄂尔多斯市第7名	71.21	54.69	66.10
342	兴山县	63.61	华中第49名	湖北省第13名	宜昌市第5名	65.40	60.95	64.58
343	蒲县	63.61	华北第69名	山西省第15名	临汾市第3名	67.08	68.20	56.26
344	蕉岭县	63.60	华南第9名	广东省第6名	梅州市第1名	59.79	68.62	62.70
345	康平县	63.60	东北第35名	辽宁省第18名	沈阳市第3名	67.46	57.84	65.93
346	木垒哈萨克自治县	63.59	西北第50名	新疆维吾尔自治区第33名	昌吉回族自治州第6名	63.02	73.66	55.38
347	开原市	63.58	东北第36名	辽宁省第19名	铁岭市第2名	68.11	57.03	66.17
348	邳州市	63.58	华东第115名	江苏省第25名	徐州市第2名	62.21	52.57	78.57

全国排名	地区	居民发展指数	区域排名	本省份排名	本地市排名	收入综合指数	教育综合指数	生活综合指数
349	新巴尔虎左旗	63.55	华北 第70名	内蒙古自治区 第34名	呼伦贝尔市 第9名	67.54	79.97	47.52
350	巢湖市	63.53	华东 第116名	安徽省 第3名	合肥市 第2名	62.17	57.81	71.33
351	将乐县	63.45	华东 第117名	福建省 第28名	三明市 第6名	69.08	60.62	60.99
352	河曲县	63.43	华北 第71名	山西省 第16名	忻州市 第1名	70.28	61.56	58.99
353	攸县	63.41	华中 第50名	湖南省 第14名	株洲市 第2名	62.76	58.69	69.22
354	连江县	63.40	华东 第118名	福建省 第29名	福州市 第7名	69.36	51.26	71.66
355	什邡市	63.39	西南 第21名	四川省 第13名	德阳市 第2名	69.24	54.46	67.56
356	临海市	63.37	华东 第119名	浙江省 第28名	台州市 第2名	67.10	47.51	79.85
357	嵊泗县	63.36	华东 第120名	浙江省 第29名	舟山市 第2名	78.03	47.66	68.41
358	分宜县	63.34	华中 第51名	江西省 第7名	新余市 第1名	68.08	53.58	69.67
359	虎林市	63.31	东北 第37名	黑龙江省 第4名	鸡西市 第1名	58.33	74.14	58.67
360	连城县	63.31	华东 第121名	福建省 第30名	龙岩市 第4名	63.94	62.29	63.69

全国排名	地区	居民发展指数	区域排名	本省份排名	本地市排名	收入综合指数	教育综合指数	生活综合指数
361	温岭市	63.27	华东 第122名	浙江省 第30名	台州市 第3名	72.17	44.44	78.98
362	清流县	63.26	华东 第123名	福建省 第31名	三明市 第7名	65.30	64.08	60.50
363	盘山县	63.25	东北 第38名	辽宁省 第20名	盘锦市 第2名	71.11	51.20	69.49
364	焉耆回族自治县	63.23	西北 第51名	新疆维吾尔自治区 第34名	巴音郭楞蒙古自治州 第8名	65.54	71.11	54.24
365	宜城市	63.19	华中 第52名	湖北省 第14名	襄樊市 第3名	65.23	54.89	70.48
366	阳城县	63.18	华北 第72名	山西省 第17名	晋城市 第2名	66.29	66.02	57.63
367	茌平县	63.15	华东 第124名	山东省 第34名	聊城市 第1名	70.95	51.59	68.81
368	兴安县	63.14	华南 第10名	广西壮族自治区 第3名	桂林市 第2名	65.86	58.61	65.20
369	穆棱市	63.13	东北 第39名	黑龙江省 第5名	牡丹江市 第3名	66.53	60.12	62.91
370	高州市	63.12	华南 第11名	广东省 第7名	茂名市 第1名	61.43	55.65	73.56
371	永济市	63.12	华北 第73名	山西省 第18名	运城市 第2名	59.21	69.27	61.31
372	凭祥市	63.11	华南 第12名	广西壮族自治区 第4名	崇左市 第1名	67.41	65.43	57.00

全国排名	地区	居民发展指数	区域排名	本省份排名	本地市排名	收入综合指数	教育综合指数	生活综合指数
373	平阴县	63.11	华东 第 125 名	山东省 第 35 名	济南市 第 2 名	69.00	57.02	63.88
374	淳安县	63.10	华东 第 126 名	浙江省 第 31 名	杭州市 第 4 名	69.82	47.09	76.42
375	吉木萨尔县	63.10	西北 第 52 名	新疆维吾尔 自治区 第 35 名	昌吉回族 自治州 第 7 名	68.76	61.99	58.93
376	绩溪县	63.08	华东 第 127 名	安徽省 第 4 名	宣城市 第 1 名	63.52	58.73	67.28
377	仙游县	63.05	华东 第 128 名	福建省 第 32 名	莆田市 第 1 名	60.99	56.98	72.11
378	新沂市	63.04	华东 第 129 名	江苏省 第 26 名	徐州市 第 3 名	63.48	49.80	79.25
379	莒南县	63.03	华东 第 130 名	山东省 第 36 名	临沂市 第 2 名	60.89	56.28	73.06
380	井陉县	62.98	华北 第 74 名	河北省 第 19 名	石家庄市 第 3 名	67.35	61.23	60.57
381	博湖县	62.95	西北 第 53 名	新疆维吾尔 自治区 第 36 名	巴音郭楞 蒙古自治州 第 9 名	64.14	72.62	53.56
382	古交市	62.95	华北 第 75 名	山西省 第 19 名	太原市 第 1 名	55.75	77.40	57.81
383	老河口市	62.95	华中 第 53 名	湖北省 第 15 名	襄樊市 第 4 名	66.60	54.33	68.94
384	汪清县	62.94	东北 第 40 名	吉林省 第 15 名	延边朝鲜族 自治州 第 8 名	59.56	67.22	62.28

全国排名	地区	居民发展指数	区域排名	本省份排名	本地市排名	收入综合指数	教育综合指数	生活综合指数
385	海林市	62.92	东北第41名	黑龙江省第6名	牡丹江市第4名	64.88	62.29	61.65
386	法库县	62.92	东北第42名	辽宁省第21名	沈阳市第4名	69.12	54.54	66.07
387	克什克腾旗	62.91	华北第76名	内蒙古自治区第35名	赤峰市第1名	66.44	60.33	62.10
388	利津县	62.90	华东第131名	山东省第37名	东营市第3名	69.86	54.47	65.41
389	哈巴河县	62.90	西北第54名	新疆维吾尔自治区第37名	阿勒泰地区第3名	61.69	76.08	53.02
390	仙桃市	62.88	华中第54名	湖北省第16名	湖北省直辖县第2名	65.63	53.90	70.30
391	多伦县	62.88	华北第77名	内蒙古自治区第36名	锡林郭勒盟第10名	69.53	67.78	52.75
392	寿阳县	62.86	华北第78名	山西省第20名	晋中市第4名	69.08	58.27	61.72
393	宝应县	62.80	华东第132名	江苏省第27名	扬州市第3名	67.67	51.35	71.26
394	龙游县	62.79	华东第133名	浙江省第32名	衢州市第1名	69.36	49.73	71.77
395	辉县市	62.76	华中第55名	河南省第18名	新乡市第2名	63.37	58.16	67.09
396	涉县	62.76	华北第79名	河北省第20名	邯郸市第2名	66.08	62.62	59.74

全国排名	地区	居民发展指数	区域排名	本省份排名	本地市排名	收入综合指数	教育综合指数	生活综合指数
397	土默特右旗	62.76	华北第80名	内蒙古自治区第37名	包头市第2名	74.83	51.02	64.75
398	北票市	62.75	东北第43名	辽宁省第22名	朝阳市第1名	66.45	51.36	72.40
399	瑞安市	62.73	华东第134名	浙江省第33名	温州市第2名	69.07	45.72	78.18
400	霸州市	62.71	华北第81名	河北省第21名	廊坊市第4名	71.21	55.13	62.81
401	磐石市	62.70	东北第44名	吉林省第16名	吉林市第2名	66.36	60.15	61.75
402	宜章县	62.68	华中第56名	湖南省第15名	郴州市第2名	57.50	62.34	68.71
403	浦城县	62.67	华东第135名	福建省第33名	南平市第3名	61.97	59.38	66.90
404	凌海市	62.66	东北第45名	辽宁省第23名	锦州市第1名	67.49	56.14	64.95
405	文昌市	62.64	华南第13名	海南省第2名	海南省直辖县第2名	63.33	55.55	69.85
406	五指山市	62.63	华南第14名	海南省第3名	海南省直辖县第3名	54.89	72.20	62.00
407	前郭尔罗斯蒙古族自治县	62.61	东北第46名	吉林省第17名	松原市第1名	68.67	60.00	59.58
408	缙云县	62.59	华东第136名	浙江省第34名	丽水市第1名	68.74	50.46	70.71

全国排名	地区	居民发展指数	区域排名	本省份排名	本地市排名	收入综合指数	教育综合指数	生活综合指数
409	乌拉特中旗	62.58	华北第 82 名	内蒙古自治区第 38 名	巴彦淖尔市第 2 名	69.17	60.26	58.81
410	新兴县	62.56	华南第 15 名	广东省第 8 名	云浮市第 1 名	66.71	54.77	67.00
411	中阳县	62.54	华北第 83 名	山西省第 21 名	吕梁市第 4 名	69.66	66.21	53.03
412	浮梁县	62.54	华中第 57 名	江西省第 8 名	景德镇市第 1 名	57.79	70.26	60.23
413	高安市	62.49	华中第 58 名	江西省第 9 名	宜春市第 3 名	56.36	62.08	69.76
414	临朐县	62.48	华东第 137 名	山东省第 38 名	潍坊市第 7 名	59.21	62.16	66.28
415	和田市	62.48	西北第 55 名	新疆维吾尔自治区第 38 名	和田地区第 1 名	52.80	77.59	59.52
416	浦江县	62.46	华东第 138 名	浙江省第 35 名	金华市第 6 名	67.80	52.50	68.46
417	宁安市	62.40	东北第 47 名	黑龙江省第 7 名	牡丹江市第 5 名	63.18	59.95	64.15
418	江山市	62.39	华东第 139 名	浙江省第 36 名	衢州市第 2 名	70.58	45.04	76.39
419	松滋市	62.38	华中第 59 名	湖北省第 17 名	荆州市第 1 名	58.05	58.39	71.62
420	临湘市	62.34	华中第 60 名	湖南省第 16 名	岳阳市第 3 名	60.48	64.96	61.67

全国排名	地区	居民发展指数	区域排名	本省份排名	本地市排名	收入综合指数	教育综合指数	生活综合指数
421	福鼎市	62.30	华东 第 140 名	福建省 第 34 名	宁德市 第 2 名	64.54	52.94	70.77
422	桃江县	62.28	华中 第 61 名	湖南省 第 17 名	益阳市 第 2 名	54.97	64.01	68.65
423	兴平市	62.28	西北 第 56 名	陕西省 第 11 名	咸阳市 第 2 名	62.03	67.63	57.57
424	惠东县	62.27	华南 第 16 名	广东省 第 9 名	惠州市 第 2 名	65.36	50.42	73.27
425	香格里拉市	62.25	西南 第 22 名	云南省 第 7 名	迪庆藏族自治州 第 1 名	67.22	58.49	61.37
426	蒲江县	62.24	西南 第 23 名	四川省 第 14 名	成都市 第 8 名	65.67	59.02	62.22
427	平泉县	62.24	华北 第 84 名	河北省 第 22 名	承德市 第 2 名	62.17	58.95	65.79
428	仁化县	62.23	华南 第 17 名	广东省 第 10 名	韶关市 第 1 名	65.65	58.93	62.27
429	靖宇县	62.20	东北 第 48 名	吉林省 第 18 名	白山市 第 4 名	65.74	62.51	58.56
430	屏南县	62.17	华东 第 141 名	福建省 第 35 名	宁德市 第 3 名	61.44	61.11	63.99
431	长汀县	62.15	华东 第 142 名	福建省 第 36 名	龙岩市 第 5 名	61.08	58.04	67.71
432	垣曲县	62.14	华北 第 85 名	山西省 第 22 名	运城市 第 3 名	54.59	73.51	59.80

全国排名	地区	居民发展指数	区域排名	本省份排名	本地市排名	收入综合指数	教育综合指数	生活综合指数
433	盂县	62.14	华北第86名	山西省第23名	阳泉市第1名	70.16	56.34	60.69
434	孟津县	62.11	华中第62名	河南省第19名	洛阳市第3名	65.65	58.89	61.99
435	嵩明县	62.11	西南第24名	云南省第8名	昆明市第2名	59.26	59.90	67.49
436	邛崃市	62.09	西南第25名	四川省第15名	成都市第9名	61.34	55.18	70.73
437	定南县	62.08	华中第63名	江西省第10名	赣州市第1名	60.90	58.69	66.94
438	镇赉县	62.06	东北第49名	吉林省第19名	白城市第1名	62.15	63.69	60.39
439	交口县	62.06	华北第87名	山西省第24名	吕梁市第5名	67.49	61.87	57.25
440	裕民县	62.05	西北第57名	新疆维吾尔自治区第39名	塔城地区第4名	57.85	80.70	51.16
441	灯塔市	62.01	东北第50名	辽宁省第24名	辽阳市第1名	68.24	56.61	61.72
442	青铜峡市	61.99	西北第58名	宁夏回族自治区第2名	吴忠市第1名	68.30	57.62	60.55
443	清原满族自治县	61.97	东北第51名	辽宁省第25名	抚顺市第1名	67.80	53.08	66.12
444	保德县	61.93	华北第88名	山西省第25名	忻州市第2名	68.43	60.29	57.58

全国排名	地区	居民发展指数	区域排名	本省份排名	本地市排名	收入综合指数	教育综合指数	生活综合指数
445	禹城市	61.93	华东 第 143 名	山东省 第 39 名	德州市 第 2 名	65.15	56.72	64.26
446	原平市	61.90	华北 第 89 名	山西省 第 26 名	忻州市 第 3 名	60.34	62.83	62.55
447	平山县	61.90	华北 第 90 名	河北省 第 23 名	石家庄市 第 4 名	67.22	57.29	61.58
448	阳曲县	61.89	华北 第 91 名	山西省 第 27 名	太原市 第 2 名	62.99	56.69	66.38
449	开远市	61.85	西南 第 26 名	云南省 第 9 名	红河哈尼族彝族自治州 第 3 名	65.93	53.80	66.70
450	华县	61.83	西北 第 59 名	陕西省 第 12 名	渭南市 第 2 名	62.92	67.19	55.91
451	龙门县	61.82	华南 第 18 名	广东省 第 11 名	惠州市 第 3 名	63.05	56.30	66.56
452	凌源市	61.79	东北 第 52 名	辽宁省 第 26 名	朝阳市 第 2 名	63.80	56.82	65.09
453	邯郸县	61.79	华北 第 92 名	河北省 第 24 名	邯郸市 第 3 名	59.82	65.07	60.61
454	沙洋县	61.79	华中 第 64 名	湖北省 第 18 名	荆门市 第 3 名	63.20	57.57	64.83
455	靖边县	61.75	西北 第 60 名	陕西省 第 13 名	榆林市 第 3 名	71.00	53.98	61.45
456	固安县	61.75	华北 第 93 名	河北省 第 25 名	廊坊市 第 5 名	60.98	59.67	64.71

全国排名	地区	居民发展指数	区域排名	本省份排名	本地市排名	收入综合指数	教育综合指数	生活综合指数
457	宁阳县	61.73	华东第 144 名	山东省第 40 名	泰安市第 2 名	63.01	56.13	66.52
458	沙河市	61.73	华北第 94 名	河北省第 26 名	邢台市第 1 名	67.35	54.77	63.78
459	高平市	61.72	华北第 95 名	山西省第 28 名	晋城市第 3 名	68.89	60.17	56.72
460	安平县	61.72	华北第 96 名	河北省第 27 名	衡水市第 1 名	62.82	59.32	63.09
461	华容县	61.71	华中第 65 名	湖南省第 18 名	岳阳市第 4 名	59.89	62.58	62.71
462	淇县	61.71	华中第 66 名	河南省第 20 名	鹤壁市第 1 名	68.21	57.08	60.37
463	新泰市	61.70	华东第 145 名	山东省第 41 名	泰安市第 3 名	68.66	46.28	73.91
464	宽甸满族自治县	61.69	东北第 53 名	辽宁省第 27 名	丹东市第 3 名	68.19	51.99	66.21
465	铁岭县	61.67	东北第 54 名	辽宁省第 28 名	铁岭市第 3 名	74.79	52.53	59.70
466	天峻县	61.66	西北第 61 名	青海省第 3 名	海西蒙古族藏族自治州第 3 名	77.32	57.55	52.68
467	新干县	61.65	华中第 67 名	江西省第 11 名	吉安市第 1 名	60.38	59.93	64.77
468	安泽县	61.63	华北第 97 名	山西省第 29 名	临汾市第 4 名	68.38	67.51	50.70

全国排名	地区	居民发展指数	区域排名	本省份排名	本地市排名	收入综合指数	教育综合指数	生活综合指数
469	库车县	61.62	西北第62名	新疆维吾尔自治区第40名	阿克苏地区第2名	58.70	60.84	65.51
470	光泽县	61.58	华东第146名	福建省第37名	南平市第4名	65.59	60.27	59.08
471	贺兰县	61.57	西北第63名	宁夏回族自治区第3名	银川市第2名	68.05	58.18	58.96
472	宁国市	61.56	华东第147名	安徽省第5名	宣城市第2名	67.53	49.87	69.28
473	贵溪市	61.55	华中第68名	江西省第12名	鹰潭市第1名	66.60	51.88	67.49
474	滦平县	61.54	华北第98名	河北省第28名	承德市第3名	67.48	50.41	68.52
475	额敏县	61.53	西北第64名	新疆维吾尔自治区第41名	塔城地区第5名	58.17	73.95	54.15
476	绵竹市	61.51	西南第27名	四川省第16名	德阳市第3名	65.56	51.16	69.38
477	东阿县	61.50	华东第148名	山东省第42名	聊城市第2名	66.40	54.48	64.31
478	长阳土家族自治县	61.48	华中第69名	湖北省第19名	宜昌市第6名	58.20	58.08	68.74
479	黄龙县	61.45	西北第65名	陕西省第14名	延安市第5名	55.99	73.82	56.15
480	大安市	61.44	东北第55名	吉林省第20名	白城市第2名	58.60	64.06	61.79

全国排名	地区	居民发展指数	区域排名	本省份排名	本地市排名	收入综合指数	教育综合指数	生活综合指数
481	大冶市	61.43	华中第70名	湖北省第20名	黄石市第1名	65.41	52.36	67.70
482	盐池县	61.39	西北第66名	宁夏回族自治区第4名	吴忠市第2名	63.06	63.73	57.58
483	建平县	61.39	东北第56名	辽宁省第29名	朝阳市第3名	66.38	51.00	68.33
484	古田县	61.34	华东第149名	福建省第38名	宁德市第4名	63.53	54.96	66.11
485	辽阳县	61.33	东北第57名	辽宁省第30名	辽阳市第2名	65.95	57.22	61.14
486	丰城市	61.32	华中第71名	江西省第13名	宜春市第4名	57.91	53.98	73.76
487	福海县	61.32	西北第67名	新疆维吾尔自治区第42名	阿勒泰地区第4名	56.46	77.81	52.49
488	公主岭市	61.32	东北第58名	吉林省第21名	四平市第1名	61.38	55.87	67.23
489	扶绥县	61.32	华南第19名	广西壮族自治区第5名	崇左市第2名	58.99	60.44	64.66
490	鹿寨县	61.31	华南第20名	广西壮族自治区第6名	柳州市第1名	58.42	61.83	63.82
491	奉新县	61.31	华中第72名	江西省第14名	宜春市第5名	60.60	56.11	67.79
492	阿合奇县	61.31	西北第68名	新疆维吾尔自治区第43名	克孜勒苏柯尔克孜自治州第3名	50.12	80.47	57.14

全国排名	地区	居民发展指数	区域排名	本省份排名	本地市排名	收入综合指数	教育综合指数	生活综合指数
493	修武县	61.31	华中第73名	河南省第21名	焦作市第3名	61.34	60.65	61.94
494	化州市	61.30	华南第21名	广东省第12名	茂名市第2名	59.23	55.84	69.64
495	德惠市	61.30	东北第59名	吉林省第22名	长春市第1名	65.92	54.75	63.81
496	江油市	61.27	西南第28名	四川省第17名	绵阳市第1名	64.71	51.15	69.48
497	康定市	61.27	西南第29名	四川省第18名	甘孜藏族自治州第1名	65.49	60.71	57.84
498	湘潭县	61.23	华中第74名	湖南省第19名	湘潭市第3名	59.69	57.48	66.91
499	五寨县	61.23	华北第99名	山西省第30名	忻州市第4名	58.22	71.42	55.20
500	乡宁县	61.22	华北第100名	山西省第31名	临汾市第5名	64.90	62.84	56.25
501	长治县	61.21	华北第101名	山西省第32名	长治市第3名	67.12	55.46	61.62
502	和顺县	61.21	华北第102名	山西省第33名	晋中市第5名	63.55	63.96	56.41
503	平罗县	61.17	西北第69名	宁夏回族自治区第5名	石嘴山市第1名	68.46	54.77	61.05
504	桂阳县	61.15	华中第75名	湖南省第20名	郴州市第3名	61.79	53.81	68.78

全国排名	地区	居民发展指数	区域排名	本省份排名	本地市排名	收入综合指数	教育综合指数	生活综合指数
505	新宾满族自治县	61.15	东北第60名	辽宁省第31名	抚顺市第2名	68.11	54.24	61.90
506	林州市	61.14	华中第76名	河南省第22名	安阳市第1名	69.98	51.58	63.31
507	嘉鱼县	61.13	华中第77名	湖北省第21名	咸宁市第2名	65.81	54.60	63.59
508	云和县	61.12	华东第150名	浙江省第37名	丽水市第2名	67.26	53.12	63.91
509	永泰县	61.12	华东第151名	福建省第39名	福州市第8名	65.16	53.98	64.91
510	安溪县	61.11	华东第152名	福建省第40名	泉州市第7名	63.86	52.22	68.44
511	永修县	61.10	华中第78名	江西省第15名	九江市第3名	59.12	55.91	69.03
512	东丰县	61.09	东北第61名	吉林省第23名	辽源市第1名	64.98	56.63	61.94
513	湖口县	61.08	华中第79名	江西省第16名	九江市第4名	61.51	61.52	60.22
514	靖安县	61.06	华中第80名	江西省第17名	宜春市第6名	57.44	61.43	64.51
515	栾川县	61.06	华中第81名	河南省第23名	洛阳市第4名	64.77	56.38	62.33
516	井冈山市	61.05	华中第82名	江西省第18名	吉安市第2名	63.03	61.31	58.89

全国排名	地区	居民发展指数	区域排名	本省份排名	本地市排名	收入综合指数	教育综合指数	生活综合指数
517	盱眙县	61.05	华东第 153 名	江苏省第 28 名	淮安市第 2 名	62.69	47.95	75.68
518	安达市	61.03	东北第 62 名	黑龙江省第 8 名	绥化市第 1 名	69.11	52.59	62.53
519	阳春市	60.99	华南第 22 名	广东省第 13 名	阳江市第 1 名	62.49	52.04	69.77
520	恩平市	60.98	华南第 23 名	广东省第 14 名	江门市第 4 名	62.16	55.94	65.21
521	延川县	60.97	西北第 70 名	陕西省第 15 名	延安市第 6 名	66.07	64.29	53.37
522	嘉荫县	60.96	东北第 63 名	黑龙江省第 9 名	伊春市第 1 名	63.13	67.63	53.07
523	密山市	60.94	东北第 64 名	黑龙江省第 10 名	鸡西市第 2 名	59.80	62.58	60.49
524	洪泽县	60.94	华东第 154 名	江苏省第 29 名	淮安市第 3 名	66.49	48.68	69.94
525	阜宁县	60.93	华东第 155 名	江苏省第 30 名	盐城市第 4 名	62.61	48.79	74.06
526	华阴市	60.92	西北第 71 名	陕西省第 16 名	渭南市第 3 名	60.64	68.08	54.76
527	平阳县	60.90	华东第 156 名	浙江省第 38 名	温州市第 3 名	65.91	47.65	71.92
528	丰宁满族自治县	60.90	华北第 103 名	河北省第 29 名	承德市第 4 名	58.54	56.00	68.90

全国排名	地区	居民发展指数	区域排名	本省份排名	本地市排名	收入综合指数	教育综合指数	生活综合指数
529	乾安县	60.89	东北第65名	吉林省第24名	松原市第2名	65.89	59.45	57.64
530	澧县	60.87	华中第83名	湖南省第21名	常德市第2名	59.64	57.30	65.99
531	交城县	60.86	华北第104名	山西省第34名	吕梁市第6名	62.91	63.16	56.73
532	滨海县	60.85	华东第157名	江苏省第31名	盐城市第5名	58.31	52.23	73.99
533	澄迈县	60.85	华南第24名	海南省第4名	海南省直辖县第4名	63.22	50.15	71.05
534	盖州市	60.84	东北第66名	辽宁省第32名	营口市第2名	61.76	53.59	68.04
535	万宁市	60.83	华南第25名	海南省第5名	海南省直辖县第5名	58.91	54.80	69.73
536	宜丰县	60.78	华中第84名	江西省第19名	宜春市第7名	61.77	54.87	66.26
537	石门县	60.77	华中第85名	湖南省第22名	常德市第3名	59.84	57.88	64.80
538	温县	60.76	华中第86名	河南省第24名	焦作市第4名	64.22	57.30	60.97
539	安丘市	60.76	华东第158名	山东省第43名	潍坊市第8名	59.81	54.03	69.42
540	柘荣县	60.75	华东第159名	福建省第41名	宁德市第5名	63.31	56.01	63.22

全国排名	地区	居民发展指数	区域排名	本省份排名	本地市排名	收入综合指数	教育综合指数	生活综合指数
541	平原县	60.73	华东 第160名	山东省 第44名	德州市 第3名	64.78	56.64	61.04
542	怀来县	60.71	华北 第105名	河北省 第30名	张家口市 第1名	64.05	56.31	62.03
543	兴义市	60.71	西南 第30名	贵州省 第3名	黔西南布依族苗族自治州 第1名	60.54	52.37	70.56
544	石首市	60.69	华中 第87名	湖北省 第22名	荆州市 第2名	56.67	61.85	63.78
545	铜鼓县	60.69	华中 第88名	江西省 第20名	宜春市 第8名	56.20	66.26	60.03
546	芦溪县	60.67	华中 第89名	江西省 第21名	萍乡市 第1名	61.72	54.91	65.90
547	东海县	60.66	华东 第161名	江苏省 第32名	连云港市 第1名	60.27	48.84	75.85
548	冀州市	60.65	华北 第106名	河北省 第31名	衡水市 第2名	60.10	59.77	62.11
549	岳阳县	60.62	华中 第90名	湖南省 第23名	岳阳市 第5名	55.29	62.70	64.28
550	新乐市	60.61	华北 第107名	河北省 第32名	石家庄市 第5名	62.27	59.77	59.82
551	荔蒲县	60.58	华南 第26名	广西壮族自治区 第7名	桂林市 第3名	61.00	57.29	63.62
552	祁县	60.58	华北 第108名	山西省 第35名	晋中市 第6名	59.23	63.85	58.78

全国排名	地区	居民发展指数	区域排名	本省份排名	本地市排名	收入综合指数	教育综合指数	生活综合指数
553	临邑县	60.57	华东 第 162 名	山东省 第 45 名	德州市 第 4 名	65.58	56.04	60.48
554	安福县	60.57	华中 第 91 名	江西省 第 22 名	吉安市 第 3 名	59.15	59.07	63.58
555	西峡县	60.57	华中 第 92 名	河南省 第 25 名	南阳市 第 1 名	63.77	54.26	64.21
556	繁昌县	60.55	华东 第 163 名	安徽省 第 6 名	芜湖市 第 1 名	74.11	44.05	68.01
557	岐山县	60.55	西北 第 72 名	陕西省 第 17 名	宝鸡市 第 2 名	62.50	62.54	56.80
558	蛟河市	60.51	东北 第 67 名	吉林省 第 25 名	吉林市 第 3 名	65.17	56.36	60.31
559	顺昌县	60.49	华东 第 164 名	福建省 第 42 名	南平市 第 5 名	64.19	54.00	63.87
560	承德县	60.47	华北 第 109 名	河北省 第 33 名	承德市 第 5 名	61.23	51.15	70.61
561	博爱县	60.46	华中 第 93 名	河南省 第 26 名	焦作市 第 5 名	63.52	59.02	58.96
562	城固县	60.44	西北 第 73 名	陕西省 第 18 名	汉中市 第 1 名	61.44	58.66	61.27
563	巴林右旗	60.44	华北 第 110 名	内蒙古自治区 第 39 名	赤峰市 第 2 名	61.33	62.74	57.39
564	辉南县	60.44	东北 第 68 名	吉林省 第 26 名	通化市 第 4 名	58.09	58.30	65.19

全国排名	地区	居民发展指数	区域排名	本省份排名	本地市排名	收入综合指数	教育综合指数	生活综合指数
565	富锦市	60.43	东北第 69 名	黑龙江省第 11 名	佳木斯市第 1 名	60.22	60.81	60.27
566	肃宁县	60.43	华北第 111 名	河北省第 34 名	沧州市第 3 名	65.11	58.09	58.33
567	邢台县	60.41	华北第 112 名	河北省第 35 名	邢台市第 2 名	59.86	59.23	62.18
568	代县	60.40	华北第 113 名	山西省第 36 名	忻州市第 5 名	64.04	57.93	59.39
569	永兴县	60.37	华中第 94 名	湖南省第 24 名	郴州市第 4 名	61.42	51.30	69.84
570	方正县	60.37	东北第 70 名	黑龙江省第 12 名	哈尔滨市第 1 名	61.10	59.31	60.71
571	大田县	60.37	华东第 165 名	福建省第 43 名	三明市第 8 名	62.67	55.50	63.24
572	清徐县	60.36	华北第 114 名	山西省第 37 名	太原市第 3 名	64.72	60.69	55.98
573	榆中县	60.36	西北第 74 名	甘肃省第 5 名	兰州市第 1 名	54.73	74.62	53.85
574	兴宁市	60.35	华南第 27 名	广东省第 15 名	梅州市第 2 名	50.58	60.69	71.59
575	栖霞市	60.34	华东第 166 名	山东省第 46 名	烟台市第 8 名	64.53	52.97	64.27
576	屯留县	60.32	华北第 115 名	山西省第 38 名	长治市第 4 名	64.47	60.77	56.03

全国排名	地区	居民发展指数	区域排名	本省份排名	本地市排名	收入综合指数	教育综合指数	生活综合指数
577	灌南县	60.30	华东第167名	江苏省第33名	连云港市第2名	60.12	49.01	74.40
578	潞城市	60.26	华北第116名	山西省第39名	长治市第5名	65.20	66.12	50.77
579	芜湖县	60.26	华东第168名	安徽省第7名	芜湖市第2名	69.19	47.08	67.16
580	合山市	60.24	华南第28名	广西壮族自治区第8名	来宾市第1名	60.11	63.50	57.27
581	九江县	60.24	华中第95名	江西省第23名	九江市第5名	58.15	57.34	65.57
582	扎鲁特旗	60.20	华北第117名	内蒙古自治区第40名	通辽市第2名	64.47	58.24	58.12
583	万安县	60.20	华中第96名	江西省第24名	吉安市第4名	53.43	63.94	63.86
584	龙南县	60.19	华中第97名	江西省第25名	赣州市第2名	61.68	55.45	63.77
585	信宜市	60.19	华南第29名	广东省第16名	茂名市第3名	62.60	50.77	68.60
586	精河县	60.17	西北第75名	新疆维吾尔自治区第44名	博尔塔拉蒙古自治州第2名	63.22	65.83	52.35
587	沙湾县	60.17	西北第76名	新疆维吾尔自治区第45名	塔城地区第6名	59.74	63.61	57.32
588	新源县	60.16	西北第77名	新疆维吾尔自治区第46名	伊犁哈萨克自治州第3名	56.58	68.02	56.58

全国排名	地区	居民发展指数	区域排名	本省份排名	本地市排名	收入综合指数	教育综合指数	生活综合指数
589	吉木乃县	60.14	西北第78名	新疆维吾尔自治区第47名	阿勒泰地区第5名	55.72	86.68	45.04
590	禹州市	60.13	华中第98名	河南省第27名	许昌市第2名	62.30	49.44	70.58
591	古县	60.11	华北第118名	山西省第40名	临汾市第6名	68.65	66.51	47.57
592	双峰县	60.10	华中第99名	湖南省第25名	娄底市第2名	54.64	61.05	65.09
593	鸡东县	60.10	东北第71名	黑龙江省第13名	鸡西市第3名	63.01	62.89	54.77
594	佛冈县	60.09	华南第30名	广东省第17名	清远市第1名	60.31	58.96	61.03
595	正镶白旗	60.04	华北第119名	内蒙古自治区第41名	锡林郭勒盟第11名	63.96	66.50	50.88
596	托里县	60.03	西北第79名	新疆维吾尔自治区第48名	塔城地区第7名	61.71	71.93	48.73
597	永嘉县	60.00	华东第169名	浙江省第39名	温州市第4名	66.24	44.97	72.52
598	泾阳县	60.00	西北第80名	陕西省第19名	咸阳市第3名	58.73	64.71	56.82
599	双辽市	59.97	东北第72名	吉林省第27名	四平市第2名	61.94	59.40	58.63
600	武陟县	59.96	华中第100名	河南省第28名	焦作市第6名	59.57	57.37	63.09

全国排名	地区	居民发展指数	区域排名	本省份排名	本地市排名	收入综合指数	教育综合指数	生活综合指数
601	仙居县	59.94	华东第170名	浙江省第40名	台州市第4名	67.67	43.81	72.63
602	通河县	59.93	东北第73名	黑龙江省第14名	哈尔滨市第2名	58.73	63.86	57.40
603	峡江县	59.92	华中第101名	江西省第26名	吉安市第5名	59.83	58.97	60.98
604	呼玛县	59.90	东北第74名	黑龙江省第15名	大兴安岭地区第2名	63.84	67.71	49.72
605	永宁县	59.90	西北第81名	宁夏回族自治区第6名	银川市第3名	68.49	54.27	57.81
606	泰和县	59.87	华中第102名	江西省第27名	吉安市第6名	57.60	57.64	64.64
607	定边县	59.85	西北第82名	陕西省第20名	榆林市第4名	73.21	49.32	59.38
608	丰县	59.85	华东第171名	江苏省第34名	徐州市第4名	59.35	45.97	78.56
609	东乡县	59.84	华中第103名	江西省第28名	抚州市第1名	58.38	56.21	65.30
610	进贤县	59.84	华中第104名	江西省第29名	南昌市第3名	63.22	50.71	66.83
611	平果县	59.84	华南第31名	广西壮族自治区第9名	百色市第1名	58.38	57.06	64.31
612	漳浦县	59.83	华东第172名	福建省第44名	漳州市第5名	58.52	52.98	69.09

全国排名	地区	居民发展指数	区域排名	本省份排名	本地市排名	收入综合指数	教育综合指数	生活综合指数
613	秭归县	59.83	华中 第 105 名	湖北省 第 23 名	宜昌市 第 7 名	57.27	54.60	68.48
614	宁化县	59.82	华东 第 173 名	福建省 第 45 名	三明市 第 9 名	61.11	56.53	61.97
615	黑山县	59.82	东北 第 75 名	辽宁省 第 33 名	锦州市 第 2 名	60.14	54.28	65.56
616	杭锦后旗	59.80	华北 第 120 名	内蒙古 自治区 第 42 名	巴彦淖尔市 第 3 名	65.83	55.31	58.74
617	磴口县	59.77	华北 第 121 名	内蒙古 自治区 第 43 名	巴彦淖尔市 第 4 名	66.02	60.22	53.71
618	祁阳县	59.76	华中 第 106 名	湖南省 第 26 名	永州市 第 1 名	57.73	55.79	66.26
619	耒阳市	59.75	华中 第 107 名	湖南省 第 27 名	衡阳市 第 1 名	58.64	52.03	69.93
620	铁力市	59.75	东北 第 76 名	黑龙江省 第 16 名	伊春市 第 2 名	58.15	59.65	61.50
621	友谊县	59.75	东北 第 77 名	黑龙江省 第 17 名	双鸭山市 第 1 名	47.22	79.02	57.16
622	吉安县	59.74	华中 第 108 名	江西省 第 30 名	吉安市 第 7 名	59.12	55.48	65.02
623	温泉县	59.74	西北 第 83 名	新疆维吾尔 自治区 第 49 名	博尔塔拉 蒙古自治州 第 3 名	57.24	71.08	52.41
624	晋州市	59.74	华北 第 122 名	河北省 第 36 名	石家庄市 第 6 名	66.23	53.00	60.75

全国排名	地区	居民发展指数	区域排名	本省份排名	本地市排名	收入综合指数	教育综合指数	生活综合指数
625	灌云县	59.72	华东第174名	江苏省第35名	连云港市第3名	58.38	48.59	75.07
626	民丰县	59.71	西北第84名	新疆维吾尔自治区第50名	和田地区第2名	52.91	82.11	49.01
627	岑溪市	59.71	华南第32名	广西壮族自治区第10名	梧州市第1名	57.15	53.78	69.26
628	邵东县	59.71	华中第109名	湖南省第28名	邵阳市第1名	60.21	52.64	67.16
629	翼城县	59.71	华北第123名	山西省第41名	临汾市第7名	60.80	64.18	54.55
630	东安县	59.69	华中第110名	湖南省第29名	永州市第2名	55.82	61.93	61.53
631	安塞县	59.69	西北第85名	陕西省第21名	延安市第7名	66.49	59.18	54.05
632	阿荣旗	59.69	华北第124名	内蒙古自治区第44名	呼伦贝尔市第10名	62.71	57.55	58.92
633	夹江县	59.68	西南第31名	四川省第19名	乐山市第2名	64.09	54.37	61.02
634	宝丰县	59.68	华中第111名	河南省第29名	平顶山市第2名	64.53	52.22	63.08
635	农安县	59.67	东北第78名	吉林省第28名	长春市第2名	61.69	53.43	64.47
636	威远县	59.67	西南第32名	四川省第20名	内江市第1名	64.93	48.23	67.85

全国排名	地区	居民发展指数	区域排名	本省份排名	本地市排名	收入综合指数	教育综合指数	生活综合指数
637	南漳县	59.66	华中第 112 名	湖北省第 24 名	襄樊市第 5 名	60.63	51.11	68.53
638	澄城县	59.63	西北第 86 名	陕西省第 22 名	渭南市第 4 名	57.06	63.57	58.45
639	宝清县	59.62	东北第 79 名	黑龙江省第 18 名	双鸭山市第 2 名	61.08	61.26	56.64
640	易门县	59.61	西南第 33 名	云南省第 10 名	玉溪市第 1 名	59.94	58.05	60.88
641	德庆县	59.60	华南第 33 名	广东省第 18 名	肇庆市第 2 名	60.53	52.32	66.83
642	甘泉县	59.59	西北第 87 名	陕西省第 23 名	延安市第 8 名	59.05	72.38	49.51
643	炎陵县	59.59	华中第 113 名	湖南省第 30 名	株洲市第 3 名	58.00	62.48	58.39
644	泗洪县	59.59	华东第 175 名	江苏省第 36 名	宿迁市第 1 名	60.20	44.94	78.22
645	喀喇沁左翼蒙古族自治县	59.58	东北第 80 名	辽宁省第 34 名	朝阳市第 4 名	62.56	55.12	61.32
646	闻喜县	59.56	华北第 125 名	山西省第 42 名	运城市第 4 名	58.92	63.18	56.77
647	平远县	59.56	华南第 34 名	广东省第 19 名	梅州市第 3 名	58.76	58.08	61.90
648	武城县	59.55	华东第 176 名	山东省第 47 名	德州市第 5 名	65.95	54.35	58.92

全国排名	地区	居民发展指数	区域排名	本省份排名	本地市排名	收入综合指数	教育综合指数	生活综合指数
649	柳江县	59.55	华南第35名	广西壮族自治区第11名	柳州市第2名	59.26	55.76	63.89
650	普宁市	59.53	华南第36名	广东省第20名	揭阳市第1名	58.07	49.18	73.88
651	曲沃县	59.53	华北第126名	山西省第43名	临汾市第8名	64.61	62.21	52.48
652	武乡县	59.52	华北第127名	山西省第44名	长治市第6名	64.01	58.13	56.66
653	宁武县	59.52	华北第128名	山西省第45名	忻州市第6名	62.57	58.95	57.15
654	彰武县	59.51	东北第81名	辽宁省第35名	阜新市第1名	61.38	54.65	62.84
655	乌拉特前旗	59.51	华北第129名	内蒙古自治区第45名	巴彦淖尔市第5名	65.82	50.69	63.18
656	泽州县	59.50	华北第130名	山西省第46名	晋城市第4名	65.00	55.25	58.67
657	兴隆县	59.50	华北第131名	河北省第37名	承德市第6名	61.32	53.01	64.79
658	桐城市	59.49	华东第177名	安徽省第8名	安庆市第1名	62.68	50.50	66.52
659	蒙山县	59.46	华南第37名	广西壮族自治区第12名	梧州市第2名	57.85	57.75	62.93
660	塔什库尔干塔吉克自治县	59.46	西北第88名	新疆维吾尔自治区第51名	喀什地区第2名	52.03	75.57	53.46

全国排名	地区	居民发展指数	区域排名	本省份排名	本地市排名	收入综合指数	教育综合指数	生活综合指数
661	同江市	59.45	东北第 82 名	黑龙江省第 19 名	佳木斯市第 2 名	54.43	65.66	58.79
662	衡山县	59.45	华中第 114 名	湖南省第 31 名	衡阳市第 2 名	59.47	57.72	61.19
663	宁城县	59.44	华北第 132 名	内蒙古自治区第 46 名	赤峰市第 3 名	59.06	55.56	64.00
664	歙县	59.41	华东第 178 名	安徽省第 9 名	黄山市第 1 名	62.38	45.95	73.17
665	南县	59.38	华中第 115 名	湖南省第 32 名	益阳市第 3 名	55.85	57.75	64.93
666	陆川县	59.38	华南第 38 名	广西壮族自治区第 13 名	玉林市第 1 名	55.83	56.66	66.19
667	绥中县	59.36	东北第 83 名	辽宁省第 36 名	葫芦岛市第 2 名	61.37	52.33	65.11
668	涟水县	59.35	华东第 179 名	江苏省第 37 名	淮安市第 4 名	58.90	47.70	74.40
669	塔河县	59.34	东北第 84 名	黑龙江省第 20 名	大兴安岭地区第 3 名	62.90	73.71	45.08
670	天门市	59.34	华中第 116 名	湖北省第 25 名	湖北省直辖县第 3 名	59.09	51.56	68.59
671	横县	59.33	华南第 39 名	广西壮族自治区第 14 名	南宁市第 1 名	58.66	52.35	68.02
672	青县	59.32	华北第 133 名	河北省第 38 名	沧州市第 4 名	65.49	56.56	56.35

全国排名	地区	居民发展指数	区域排名	本省份排名	本地市排名	收入综合指数	教育综合指数	生活综合指数
673	高邑县	59.31	华北第134名	河北省第39名	石家庄市第7名	64.47	57.42	56.36
674	水富县	59.29	西南第34名	云南省第11名	昭通市第1名	66.33	57.83	54.34
675	北流市	59.29	华南第40名	广西壮族自治区第15名	玉林市第2名	54.77	55.52	68.54
676	松溪县	59.28	华东第180名	福建省第46名	南平市第6名	59.85	58.23	59.78
677	柳河县	59.27	东北第85名	吉林省第29名	通化市第5名	59.03	57.13	61.75
678	兴化市	59.26	华东第181名	江苏省第38名	泰州市第3名	67.00	38.89	79.88
679	高青县	59.24	华东第182名	山东省第48名	淄博市第3名	65.54	51.48	61.63
680	内丘县	59.24	华北第135名	河北省第40名	邢台市第3名	62.66	59.95	55.34
681	青河县	59.22	西北第89名	新疆维吾尔自治区第52名	阿勒泰地区第6名	53.84	76.64	50.34
682	武宁县	59.22	华中第117名	江西省第31名	九江市第6名	56.31	57.06	64.64
683	容县	59.20	华南第41名	广西壮族自治区第16名	玉林市第3名	56.25	55.91	65.97
684	涟源市	59.18	华中第118名	湖南省第33名	娄底市第3名	52.22	58.09	68.33

全国排名	地区	居民发展指数	区域排名	本省份排名	本地市排名	收入综合指数	教育综合指数	生活综合指数
685	陵水黎族自治县	59.18	华南第 42 名	海南省第 6 名	海南省直辖县第 6 名	58.83	51.34	68.63
686	鄂伦春自治旗	59.16	华北第 136 名	内蒙古自治区第 47 名	呼伦贝尔市第 11 名	59.07	63.29	55.37
687	集贤县	59.13	东北第 86 名	黑龙江省第 21 名	双鸭山市第 3 名	63.26	57.32	57.02
688	高唐县	59.13	华东第 183 名	山东省第 49 名	聊城市第 3 名	68.75	45.83	65.59
689	德兴市	59.12	华中第 119 名	江西省第 32 名	上饶市第 1 名	63.27	49.11	66.51
690	大余县	59.12	华中第 120 名	江西省第 33 名	赣州市第 3 名	59.23	55.08	63.34
691	东平县	59.11	华东第 184 名	山东省第 50 名	泰安市第 4 名	63.49	47.02	69.17
692	石泉县	59.09	西北第 90 名	陕西省第 24 名	安康市第 1 名	59.94	57.19	60.20
693	崇礼县	59.08	华北第 137 名	河北省第 41 名	张家口市第 2 名	63.49	53.47	60.74
694	松阳县	59.08	华东第 185 名	浙江省第 41 名	丽水市第 3 名	66.05	44.97	69.42
695	周宁县	59.07	华东第 186 名	福建省第 47 名	宁德市第 6 名	62.81	53.24	61.62
696	深泽县	59.06	华北第 138 名	河北省第 42 名	石家庄市第 8 名	64.23	55.11	58.19

全国排名	地区	居民发展指数	区域排名	本省份排名	本地市排名	收入综合指数	教育综合指数	生活综合指数
697	定州市	59.06	华北第 139 名	河北省第 43 名	保定市第 2 名	57.45	55.86	64.19
698	乳源瑶族自治县	59.05	华南第 43 名	广东省第 21 名	韶关市第 2 名	61.49	55.18	60.68
699	合浦县	59.05	华南第 44 名	广西壮族自治区第 17 名	北海市第 1 名	54.39	55.13	68.66
700	应城市	59.05	华中第 121 名	湖北省第 26 名	孝感市第 1 名	62.69	51.04	64.33
701	罗江县	59.03	西南第 35 名	四川省第 21 名	德阳市第 4 名	63.41	54.08	59.98
702	泗阳县	59.01	华东第 187 名	江苏省第 39 名	宿迁市第 2 名	61.85	41.99	79.11
703	永福县	59.01	华南第 45 名	广西壮族自治区第 18 名	桂林市第 4 名	63.00	52.83	61.73
704	新丰县	58.99	华南第 46 名	广东省第 22 名	韶关市第 3 名	58.70	57.78	60.53
705	元氏县	58.99	华北第 140 名	河北省第 44 名	石家庄市第 9 名	62.88	57.98	56.29
706	遂平县	58.99	华中第 122 名	河南省第 30 名	驻马店市第 1 名	58.72	52.48	66.61
707	龙州县	58.98	华南第 47 名	广西壮族自治区第 19 名	崇左市第 3 名	60.37	54.68	62.16
708	林西县	58.96	华北第 141 名	内蒙古自治区第 48 名	赤峰市第 4 名	60.64	53.11	63.65

全国排名	地区	居民发展指数	区域排名	本省份排名	本地市排名	收入综合指数	教育综合指数	生活综合指数
709	高碑店市	58.95	华北 第 142 名	河北省 第 45 名	保定市 第 3 名	58.33	61.31	57.28
710	肇东市	58.92	东北 第 87 名	黑龙江省 第 22 名	绥化市 第 2 名	63.49	53.06	60.73
711	绥宁县	58.88	华中 第 123 名	湖南省 第 34 名	邵阳市 第 2 名	52.94	63.66	60.58
712	义县	58.88	东北 第 88 名	辽宁省 第 37 名	锦州市 第 3 名	59.93	55.01	61.91
713	昔阳县	58.87	华北 第 143 名	山西省 第 47 名	晋中市 第 7 名	59.71	59.68	57.27
714	安陆市	58.87	华中 第 124 名	湖北省 第 27 名	孝感市 第 2 名	59.20	54.67	63.03
715	泊头市	58.87	华北 第 144 名	河北省 第 46 名	沧州市 第 5 名	62.39	55.24	59.19
716	尚志市	58.85	东北 第 89 名	黑龙江省 第 23 名	哈尔滨市 第 3 名	64.04	56.14	56.70
717	玉屏侗族自治县	58.84	西南 第 36 名	贵州省 第 4 名	铜仁市 第 1 名	63.27	50.92	63.23
718	临颍县	58.84	华中 第 125 名	河南省 第 31 名	漯河市 第 1 名	58.76	51.61	67.16
719	遂溪县	58.83	华南 第 48 名	广东省 第 23 名	湛江市 第 1 名	57.26	52.50	67.73
720	襄城县	58.81	华中 第 126 名	河南省 第 32 名	许昌市 第 3 名	63.39	48.38	66.34

全国排名	地区	居民发展指数	区域排名	本省份排名	本地市排名	收入综合指数	教育综合指数	生活综合指数
721	阿鲁科尔沁旗	58.81	华北第145名	内蒙古自治区第49名	赤峰市第5名	58.84	57.36	60.25
722	舞阳县	58.80	华中第127名	河南省第33名	漯河市第2名	54.60	56.02	66.45
723	汤原县	58.79	东北第90名	黑龙江省第24名	佳木斯市第3名	57.49	58.53	60.39
724	定襄县	58.78	华北第146名	山西省第48名	忻州市第7名	57.37	59.95	59.05
725	廉江市	58.78	华南第49名	广东省第24名	湛江市第2名	54.42	51.72	72.15
726	汉川市	58.77	华中第128名	湖北省第28名	孝感市第3名	60.44	53.22	63.10
727	简阳市	58.77	西南第37名	四川省第22名	资阳市第1名	62.69	43.16	75.01
728	太白县	58.76	西北第91名	陕西省第25名	宝鸡市第3名	62.09	66.08	49.45
729	嫩江县	58.75	东北第91名	黑龙江省第25名	黑河市第1名	58.47	59.81	57.97
730	米脂县	58.74	西北第92名	陕西省第26名	榆林市第5名	59.72	57.01	59.55
731	尼勒克县	58.73	西北第93名	新疆维吾尔自治区第53名	伊犁哈萨克自治州第4名	55.21	66.10	55.50
732	洪江市	58.73	华中第129名	湖南省第35名	怀化市第1名	53.43	57.95	65.42

全国排名	地区	居民发展指数	区域排名	本省份排名	本地市排名	收入综合指数	教育综合指数	生活综合指数
733	昌图县	58.72	东北 第 92 名	辽宁省 第 38 名	铁岭市 第 4 名	60.26	51.79	64.90
734	依兰县	58.72	东北 第 93 名	黑龙江省 第 26 名	哈尔滨市 第 4 名	59.79	57.44	58.95
735	民勤县	58.72	西北 第 94 名	甘肃省 第 6 名	武威市 第 1 名	60.74	54.69	60.94
736	凤翔县	58.71	西北 第 95 名	陕西省 第 27 名	宝鸡市 第 4 名	61.14	60.81	54.43
737	高阳县	58.71	华北 第 147 名	河北省 第 47 名	保定市 第 4 名	62.36	56.24	57.70
738	舒兰市	58.71	东北 第 94 名	吉林省 第 30 名	吉林市 第 4 名	59.05	55.02	62.28
739	建宁县	58.70	华东 第 188 名	福建省 第 48 名	三明市 第 10 名	67.43	55.72	53.84
740	龙胜各族自治县	58.70	华南 第 50 名	广西壮族自治区 第 20 名	桂林市 第 5 名	60.16	56.51	59.49
741	临武县	58.70	华中 第 130 名	湖南省 第 36 名	郴州市 第 5 名	59.40	51.93	65.57
742	常宁市	58.69	华中 第 131 名	湖南省 第 37 名	衡阳市 第 3 名	57.76	51.40	68.09
743	霞浦县	58.68	华东 第 189 名	福建省 第 49 名	宁德市 第 7 名	57.15	52.11	67.82
744	玉环县	58.68	华东 第 190 名	浙江省 第 42 名	台州市 第 5 名	72.92	39.78	69.64

全国排名	地区	居民发展指数	区域排名	本省份排名	本地市排名	收入综合指数	教育综合指数	生活综合指数
745	北安市	58.68	东北第95名	黑龙江省第27名	黑河市第2名	53.35	59.65	63.47
746	左云县	58.66	华北第148名	山西省第49名	大同市第1名	61.52	61.11	53.68
747	萝北县	58.65	东北第96名	黑龙江省第28名	鹤岗市第1名	53.20	74.22	51.10
748	华安县	58.65	华东第191名	福建省第50名	漳州市第6名	64.44	53.46	58.56
749	镇坪县	58.63	西北第96名	陕西省第28名	安康市第2名	58.29	56.56	61.15
750	临城县	58.62	华北第149名	河北省第48名	邢台市第4名	62.61	57.54	55.90
751	连州市	58.59	华南第51名	广东省第25名	清远市第2名	61.53	52.11	62.73
752	西丰县	58.59	东北第97名	辽宁省第39名	铁岭市第5名	58.36	56.24	61.26
753	天全县	58.58	西南第38名	四川省第23名	雅安市第1名	61.32	46.76	70.11
754	托克托县	58.58	华北第150名	内蒙古自治区第50名	呼和浩特市第3名	69.01	46.24	62.99
755	左权县	58.56	华北第151名	山西省第50名	晋中市第8名	59.70	61.88	54.37
756	浮山县	58.54	华北第152名	山西省第51名	临汾市第9名	62.22	67.32	47.90

全国排名	地区	居民发展指数	区域排名	本省份排名	本地市排名	收入综合指数	教育综合指数	生活综合指数
757	田东县	58.54	华南第 52 名	广西壮族自治区第 21 名	百色市第 2 名	59.66	54.89	61.26
758	察布查尔锡伯自治县	58.53	西北第 97 名	新疆维吾尔自治区第 54 名	伊犁哈萨克自治州第 5 名	52.25	68.90	55.69
759	桃源县	58.52	华中第 132 名	湖南省第 38 名	常德市第 4 名	58.25	49.07	70.10
760	武宣县	58.51	华南第 53 名	广西壮族自治区第 22 名	来宾市第 2 名	55.98	54.05	66.21
761	宾阳县	58.51	华南第 54 名	广西壮族自治区第 23 名	南宁市第 2 名	53.62	54.95	68.00
762	荥经县	58.51	西南第 39 名	四川省第 24 名	雅安市第 2 名	63.45	47.66	66.25
763	全椒县	58.51	华东第 192 名	安徽省第 10 名	滁州市第 1 名	59.84	48.85	68.52
764	卢龙县	58.51	华北第 153 名	河北省第 49 名	秦皇岛市第 2 名	60.11	53.06	62.79
765	崇义县	58.50	华中第 133 名	江西省第 34 名	赣州市第 4 名	61.01	54.98	59.67
766	始兴县	58.49	华南第 55 名	广东省第 26 名	韶关市第 4 名	61.33	53.69	60.78
767	龙川县	58.49	华南第 56 名	广东省第 27 名	河源市第 1 名	52.47	54.27	70.27
768	桐柏县	58.47	华中第 134 名	河南省第 34 名	南阳市第 2 名	60.81	55.90	58.80

全国排名	地区	居民发展指数	区域排名	本省份排名	本地市排名	收入综合指数	教育综合指数	生活综合指数
769	连平县	58.46	华南第 57 名	广东省第 28 名	河源市第 2 名	58.11	53.81	63.90
770	永吉县	58.46	东北第 98 名	吉林省第 31 名	吉林市第 5 名	59.65	58.21	57.54
771	微山县	58.46	华东第 193 名	山东省第 51 名	济宁市第 3 名	65.69	41.63	73.05
772	梨树县	58.46	东北第 99 名	吉林省第 32 名	四平市第 3 名	61.84	53.39	60.50
773	柳城县	58.46	华南第 58 名	广西壮族自治区第 24 名	柳州市第 3 名	57.56	54.33	63.87
774	昌江黎族自治县	58.44	华南第 59 名	海南省第 7 名	海南省直辖县第 7 名	63.58	46.88	66.99
775	宝兴县	58.44	西南第 40 名	四川省第 25 名	雅安市第 3 名	64.36	48.63	63.79
776	晋宁县	58.44	西南第 41 名	云南省第 12 名	昆明市第 3 名	64.37	45.96	67.48
777	泸定县	58.44	西南第 42 名	四川省第 26 名	甘孜藏族自治州第 2 名	58.61	59.97	56.78
778	留坝县	58.43	西北第 98 名	陕西省第 29 名	汉中市第 2 名	57.24	62.73	55.57
779	丹棱县	58.43	西南第 43 名	四川省第 27 名	眉山市第 1 名	62.54	52.01	61.34
780	河间市	58.43	华北第 154 名	河北省第 50 名	沧州市第 6 名	62.68	50.76	62.69

全国排名	地区	居民发展指数	区域排名	本省份排名	本地市排名	收入综合指数	教育综合指数	生活综合指数
781	巴林左旗	58.43	华北第155名	内蒙古自治区第51名	赤峰市第6名	58.74	57.41	59.13
782	安乡县	58.42	华中第135名	湖南省第39名	常德市第5名	55.57	58.37	61.47
783	上栗县	58.42	华中第136名	江西省第35名	萍乡市第2名	56.99	52.86	66.18
784	青神县	58.41	西南第44名	四川省第28名	眉山市第2名	63.94	49.58	62.86
785	鄢陵县	58.41	华中第137名	河南省第35名	许昌市第4名	62.54	49.04	64.97
786	芮城县	58.40	华北第156名	山西省第52名	运城市第5名	53.13	64.23	58.37
787	定安县	58.39	华南第60名	海南省第8名	海南省直辖县第8名	54.96	55.68	65.06
788	衡东县	58.37	华中第138名	湖南省第40名	衡阳市第4名	59.82	51.18	64.98
789	天长市	58.37	华东第194名	安徽省第11名	滁州市第2名	63.34	41.72	75.23
790	襄汾县	58.36	华北第157名	山西省第53名	临汾市第10名	60.68	57.94	56.54
791	沅陵县	58.36	华中第139名	湖南省第41名	怀化市第2名	57.24	52.08	66.67
792	阜新蒙古族自治县	58.34	东北第100名	辽宁省第40名	阜新市第2名	57.22	54.63	63.54

全国排名	地区	居民发展指数	区域排名	本省份排名	本地市排名	收入综合指数	教育综合指数	生活综合指数
793	景宁畲族自治县	58.34	华东第195名	浙江省第43名	丽水市第4名	64.20	44.47	69.54
794	子长县	58.32	西北第99名	陕西省第30名	延安市第9名	61.48	57.69	55.94
795	蒲城县	58.32	西北第100名	陕西省第31名	渭南市第5名	54.04	58.54	62.71
796	峨山彝族自治县	58.31	西南第45名	云南省第13名	玉溪市第2名	60.56	54.05	60.56
797	敖汉旗	58.30	华北第158名	内蒙古自治区第52名	赤峰市第7名	56.60	57.29	61.12
798	沭阳县	58.30	华东第196名	江苏省第40名	宿迁市第3名	60.47	40.16	81.59
799	连山壮族瑶族自治县	58.30	华南第61名	广东省第29名	清远市第3名	60.13	58.33	56.49
800	富县	58.29	西北第101名	陕西省第32名	延安市第10名	55.78	68.94	51.51
801	延长县	58.29	西北第102名	陕西省第33名	延安市第11名	59.93	63.17	52.30
802	北镇市	58.26	东北第101名	辽宁省第41名	锦州市第4名	61.41	51.45	62.60
803	涿鹿县	58.26	华北第159名	河北省第51名	张家口市第3名	58.11	54.51	62.42
804	眉县	58.25	西北第103名	陕西省第34名	宝鸡市第5名	61.63	58.32	54.98

全国排名	地区	居民发展指数	区域排名	本省份排名	本地市排名	收入综合指数	教育综合指数	生活综合指数
805	汉寿县	58.23	华中 第 140 名	湖南省 第 42 名	常德市 第 6 名	54.68	53.54	67.45
806	平遥县	58.22	华北 第 160 名	山西省 第 54 名	晋中市 第 9 名	55.25	58.28	61.28
807	株洲县	58.18	华中 第 141 名	湖南省 第 43 名	株洲市 第 4 名	57.22	56.33	61.10
808	海丰县	58.17	华南 第 62 名	广东省 第 30 名	汕尾市 第 1 名	58.57	49.40	68.03
809	洮南市	58.15	东北 第 102 名	吉林省 第 33 名	白城市 第 3 名	56.78	56.01	61.85
810	丰镇市	58.15	华北 第 161 名	内蒙古 自治区 第 53 名	乌兰察布市 第 1 名	66.12	47.69	62.38
811	保康县	58.15	华中 第 142 名	湖北省 第 29 名	襄樊市 第 6 名	60.21	50.25	64.98
812	五峰土家族 自治县	58.13	华中 第 143 名	湖北省 第 30 名	宜昌市 第 8 名	56.10	53.47	65.49
813	卫辉市	58.12	华中 第 144 名	河南省 第 36 名	新乡市 第 3 名	54.43	57.01	63.29
814	乐昌市	58.12	华南 第 63 名	广东省 第 31 名	韶关市 第 5 名	58.67	50.72	65.96
815	郯城县	58.09	华东 第 197 名	山东省 第 52 名	临沂市 第 3 名	57.23	51.31	66.76
816	武功县	58.09	西北 第 104 名	陕西省 第 35 名	咸阳市 第 4 名	56.91	64.28	53.58

全国排名	地区	居民发展指数	区域排名	本省份排名	本地市排名	收入综合指数	教育综合指数	生活综合指数
817	崇仁县	58.07	华中 第145名	江西省 第36名	抚州市 第2名	56.99	56.29	61.05
818	望都县	58.05	华北 第162名	河北省 第52名	保定市 第5名	57.52	60.95	55.81
819	金塔县	58.05	西北 第105名	甘肃省 第7名	酒泉市 第4名	65.59	61.92	48.16
820	赵县	58.04	华北 第163名	河北省 第53名	石家庄市 第10名	60.54	53.95	59.88
821	灵寿县	58.01	华北 第164名	河北省 第54名	石家庄市 第11名	58.96	55.74	59.40
822	阆中市	58.00	西南 第46名	四川省 第29名	南充市 第1名	57.30	50.38	67.59
823	庆元县	58.00	华东 第198名	浙江省 第44名	丽水市 第5名	63.12	45.79	67.50
824	英德市	57.99	华南 第64名	广东省 第32名	清远市 第4名	56.34	48.31	71.65
825	金堂县	57.96	西南 第47名	四川省 第30名	成都市 第10名	62.11	43.67	71.79
826	通榆县	57.96	东北 第103名	吉林省 第34名	白城市 第4名	56.73	56.15	61.14
827	怀安县	57.96	华北 第165名	河北省 第55名	张家口市 第4名	61.18	53.13	59.90
828	当涂县	57.95	华东 第199名	安徽省 第12名	马鞍山市 第1名	63.62	42.27	72.38

全国排名	地区	居民发展指数	区域排名	本省份排名	本地市排名	收入综合指数	教育综合指数	生活综合指数
829	莫力达瓦达斡尔族自治旗	57.94	华北第166名	内蒙古自治区第54名	呼伦贝尔市第12名	57.31	57.90	58.60
830	无极县	57.94	华北第167名	河北省第56名	石家庄市第12名	61.30	51.49	61.60
831	寿宁县	57.92	华东第200名	福建省第51名	宁德市第8名	59.50	51.71	63.17
832	平和县	57.90	华东第201名	福建省第52名	漳州市第7名	58.03	50.06	66.81
833	新绛县	57.90	华北第168名	山西省第55名	运城市第6名	55.57	60.88	57.37
834	九寨沟县	57.90	西南第48名	四川省第31名	阿坝藏族羌族自治州第3名	58.39	61.79	53.79
835	理县	57.90	西南第49名	四川省第32名	阿坝藏族羌族自治州第4名	62.57	58.86	52.69
836	临猗县	57.89	华北第169名	山西省第56名	运城市第7名	54.35	61.29	58.23
837	扶沟县	57.88	华中第146名	河南省第37名	周口市第1名	55.70	52.69	66.09
838	揭西县	57.86	华南第65名	广东省第33名	揭阳市第2名	58.06	50.39	66.23
839	长垣县	57.86	华中第147名	河南省第38名	新乡市第4名	60.36	51.04	62.88
840	海晏县	57.86	西北第106名	青海省第4名	海北藏族自治州第1名	74.88	45.44	56.92

全国排名	地区	居民发展指数	区域排名	本省份排名	本地市排名	收入综合指数	教育综合指数	生活综合指数
841	高台县	57.86	西北第107名	甘肃省第8名	张掖市第2名	61.79	60.04	52.20
842	潼关县	57.83	西北第108名	陕西省第36名	渭南市第6名	58.77	65.31	50.38
843	库伦旗	57.81	华北第170名	内蒙古自治区第55名	通辽市第3名	57.96	61.68	54.05
844	婺源县	57.81	华中第148名	江西省第37名	上饶市第2名	57.06	53.47	63.33
845	上思县	57.80	华南第66名	广西壮族自治区第25名	防城港市第2名	58.87	54.50	60.17
846	五大连池市	57.79	东北第104名	黑龙江省第29名	黑河市第3名	51.67	62.99	59.31
847	大埔县	57.79	华南第67名	广东省第34名	梅州市第4名	52.44	55.27	66.61
848	广德县	57.79	华东第202名	安徽省第13名	宣城市第3名	61.15	45.44	69.45
849	全州县	57.78	华南第68名	广西壮族自治区第26名	桂林市第6名	55.94	52.53	65.63
850	遂昌县	57.77	华东第203名	浙江省第45名	丽水市第6名	67.27	41.65	68.82
851	合作市	57.76	西北第109名	甘肃省第9名	甘南藏族自治州第1名	61.74	55.73	56.01
852	阳谷县	57.76	华东第204名	山东省第53名	聊城市第4名	62.08	47.79	64.94

全国排名	地区	居民发展指数	区域排名	本省份排名	本地市排名	收入综合指数	教育综合指数	生活综合指数
853	柯坪县	57.75	西北第110名	新疆维吾尔自治区第55名	阿克苏地区第3名	50.08	79.35	48.46
854	林口县	57.74	东北第105名	黑龙江省第30名	牡丹江市第6名	56.88	55.70	60.77
855	武川县	57.74	华北第171名	内蒙古自治区第56名	呼和浩特市第4名	71.22	45.51	59.40
856	长子县	57.74	华北第172名	山西省第57名	长治市第7名	60.22	56.46	56.61
857	洪洞县	57.73	华北第173名	山西省第58名	临汾市第11名	56.61	56.58	60.08
858	石棉县	57.73	西南第50名	四川省第33名	雅安市第4名	67.26	44.79	63.85
859	翁源县	57.73	华南第69名	广东省第35名	韶关市第6名	57.29	54.04	62.14
860	祁门县	57.72	华东第205名	安徽省第14名	黄山市第2名	63.35	45.69	66.45
861	洛宁县	57.72	华中第149名	河南省第39名	洛阳市第5名	58.34	54.92	60.01
862	宁陕县	57.71	西北第111名	陕西省第37名	安康市第3名	60.65	52.81	59.99
863	文安县	57.69	华北第174名	河北省第57名	廊坊市第6名	63.50	49.52	61.08
864	万载县	57.67	华中第150名	江西省第38名	宜春市第9名	54.43	51.64	68.25

全国排名	地区	居民发展指数	区域排名	本省份排名	本地市排名	收入综合指数	教育综合指数	生活综合指数
865	广宁县	57.67	华南第70名	广东省第36名	肇庆市第3名	58.21	51.08	64.51
866	腾冲市	57.66	西南第51名	云南省第14名	保山市第1名	54.92	50.31	69.39
867	象州县	57.66	华南第71名	广西壮族自治区第27名	来宾市第3名	58.40	51.45	63.82
868	政和县	57.66	华东第206名	福建省第53名	南平市第7名	55.57	55.42	62.24
869	开鲁县	57.66	华北第175名	内蒙古自治区第57名	通辽市第4名	61.72	54.67	56.81
870	汝州市	57.65	华中第151名	河南省第40名	平顶山市第3名	60.43	46.58	68.06
871	资源县	57.64	华南第72名	广西壮族自治区第28名	桂林市第7名	59.79	53.43	59.95
872	西平县	57.63	华中第152名	河南省第41名	驻马店市第2名	55.80	49.39	69.45
873	南郑县	57.62	西北第112名	陕西省第38名	汉中市第3名	60.40	53.96	58.70
874	洞口县	57.62	华中第153名	湖南省第44名	邵阳市第3名	50.57	57.00	66.36
875	修水县	57.62	华中第154名	江西省第39名	九江市第7名	49.37	58.89	65.79
876	徐闻县	57.61	华南第73名	广东省第37名	湛江市第3名	53.60	54.37	65.63

全国排名	地区	居民发展指数	区域排名	本省份排名	本地市排名	收入综合指数	教育综合指数	生活综合指数
877	涞水县	57.60	华北 第 176 名	河北省 第 58 名	保定市 第 6 名	52.42	65.26	55.86
878	榆树市	57.58	东北 第 106 名	吉林省 第 35 名	长春市 第 3 名	57.90	50.67	65.08
879	全南县	57.57	华中 第 155 名	江西省 第 40 名	赣州市 第 5 名	57.34	53.26	62.46
880	绛县	57.56	华北 第 177 名	山西省 第 59 名	运城市 第 8 名	54.68	63.53	54.89
881	广水市	57.56	华中 第 156 名	湖北省 第 31 名	随州市 第 1 名	60.46	47.63	66.22
882	宾县	57.55	东北 第 107 名	黑龙江省 第 31 名	哈尔滨市 第 5 名	61.96	51.91	59.28
883	察哈尔右翼后旗	57.55	华北 第 178 名	内蒙古自治区 第 58 名	乌兰察布市 第 2 名	63.13	49.23	61.32
884	万全县	57.55	华北 第 179 名	河北省 第 59 名	张家口市 第 5 名	60.34	53.16	59.41
885	华亭县	57.53	西北 第 113 名	甘肃省 第 10 名	平凉市 第 1 名	64.15	55.77	53.22
886	繁峙县	57.53	华北 第 180 名	山西省 第 60 名	忻州市 第 8 名	58.83	53.37	60.63
887	兰溪市	57.52	华东 第 207 名	浙江省 第 46 名	金华市 第 7 名	67.68	38.41	73.22
888	吴桥县	57.51	华北 第 181 名	河北省 第 60 名	沧州市 第 7 名	58.81	61.18	52.87

全国排名	地区	居民发展指数	区域排名	本省份排名	本地市排名	收入综合指数	教育综合指数	生活综合指数
889	瑞丽市	57.51	西南第 52 名	云南省第 15 名	德宏傣族景颇族自治州第 1 名	65.84	50.23	57.51
890	芦山县	57.49	西南第 53 名	四川省第 34 名	雅安市第 5 名	59.54	46.34	68.86
891	射洪县	57.48	西南第 54 名	四川省第 35 名	遂宁市第 1 名	58.28	46.07	70.74
892	彬县	57.45	西北第 114 名	陕西省第 39 名	咸阳市第 5 名	67.48	47.13	59.62
893	右玉县	57.43	华北第 182 名	山西省第 61 名	朔州市第 3 名	67.63	46.57	60.16
894	龙泉市	57.43	华东第 208 名	浙江省第 47 名	丽水市第 7 名	66.47	40.90	69.68
895	汉源县	57.42	西南第 55 名	四川省第 36 名	雅安市第 6 名	53.24	55.03	64.61
896	临泽县	57.41	西北第 115 名	甘肃省第 11 名	张掖市第 3 名	62.25	62.60	48.56
897	五台县	57.39	华北第 183 名	山西省第 62 名	忻州市第 9 名	51.89	59.25	61.50
898	慈利县	57.39	华中第 157 名	湖南省第 45 名	张家界市第 1 名	55.31	53.70	63.66
899	围场满族蒙古族自治县	57.39	华北第 184 名	河北省第 61 名	承德市第 7 名	56.12	53.87	62.52
900	祁东县	57.38	华中第 158 名	湖南省第 46 名	衡阳市第 5 名	55.06	52.79	65.00

全国排名	地区	居民发展指数	区域排名	本省份排名	本地市排名	收入综合指数	教育综合指数	生活综合指数
901	乌兰县	57.37	西北第116名	青海省第5名	海西蒙古族藏族自治州第4名	70.45	57.74	46.43
902	宜良县	57.37	西南第56名	云南省第16名	昆明市第4名	63.77	47.01	63.00
903	灌阳县	57.35	华南第74名	广西壮族自治区第29名	桂林市第8名	58.29	54.23	59.67
904	云梦县	57.35	华中第159名	湖北省第32名	孝感市第4名	61.72	47.03	64.97
905	深州市	57.34	华北第185名	河北省第62名	衡水市第3名	56.93	54.47	60.80
906	临清市	57.34	华东第209名	山东省第54名	聊城市第5名	66.14	45.09	63.22
907	行唐县	57.34	华北第186名	河北省第63名	石家庄市第13名	59.73	52.88	59.68
908	孟村回族自治县	57.30	华北第187名	河北省第64名	沧州市第8名	63.88	52.49	56.10
909	响水县	57.30	华东第210名	江苏省第41名	盐城市第6名	60.88	41.74	74.03
910	磁县	57.28	华北第188名	河北省第65名	邯郸市第4名	59.53	49.85	63.33
911	桂平市	57.26	华南第75名	广西壮族自治区第30名	贵港市第1名	51.40	52.54	69.50
912	安国市	57.25	华北第189名	河北省第66名	保定市第7名	61.16	57.31	53.54

全国排名	地区	居民发展指数	区域排名	本省份排名	本地市排名	收入综合指数	教育综合指数	生活综合指数
913	建瓯市	57.24	华东第211名	福建省第54名	南平市第8名	61.21	46.69	65.61
914	隆化县	57.24	华北第190名	河北省第67名	承德市第8名	59.58	49.29	63.84
915	泽普县	57.23	西北第117名	新疆维吾尔自治区第56名	喀什地区第3名	53.38	64.95	54.07
916	平江县	57.23	华中第160名	湖南省第47名	岳阳市第6名	52.20	54.74	65.59
917	南雄市	57.23	华南第76名	广东省第38名	韶关市第7名	62.09	46.51	64.90
918	恭城瑶族自治县	57.22	华南第77名	广西壮族自治区第31名	桂林市第9名	57.88	55.38	58.44
919	白水县	57.22	西北第118名	陕西省第40名	渭南市第7名	55.91	61.01	54.91
920	青龙满族自治县	57.20	华北第191名	河北省第68名	秦皇岛市第3名	56.46	54.35	61.01
921	临夏市	57.20	西北第119名	甘肃省第12名	临夏回族自治州第1名	40.64	75.81	60.75
922	宜君县	57.20	西北第120名	陕西省第41名	铜川市第1名	57.75	63.34	51.15
923	平陆县	57.19	华北第192名	山西省第63名	运城市第9名	49.36	64.95	58.34
924	逊克县	57.17	东北第108名	黑龙江省第32名	黑河市第4名	55.12	64.92	52.23

全国排名	地区	居民发展指数	区域排名	本省份排名	本地市排名	收入综合指数	教育综合指数	生活综合指数
925	隆昌县	57.17	西南第 57 名	四川省第 37 名	内江市第 2 名	61.38	43.98	69.21
926	清镇市	57.16	西南第 58 名	贵州省第 5 名	贵阳市第 1 名	61.65	49.42	61.31
927	茶陵县	57.16	华中第 161 名	湖南省第 48 名	株洲市第 5 名	56.59	51.97	63.51
928	商南县	57.16	西北第 121 名	陕西省第 42 名	商洛市第 1 名	57.39	58.04	56.07
929	公安县	57.16	华中第 162 名	湖北省第 33 名	荆州市第 3 名	55.71	55.18	60.75
930	宜川县	57.15	西北第 122 名	陕西省第 43 名	延安市第 12 名	53.76	65.80	52.77
931	安仁县	57.14	华中第 163 名	湖南省第 49 名	郴州市第 6 名	51.26	57.31	63.49
932	肥东县	57.13	华东第 212 名	安徽省第 15 名	合肥市第 3 名	64.75	39.72	72.50
933	芷江侗族自治县	57.11	华中第 164 名	湖南省第 50 名	怀化市第 3 名	56.33	53.09	62.29
934	庆云县	57.11	华东第 213 名	山东省第 55 名	德州市第 6 名	64.51	48.75	59.22
935	宁津县	57.10	华东第 214 名	山东省第 56 名	德州市第 7 名	65.63	49.80	56.97
936	易县	57.09	华北第 193 名	河北省第 69 名	保定市第 8 名	54.00	58.15	59.26

全国排名	地区	居民发展指数	区域排名	本省份排名	本地市排名	收入综合指数	教育综合指数	生活综合指数
937	景洪市	57.04	西南第 59 名	云南省第 17 名	西双版纳傣族自治州第 1 名	61.89	43.67	68.67
938	富裕县	57.04	东北第 109 名	黑龙江省第 33 名	齐齐哈尔市第 1 名	54.66	59.85	56.72
939	杜尔伯特蒙古族自治县	57.03	东北第 110 名	黑龙江省第 34 名	大庆市第 1 名	64.29	58.76	49.10
940	夏津县	57.03	华东第 215 名	山东省第 57 名	德州市第 8 名	61.38	51.04	59.21
941	永清县	57.01	华北第 194 名	河北省第 70 名	廊坊市第 7 名	57.27	53.49	60.49
942	万年县	57.01	华中第 165 名	江西省第 41 名	上饶市第 3 名	58.18	51.67	61.65
943	遂川县	57.01	华中第 166 名	江西省第 42 名	吉安市第 8 名	50.76	56.11	65.06
944	勉县	57.00	西北第 123 名	陕西省第 44 名	汉中市第 4 名	60.86	50.50	60.25
945	确山县	56.99	华中第 167 名	河南省第 42 名	驻马店市第 3 名	60.58	45.34	67.38
946	长岭县	56.95	东北第 111 名	吉林省第 36 名	松原市第 3 名	58.19	54.88	57.85
947	富平县	56.95	西北第 124 名	陕西省第 45 名	渭南市第 8 名	51.24	59.26	60.82
948	苍南县	56.95	华东第 216 名	浙江省第 48 名	温州市第 5 名	61.76	38.44	77.78

全国排名	地区	居民发展指数	区域排名	本省份排名	本地市排名	收入综合指数	教育综合指数	生活综合指数
949	阿尔山市	56.95	华北第195名	内蒙古自治区第59名	兴安盟第2名	54.24	68.97	49.37
950	郓城县	56.94	华东第217名	山东省第58名	菏泽市第1名	58.82	43.24	72.61
951	翁牛特旗	56.94	华北第196名	内蒙古自治区第60名	赤峰市第8名	57.03	52.41	61.75
952	怀宁县	56.93	华东第218名	安徽省第16名	安庆市第2名	61.39	44.53	67.50
953	礼泉县	56.92	西北第125名	陕西省第46名	咸阳市第6名	58.51	57.77	54.57
954	清河县	56.92	华北第197名	河北省第71名	邢台市第5名	62.42	51.38	57.51
955	琼中黎族苗族自治县	56.92	华南第78名	海南省第9名	海南省直辖县第9名	53.12	53.17	65.29
956	武冈市	56.91	华中第168名	湖南省第51名	邵阳市第4名	48.79	57.44	65.78
957	青阳县	56.91	华东第219名	安徽省第17名	池州市第1名	62.05	44.18	67.22
958	许昌县	56.90	华中第169名	河南省第43名	许昌市第5名	59.23	48.80	63.74
959	饶阳县	56.90	华北第198名	河北省第72名	衡水市第4名	54.74	55.84	60.27
960	昭苏县	56.86	西北第126名	新疆维吾尔自治区第57名	伊犁哈萨克自治州第6名	52.14	69.06	51.04

全国排名	地区	居民发展指数	区域排名	本省份排名	本地市排名	收入综合指数	教育综合指数	生活综合指数
961	奈曼旗	56.84	华北第199名	内蒙古自治区第61名	通辽市第5名	57.97	53.89	58.78
962	嘉禾县	56.84	华中第170名	湖南省第52名	郴州市第7名	63.17	45.50	63.89
963	睢宁县	56.84	华东第220名	江苏省第42名	徐州市第5名	61.62	38.43	77.54
964	岚皋县	56.82	西北第127名	陕西省第47名	安康市第4名	55.40	52.27	63.33
965	息烽县	56.80	西南第60名	贵州省第6名	贵阳市第2名	64.56	46.72	60.78
966	丰都县	56.80	西南第61名	重庆市第1名	重庆市第1名	55.93	46.05	71.14
967	吴川市	56.79	华南第79名	广东省第39名	湛江市第4名	54.16	50.95	66.38
968	阳西县	56.78	华南第80名	广东省第40名	阳江市第2名	59.39	48.15	64.03
969	云霄县	56.78	华东第221名	福建省第55名	漳州市第8名	58.40	50.44	62.14
970	郁南县	56.78	华南第81名	广东省第41名	云浮市第2名	56.73	50.25	64.21
971	封开县	56.77	华南第82名	广东省第42名	肇庆市第4名	59.00	49.30	62.93
972	衡阳县	56.76	华中第171名	湖南省第53名	衡阳市第6名	55.70	51.20	64.12

全国排名	地区	居民发展指数	区域排名	本省份排名	本地市排名	收入综合指数	教育综合指数	生活综合指数
973	济阳县	56.75	华东第 222 名	山东省第 59 名	济南市第 3 名	63.76	43.50	65.90
974	资溪县	56.74	华中第 172 名	江西省第 43 名	抚州市第 3 名	59.19	55.09	56.03
975	藤县	56.74	华南第 83 名	广西壮族自治区第 32 名	梧州市第 3 名	53.54	49.88	68.40
976	清水河县	56.74	华北第 200 名	内蒙古自治区第 62 名	呼和浩特市第 5 名	70.27	43.52	59.72
977	乐陵市	56.73	华东第 223 名	山东省第 60 名	德州市第 9 名	60.35	49.66	60.92
978	开县	56.73	西南第 62 名	重庆市第 2 名	重庆市第 2 名	58.34	42.41	73.78
979	靖州苗族侗族自治县	56.72	华中第 173 名	湖南省第 54 名	怀化市第 4 名	56.85	57.23	56.08
980	卓资县	56.71	华北第 201 名	内蒙古自治区第 63 名	乌兰察布市第 3 名	63.82	49.58	57.62
981	建水县	56.69	西南第 63 名	云南省第 18 名	红河哈尼族彝族自治州第 4 名	65.77	41.45	66.82
982	伊川县	56.68	华中第 174 名	河南省第 44 名	洛阳市第 6 名	59.48	47.46	64.52
983	稷山县	56.68	华北第 202 名	山西省第 64 名	运城市第 10 名	53.72	61.32	55.29
984	安化县	56.68	华中第 175 名	湖南省第 55 名	益阳市第 4 名	51.75	50.81	69.26

全国排名	地区	居民发展指数	区域排名	本省份排名	本地市排名	收入综合指数	教育综合指数	生活综合指数
985	五原县	56.67	华北第 203 名	内蒙古自治区第 64 名	巴彦淖尔市第 6 名	62.66	48.63	59.75
986	景县	56.67	华北第 204 名	河北省第 73 名	衡水市第 5 名	59.99	51.15	59.33
987	仁寿县	56.67	西南第 64 名	四川省第 38 名	眉山市第 3 名	58.84	39.24	78.81
988	保亭黎族苗族自治县	56.66	华南第 84 名	海南省第 10 名	海南省直辖县第 10 名	56.56	57.35	56.09
989	东光县	56.66	华北第 205 名	河北省第 74 名	沧州市第 9 名	64.59	49.21	57.24
990	邓州市	56.65	华中第 176 名	河南省第 45 名	南阳市第 3 名	53.43	51.60	65.94
991	荣县	56.63	西南第 65 名	四川省第 39 名	自贡市第 1 名	59.81	44.64	68.02
992	长丰县	56.63	华东第 224 名	安徽省第 18 名	合肥市第 4 名	62.40	40.33	72.17
993	通山县	56.61	华中第 177 名	湖北省第 34 名	咸宁市第 3 名	54.70	50.19	66.09
994	洪雅县	56.61	西南第 66 名	四川省第 40 名	眉山市第 4 名	62.38	44.59	65.23
995	扶风县	56.61	西北第 128 名	陕西省第 48 名	宝鸡市第 6 名	57.86	58.96	53.17
996	黎城县	56.60	华北第 206 名	山西省第 65 名	长治市第 8 名	57.35	59.52	53.13

全国排名	地区	居民发展指数	区域排名	本省份排名	本地市排名	收入综合指数	教育综合指数	生活综合指数
997	佛坪县	56.59	西北 第129名	陕西省 第49名	汉中市 第5名	56.00	56.65	57.14
998	吴堡县	56.59	西北 第130名	陕西省 第50名	榆林市 第6名	53.20	65.30	52.15
999	南宫市	56.58	华北 第207名	河北省 第75名	邢台市 第6名	54.98	56.10	58.74
1000	拜城县	56.58	西北 第131名	新疆维吾尔自治区 第58名	阿克苏地区 第4名	55.12	58.45	56.22
1001	南城县	56.57	华中 第178名	江西省 第44名	抚州市 第4名	59.64	51.65	58.77
1002	平南县	56.56	华南 第85名	广西壮族自治区 第33名	贵港市 第2名	50.26	52.31	68.80
1003	石林彝族自治县	56.55	西南 第67名	云南省 第19名	昆明市 第5名	59.05	49.66	61.67
1004	丰顺县	56.54	华南 第86名	广东省 第43名	梅州市 第5名	52.77	51.04	67.12
1005	武强县	56.54	华北 第208名	河北省 第76名	衡水市 第6名	58.07	54.04	57.61
1006	宣化县	56.54	华北 第209名	河北省 第77名	张家口市 第6名	61.85	48.64	60.09
1007	蓝田县	56.53	西北 第132名	陕西省 第51名	西安市 第2名	55.57	55.30	58.78
1008	温宿县	56.51	西北 第133名	新疆维吾尔自治区 第59名	阿克苏地区 第5名	54.10	60.64	55.00

全国排名	地区	居民发展指数	区域排名	本省份排名	本地市排名	收入综合指数	教育综合指数	生活综合指数
1009	宜州市	56.49	华南第 87 名	广西壮族自治区第 34 名	河池市第 1 名	52.47	52.03	66.02
1010	惠民县	56.47	华东第 225 名	山东省第 61 名	滨州市第 4 名	57.38	48.11	65.22
1011	伊通满族自治县	56.46	东北第 112 名	吉林省第 37 名	四平市第 4 名	58.74	52.87	57.96
1012	科尔沁左翼后旗	56.45	华北第 210 名	内蒙古自治区第 65 名	通辽市第 6 名	56.48	56.05	56.81
1013	五常市	56.43	东北第 113 名	黑龙江省第 35 名	哈尔滨市第 6 名	60.28	48.56	61.38
1014	玉山县	56.42	华中第 179 名	江西省第 45 名	上饶市第 4 名	53.83	51.79	64.41
1015	布尔津县	56.40	西北第 134 名	新疆维吾尔自治区第 60 名	阿勒泰地区第 7 名	43.18	81.40	51.05
1016	黎川县	56.40	华中第 180 名	江西省第 46 名	抚州市第 5 名	56.51	53.08	59.82
1017	弥勒市	56.40	西南第 68 名	云南省第 20 名	红河哈尼族彝族自治州第 5 名	83.29	31.58	68.22
1018	澄江县	56.40	西南第 69 名	云南省第 21 名	玉溪市第 3 名	62.57	49.66	57.72
1019	洋县	56.38	西北第 135 名	陕西省第 52 名	汉中市第 6 名	57.57	52.94	58.79
1020	诏安县	56.35	华东第 226 名	福建省第 56 名	漳州市第 9 名	54.34	49.73	66.20

全国排名	地区	居民发展指数	区域排名	本省份排名	本地市排名	收入综合指数	教育综合指数	生活综合指数
1021	平定县	56.32	华北 第 211 名	山西省 第 66 名	阳泉市 第 2 名	60.57	55.19	53.44
1022	罗山县	56.32	华中 第 181 名	河南省 第 46 名	信阳市 第 1 名	60.48	44.57	66.28
1023	东辽县	56.32	东北 第 114 名	吉林省 第 38 名	辽源市 第 2 名	61.59	49.83	58.21
1024	枣强县	56.31	华北 第 212 名	河北省 第 78 名	衡水市 第 7 名	58.84	51.80	58.58
1025	宁晋县	56.30	华北 第 213 名	河北省 第 79 名	邢台市 第 7 名	56.34	51.29	61.77
1026	余江县	56.30	华中 第 182 名	江西省 第 47 名	鹰潭市 第 2 名	56.68	49.26	63.92
1027	罗定市	56.29	华南 第 88 名	广东省 第 44 名	云浮市 第 3 名	50.30	51.19	69.25
1028	神池县	56.25	华北 第 214 名	山西省 第 67 名	忻州市 第 10 名	53.44	60.27	55.25
1029	蔚县	56.24	华北 第 215 名	河北省 第 80 名	张家口市 第 7 名	56.51	51.09	61.61
1030	肇州县	56.20	东北 第 115 名	黑龙江省 第 36 名	大庆市 第 2 名	62.95	52.92	53.28
1031	南丰县	56.19	华中 第 183 名	江西省 第 48 名	抚州市 第 6 名	59.36	52.58	56.82
1032	平乐县	56.18	华南 第 89 名	广西壮族自治区 第 35 名	桂林市 第 10 名	56.13	50.93	62.02

全国排名	地区	居民发展指数	区域排名	本省份排名	本地市排名	收入综合指数	教育综合指数	生活综合指数
1033	费县	56.18	华东第227名	山东省第62名	临沂市第4名	56.89	45.03	69.19
1034	南陵县	56.17	华东第228名	安徽省第19名	芜湖市第3名	64.86	41.43	65.97
1035	黟县	56.16	华东第229名	安徽省第20名	黄山市第3名	63.14	45.30	61.92
1036	垫江县	56.15	西南第70名	重庆市第3名	重庆市第3名	60.76	43.27	67.35
1037	犍为县	56.14	西南第71名	四川省第41名	乐山市第3名	59.57	46.97	63.25
1038	大新县	56.14	华南第90名	广西壮族自治区第36名	崇左市第4名	59.13	45.65	65.53
1039	麟游县	56.13	西北第136名	陕西省第53名	宝鸡市第7名	65.36	60.91	44.43
1040	肇源县	56.12	东北第116名	黑龙江省第37名	大庆市第3名	62.26	53.74	52.84
1041	双牌县	56.11	华中第184名	湖南省第56名	永州市第3名	56.77	57.68	53.95
1042	永靖县	56.10	西北第137名	甘肃省第13名	临夏回族自治州第2名	53.50	60.51	54.53
1043	获嘉县	56.09	华中第185名	河南省第47名	新乡市第5名	53.92	56.58	57.85
1044	汶上县	56.09	华东第230名	山东省第63名	济宁市第4名	60.91	42.97	67.41

全国排名	地区	居民发展指数	区域排名	本省份排名	本地市排名	收入综合指数	教育综合指数	生活综合指数
1045	淅川县	56.08	华中第186名	河南省第48名	南阳市第4名	56.46	46.99	66.49
1046	吉水县	56.07	华中第187名	江西省第49名	吉安市第9名	55.12	51.31	62.31
1047	东源县	56.06	华南第91名	广东省第45名	河源市第3名	53.24	49.13	67.35
1048	玉门市	56.06	西北第138名	甘肃省第14名	酒泉市第5名	74.33	43.80	54.11
1049	大城县	56.04	华北第216名	河北省第81名	廊坊市第8名	58.41	50.59	59.54
1050	兴县	56.03	华北第217名	山西省第68名	吕梁市第7名	55.38	53.30	59.61
1051	项城市	56.03	华中第188名	河南省第49名	周口市第2名	55.72	48.18	65.52
1052	金乡县	56.01	华东第231名	山东省第64名	济宁市第5名	58.45	43.25	69.51
1053	怀集县	56.01	华南第92名	广东省第46名	肇庆市第5名	53.93	49.08	66.36
1054	汤阴县	56.00	华中第189名	河南省第50名	安阳市第2名	59.06	49.47	60.12
1055	宜阳县	56.00	华中第190名	河南省第51名	洛阳市第7名	56.82	50.71	60.93
1056	瑞金市	55.99	华中第191名	江西省第50名	赣州市第6名	51.80	50.41	67.23

全国排名	地区	居民发展指数	区域排名	本省份排名	本地市排名	收入综合指数	教育综合指数	生活综合指数
1057	梁平县	55.95	西南 第 72 名	重庆市 第 4 名	重庆市 第 4 名	61.03	42.85	66.99
1058	白河县	55.95	西北 第 139 名	陕西省 第 54 名	安康市 第 5 名	57.96	47.72	63.34
1059	新野县	55.95	华中 第 192 名	河南省 第 52 名	南阳市 第 5 名	60.07	47.60	61.26
1060	岢岚县	55.95	华北 第 218 名	山西省 第 69 名	忻州市 第 11 名	57.46	54.42	56.00
1061	献县	55.94	华北 第 219 名	河北省 第 82 名	沧州市 第 10 名	59.39	50.19	58.73
1062	延津县	55.94	华中 第 193 名	河南省 第 53 名	新乡市 第 6 名	53.10	54.81	60.13
1063	富民县	55.93	西南 第 73 名	云南省 第 22 名	昆明市 第 6 名	62.78	47.16	59.09
1064	凤台县	55.90	华东 第 232 名	安徽省 第 21 名	淮南市 第 1 名	60.92	41.49	69.08
1065	长宁县	55.88	西南 第 74 名	四川省 第 42 名	宜宾市 第 1 名	58.73	44.73	66.42
1066	化德县	55.84	华北 第 220 名	内蒙古 自治区 第 66 名	乌兰察布市 第 4 名	60.89	50.66	56.45
1067	三门县	55.82	华东 第 233 名	浙江省 第 49 名	台州市 第 6 名	66.82	36.13	72.06
1068	洪湖市	55.81	华中 第 194 名	湖北省 第 35 名	荆州市 第 4 名	54.19	52.98	60.55

全国排名	地区	居民发展指数	区域排名	本省份排名	本地市排名	收入综合指数	教育综合指数	生活综合指数
1069	旬阳县	55.79	西北第140名	陕西省第55名	安康市第6名	56.67	48.40	63.30
1070	蠡县	55.78	华北第221名	河北省第83名	保定市第9名	54.69	53.47	59.36
1071	永昌县	55.77	西北第141名	甘肃省第15名	金昌市第1名	58.96	58.76	50.07
1072	资中县	55.74	西南第75名	四川省第43名	内江市第3名	53.43	46.06	70.38
1073	新化县	55.72	华中第195名	湖南省第57名	娄底市第4名	50.29	49.88	68.98
1074	文水县	55.72	华北第222名	山西省第70名	吕梁市第8名	50.90	57.16	59.46
1075	彭泽县	55.71	华中第196名	江西省第51名	九江市第8名	53.08	52.50	62.05
1076	尉氏县	55.70	华中第197名	河南省第54名	开封市第1名	57.43	44.53	67.57
1077	阳朔县	55.69	华南第93名	广西壮族自治区第37名	桂林市第11名	61.37	46.07	61.09
1078	淳化县	55.67	西北第142名	陕西省第56名	咸阳市第7名	56.41	57.69	53.02
1079	大竹县	55.66	西南第76名	四川省第44名	达州市第1名	59.82	42.10	68.46
1080	略阳县	55.66	西北第143名	陕西省第57名	汉中市第7名	61.58	46.07	60.77

全国排名	地区	居民发展指数	区域排名	本省份排名	本地市排名	收入综合指数	教育综合指数	生活综合指数
1081	永丰县	55.63	华中 第198名	江西省 第52名	吉安市 第10名	57.14	49.60	60.73
1082	合阳县	55.63	西北 第144名	陕西省 第58名	渭南市 第9名	50.91	59.29	57.03
1083	和平县	55.62	华南 第94名	广东省 第47名	河源市 第4名	52.68	51.22	63.78
1084	扶余市	55.61	东北 第117名	吉林省 第39名	松原市 第4名	60.42	48.81	58.31
1085	嵩县	55.60	华中 第199名	河南省 第55名	洛阳市 第8名	57.49	46.77	63.94
1086	屯昌县	55.59	华南 第95名	海南省 第11名	海南省 直辖县 第11名	52.98	50.11	64.73
1087	茂县	55.59	西南 第77名	四川省 第45名	阿坝藏族 羌族自治州 第5名	59.93	51.00	56.21
1088	中宁县	55.59	西北 第145名	宁夏回族 自治区 第7名	中卫市 第1名	64.05	45.37	59.12
1089	西华县	55.57	华中 第200名	河南省 第56名	周口市 第3名	53.51	47.53	67.47
1090	芒市	55.56	西南 第78名	云南省 第23名	德宏傣族 景颇族自治州 第2名	55.29	48.77	63.62
1091	福泉市	55.56	西南 第79名	贵州省 第7名	黔南布依族 苗族自治州 第2名	60.22	48.09	59.23
1092	新河县	55.56	华北 第223名	河北省 第84名	邢台市 第8名	51.83	57.14	57.92

全国排名	地区	居民发展指数	区域排名	本省份排名	本地市排名	收入综合指数	教育综合指数	生活综合指数
1093	平邑县	55.55	华东第234名	山东省第65名	临沂市第5名	57.52	42.99	69.31
1094	榆社县	55.54	华北第224名	山西省第71名	晋中市第10名	54.15	62.15	50.92
1095	宁洱哈尼族彝族自治县	55.54	西南第80名	云南省第24名	普洱市第1名	53.53	55.67	57.48
1096	邻水县	55.53	西南第81名	四川省第46名	广安市第1名	57.36	46.35	64.40
1097	武邑县	55.52	华北第225名	河北省第85名	衡水市第8名	58.19	52.78	55.72
1098	浦北县	55.51	华南第96名	广西壮族自治区第38名	钦州市第1名	51.46	51.07	65.06
1099	阿瓦提县	55.49	西北第146名	新疆维吾尔自治区第61名	阿克苏地区第6名	50.42	59.31	57.12
1100	突泉县	55.48	华北第226名	内蒙古自治区第67名	兴安盟第3名	52.79	55.60	58.18
1101	兴国县	55.43	华中第201名	江西省第53名	赣州市第7名	50.19	53.25	63.74
1102	南澳县	55.41	华南第97名	广东省第48名	汕头市第1名	58.82	53.67	53.90
1103	卢氏县	55.40	华中第202名	河南省第57名	三门峡市第4名	54.60	54.36	57.28
1104	东方市	55.38	华南第98名	海南省第12名	海南省直辖县第12名	58.55	42.70	67.95

全国排名	地区	居民发展指数	区域排名	本省份排名	本地市排名	收入综合指数	教育综合指数	生活综合指数
1105	饶平县	55.38	华南第99名	广东省第49名	潮州市第1名	55.09	46.01	67.01
1106	中江县	55.38	西南第82名	四川省第47名	德阳市第5名	55.20	41.52	74.10
1107	临澧县	55.37	华中第203名	湖南省第58名	常德市第7名	46.04	60.10	61.35
1108	固镇县	55.37	华东第235名	安徽省第22名	蚌埠市第1名	56.02	43.55	69.57
1109	泗水县	55.35	华东第236名	山东省第66名	济宁市第6名	57.39	44.51	66.39
1110	喀喇沁旗	55.34	华北第227名	内蒙古自治区第68名	赤峰市第9名	57.25	49.27	60.09
1111	紫金县	55.34	华南第100名	广东省第50名	河源市第5名	49.03	50.60	68.31
1112	东至县	55.33	华东第237名	安徽省第23名	池州市第2名	58.43	43.44	66.73
1113	仁怀市	55.30	西南第83名	贵州省第8名	遵义市第1名	69.79	36.74	65.97
1114	秀山土家族苗族自治县	55.30	西南第84名	重庆市第5名	重庆市第5名	55.63	45.62	66.65
1115	莲花县	55.30	华中第204名	江西省第54名	萍乡市第3名	55.80	50.67	59.82
1116	固阳县	55.30	华北第228名	内蒙古自治区第69名	包头市第3名	65.89	44.30	57.93

全国排名	地区	居民发展指数	区域排名	本省份排名	本地市排名	收入综合指数	教育综合指数	生活综合指数
1117	江川县	55.29	西南第85名	云南省第25名	玉溪市第4名	55.72	49.92	60.76
1118	铜陵县	55.28	华东第238名	安徽省第24名	铜陵市第1名	68.04	38.86	63.90
1119	金溪县	55.28	华中第205名	江西省第55名	抚州市第7名	55.12	53.54	57.24
1120	安阳县	55.28	华中第206名	河南省第58名	安阳市第3名	64.34	43.96	59.70
1121	故城县	55.26	华北第229名	河北省第86名	衡水市第9名	54.49	52.65	58.82
1122	蓝山县	55.24	华中第207名	湖南省第59名	永州市第4名	55.62	51.69	58.65
1123	武穴市	55.23	华中第208名	湖北省第36名	黄冈市第1名	61.19	41.65	66.12
1124	桦川县	55.23	东北第118名	黑龙江省第38名	佳木斯市第4名	51.10	61.54	53.58
1125	唐河县	55.21	华中第209名	河南省第59名	南阳市第6名	51.04	51.50	64.03
1126	英山县	55.21	华中第210名	湖北省第37名	黄冈市第2名	56.20	46.21	64.80
1127	五莲县	55.21	华东第239名	山东省第67名	日照市第1名	64.12	39.84	65.87
1128	南丹县	55.20	华南第101名	广西壮族自治区第39名	河池市第2名	58.83	48.80	58.60

全国排名	地区	居民发展指数	区域排名	本省份排名	本地市排名	收入综合指数	教育综合指数	生活综合指数
1129	鱼台县	55.19	华东第240名	山东省第68名	济宁市第7名	59.37	41.79	67.75
1130	沧县	55.19	华北第230名	河北省第87名	沧州市第11名	60.60	45.36	61.15
1131	桂东县	55.18	华中第211名	湖南省第60名	郴州市第8名	44.89	65.33	57.31
1132	融安县	55.18	华南第102名	广西壮族自治区第40名	柳州市第4名	52.80	51.29	62.05
1133	临沭县	55.15	华东第241名	山东省第69名	临沂市第6名	60.15	41.32	67.49
1134	石柱土家族自治县	55.14	西南第86名	重庆市第6名	重庆市第6名	59.91	40.81	68.58
1135	阳新县	55.14	华中第212名	湖北省第38名	黄石市第2名	54.13	49.22	62.93
1136	祁连县	55.11	西北第147名	青海省第6名	海北藏族自治州第2名	62.61	51.58	51.84
1137	伊宁县	55.11	西北第148名	新疆维吾尔自治区第62名	伊犁哈萨克自治州第7名	47.81	60.31	58.06
1138	忠县	55.10	西南第87名	重庆市第7名	重庆市第7名	59.96	39.19	71.17
1139	讷河市	55.08	东北第119名	黑龙江省第39名	齐齐哈尔市第2名	50.84	55.60	59.10
1140	凤阳县	55.08	华东第242名	安徽省第25名	滁州市第3名	53.72	45.46	68.41

全国排名	地区	居民发展指数	区域排名	本省份排名	本地市排名	收入综合指数	教育综合指数	生活综合指数
1141	巩留县	55.08	西北 第 149 名	新疆维吾尔自治区 第 63 名	伊犁哈萨克自治州 第 8 名	51.94	61.54	52.27
1142	隆安县	55.07	华南 第 103 名	广西壮族自治区 第 41 名	南宁市 第 3 名	53.50	48.14	64.85
1143	金秀瑶族自治县	55.06	华南 第 104 名	广西壮族自治区 第 42 名	来宾市 第 4 名	53.75	50.50	61.51
1144	抚顺县	55.03	东北 第 120 名	辽宁省 第 42 名	抚顺市 第 3 名	66.24	46.12	54.53
1145	大荔县	55.02	西北 第 150 名	陕西省 第 59 名	渭南市 第 10 名	50.22	54.03	61.37
1146	巨鹿县	55.02	华北 第 231 名	河北省 第 88 名	邢台市 第 9 名	50.26	52.66	62.91
1147	汝南县	55.01	华中 第 213 名	河南省 第 60 名	驻马店市 第 4 名	52.29	48.44	65.74
1148	洛南县	55.00	西北 第 151 名	陕西省 第 60 名	商洛市 第 2 名	53.91	52.81	58.46
1149	白沙黎族自治县	55.00	华南 第 105 名	海南省 第 13 名	海南省直辖县 第 13 名	54.38	51.08	59.90
1150	宜宾县	55.00	西南 第 88 名	四川省 第 48 名	宜宾市 第 2 名	55.86	43.77	68.03
1151	涞源县	54.99	华北 第 232 名	河北省 第 89 名	保定市 第 10 名	59.76	46.36	60.02
1152	宾川县	54.98	西南 第 89 名	云南省 第 26 名	大理白族自治州 第 2 名	54.79	49.84	60.87

全国排名	地区	居民发展指数	区域排名	本省份排名	本地市排名	收入综合指数	教育综合指数	生活综合指数
1153	黄梅县	54.98	华中 第214名	湖北省 第39名	黄冈市 第3名	53.36	47.81	65.14
1154	玛沁县	54.98	西北 第152名	青海省 第7名	果洛藏族 自治州 第1名	63.55	50.01	52.29
1155	太湖县	54.96	华东 第243名	安徽省 第26名	安庆市 第3名	51.32	50.62	63.91
1156	娄烦县	54.95	华北 第233名	山西省 第72名	太原市 第4名	54.21	49.49	61.86
1157	星子县	54.95	华中 第215名	江西省 第56名	九江市 第9名	55.97	48.74	60.81
1158	江安县	54.94	西南 第90名	四川省 第49名	宜宾市 第3名	58.18	43.29	65.85
1159	霍城县	54.94	西北 第153名	新疆维吾尔 自治区 第64名	伊犁哈萨克 自治州 第9名	55.71	52.61	56.57
1160	赞皇县	54.92	华北 第234名	河北省 第90名	石家庄市 第14名	61.92	47.45	56.39
1161	新宁县	54.91	华中 第216名	湖南省 第61名	邵阳市 第5名	47.36	54.60	64.02
1162	田阳县	54.90	华南 第106名	广西壮族 自治区 第43名	百色市 第3名	56.70	47.62	61.29
1163	青田县	54.86	华东 第244名	浙江省 第50名	丽水市 第8名	74.36	30.55	72.69
1164	邱县	54.85	华北 第235名	河北省 第91名	邯郸市 第5名	57.98	47.80	59.56

全国排名	地区	居民发展指数	区域排名	本省份排名	本地市排名	收入综合指数	教育综合指数	生活综合指数
1165	罗田县	54.83	华中第217名	湖北省第40名	黄冈市第4名	53.70	51.88	59.17
1166	华宁县	54.80	西南第91名	云南省第27名	玉溪市第5名	57.65	49.98	57.10
1167	巴东县	54.80	华中第218名	湖北省第41名	恩施土家族苗族自治州第2名	51.76	47.56	66.83
1168	寻乌县	54.77	华中第219名	江西省第57名	赣州市第8名	50.33	50.09	65.17
1169	博白县	54.75	华南第107名	广西壮族自治区第44名	玉林市第4名	48.80	48.14	69.87
1170	赤城县	54.75	华北第236名	河北省第92名	张家口市第8名	61.71	40.95	64.95
1171	特克斯县	54.75	西北第154名	新疆维吾尔自治区第65名	伊犁哈萨克自治州第10名	45.55	69.80	51.62
1172	桦南县	54.72	东北第121名	黑龙江省第40名	佳木斯市第5名	52.95	53.68	57.66
1173	饶河县	54.71	东北第122名	黑龙江省第41名	双鸭山市第4名	48.58	68.55	49.17
1174	会同县	54.71	华中第220名	湖南省第62名	怀化市第5名	52.67	54.12	57.44
1175	宣汉县	54.70	西南第92名	四川省第50名	达州市第2名	57.05	43.93	65.31
1176	大姚县	54.68	西南第93名	云南省第28名	楚雄彝族自治州第2名	51.35	52.19	61.01

全国排名	地区	居民发展指数	区域排名	本省份排名	本地市排名	收入综合指数	教育综合指数	生活综合指数
1177	蓬安县	54.68	西南第94名	四川省第51名	南充市第2名	56.25	44.56	65.24
1178	修文县	54.65	西南第95名	贵州省第9名	贵阳市第3名	59.76	47.76	57.19
1179	鹤峰县	54.64	华中第221名	湖北省第42名	恩施土家族苗族自治州第3名	54.35	48.72	61.60
1180	乐东黎族自治县	54.62	华南第108名	海南省第14名	海南省直辖县第14名	52.74	47.55	64.98
1181	冠县	54.61	华东第245名	山东省第70名	聊城市第6名	58.33	43.33	64.43
1182	郏县	54.61	华中第222名	河南省第61名	平顶山市第4名	55.35	47.16	62.38
1183	禄丰县	54.58	西南第96名	云南省第29名	楚雄彝族自治州第3名	59.22	43.74	62.77
1184	花垣县	54.56	华中第223名	湖南省第63名	湘西土家族苗族自治州第2名	54.77	48.82	60.72
1185	四子王旗	54.55	华北第237名	内蒙古自治区第70名	乌兰察布市第5名	57.19	46.56	60.95
1186	绥棱县	54.53	东北第123名	黑龙江省第42名	绥化市第3名	52.98	53.57	57.13
1187	五华县	54.52	华南第109名	广东省第51名	梅州市第6名	43.91	52.90	69.76
1188	木兰县	54.51	东北第124名	黑龙江省第43名	哈尔滨市第7名	54.08	52.74	56.80

全国排名	地区	居民发展指数	区域排名	本省份排名	本地市排名	收入综合指数	教育综合指数	生活综合指数
1189	蒙阴县	54.50	华东 第 246 名	山东省 第 71 名	临沂市 第 7 名	62.15	40.56	64.21
1190	阜平县	54.50	华北 第 238 名	河北省 第 93 名	保定市 第 11 名	52.99	51.17	59.69
1191	富顺县	54.48	西南 第 97 名	四川省 第 52 名	自贡市 第 2 名	58.07	40.63	68.55
1192	连南瑶族自治县	54.48	华南 第 110 名	广东省 第 52 名	清远市 第 5 名	56.16	50.86	56.62
1193	泰来县	54.48	东北 第 125 名	黑龙江省 第 44 名	齐齐哈尔市 第 3 名	48.25	57.60	58.18
1194	察哈尔右翼前旗	54.47	华北 第 239 名	内蒙古自治区 第 71 名	乌兰察布市 第 6 名	65.12	41.37	60.01
1195	丹凤县	54.44	西北 第 155 名	陕西省 第 61 名	商洛市 第 3 名	55.61	51.11	56.79
1196	武隆县	54.44	西南 第 98 名	重庆市 第 8 名	重庆市 第 8 名	61.35	39.60	66.41
1197	成安县	54.42	华北 第 240 名	河北省 第 94 名	邯郸市 第 6 名	57.22	43.97	64.08
1198	道县	54.41	华中 第 224 名	湖南省 第 64 名	永州市 第 5 名	54.26	47.49	62.51
1199	阳山县	54.41	华南 第 111 名	广东省 第 53 名	清远市 第 6 名	55.95	44.00	65.42
1200	牟定县	54.40	西南 第 99 名	云南省 第 30 名	楚雄彝族自治州 第 4 名	51.12	52.99	59.43

全国排名	地区	居民发展指数	区域排名	本省份排名	本地市排名	收入综合指数	教育综合指数	生活综合指数
1201	乐平市	54.38	华中第225名	江西省第58名	景德镇市第2名	59.56	42.85	63.02
1202	兴业县	54.37	华南第112名	广西壮族自治区第45名	玉林市第5名	53.36	48.46	62.17
1203	容城县	54.37	华北第241名	河北省第95名	保定市第12名	58.55	48.52	56.57
1204	丹巴县	54.36	西南第100名	四川省第53名	甘孜藏族自治州第3名	55.09	52.92	55.11
1205	吉县	54.36	华北第242名	山西省第73名	临汾市第12名	52.10	61.22	50.36
1206	上林县	54.35	华南第113名	广西壮族自治区第46名	南宁市第4名	48.38	52.70	62.96
1207	叶县	54.35	华中第226名	河南省第62名	平顶山市第5名	55.18	44.69	65.08
1208	陇县	54.34	西北第156名	陕西省第62名	宝鸡市第8名	55.55	59.92	48.21
1209	勃利县	54.34	东北第126名	黑龙江省第45名	七台河市第1名	53.87	53.21	55.98
1210	上犹县	54.31	华中第227名	江西省第59名	赣州市第9名	52.96	48.71	62.11
1211	衡南县	54.31	华中第228名	湖南省第65名	衡阳市第7名	47.85	49.42	67.75
1212	江华瑶族自治县	54.30	华中第229名	湖南省第66名	永州市第6名	52.44	48.63	62.79

全国排名	地区	居民发展指数	区域排名	本省份排名	本地市排名	收入综合指数	教育综合指数	生活综合指数
1213	珙县	54.30	西南第 101 名	四川省第 54 名	宜宾市第 4 名	57.18	44.47	62.95
1214	武定县	54.30	西南第 102 名	云南省第 31 名	楚雄彝族自治州第 5 名	49.43	51.09	63.39
1215	察哈尔右翼中旗	54.30	华北第 243 名	内蒙古自治区第 72 名	乌兰察布市第 7 名	56.82	49.34	57.10
1216	延寿县	54.29	东北第 127 名	黑龙江省第 46 名	哈尔滨市第 8 名	55.24	52.43	55.25
1217	镇平县	54.29	华中第 230 名	河南省第 63 名	南阳市第 7 名	55.42	45.92	62.87
1218	富川瑶族自治县	54.28	华南第 114 名	广西壮族自治区第 47 名	贺州市第 1 名	55.57	46.20	62.31
1219	旌德县	54.28	华东第 247 名	安徽省第 27 名	宣城市第 4 名	59.88	44.73	59.72
1220	阳原县	54.28	华北第 244 名	河北省第 96 名	张家口市第 9 名	56.53	49.09	57.61
1221	钟山县	54.28	华南第 115 名	广西壮族自治区第 48 名	贺州市第 2 名	53.49	47.66	62.73
1222	陆河县	54.26	华南第 116 名	广东省第 54 名	汕尾市第 2 名	48.72	53.59	61.20
1223	偏关县	54.26	华北第 245 名	山西省第 74 名	忻州市第 12 名	59.30	48.37	55.68
1224	德昌县	54.25	西南第 103 名	四川省第 55 名	凉山彝族自治州第 2 名	57.88	49.04	56.26

全国排名	地区	居民发展指数	区域排名	本省份排名	本地市排名	收入综合指数	教育综合指数	生活综合指数
1225	湟源县	54.25	西北第157名	青海省第8名	西宁市第1名	51.41	59.36	52.31
1226	抚远县	54.23	东北第128名	黑龙江省第47名	佳木斯市第6名	55.22	61.35	47.07
1227	临高县	54.22	华南第117名	海南省第15名	海南省直辖县第15名	55.83	42.47	67.25
1228	凉城县	54.21	华北第246名	内蒙古自治区第73名	乌兰察布市第8名	62.31	41.02	62.33
1229	昭平县	54.20	华南第118名	广西壮族自治区第49名	贺州市第3名	49.56	51.51	62.38
1230	信丰县	54.18	华中第231名	江西省第60名	赣州市第10名	54.31	46.97	62.36
1231	新邵县	54.17	华中第232名	湖南省第67名	邵阳市第6名	47.47	51.70	64.79
1232	巴彦县	54.17	东北第129名	黑龙江省第48名	哈尔滨市第9名	55.23	50.15	57.39
1233	盘县	54.17	西南第104名	贵州省第10名	六盘水市第1名	59.62	37.31	71.45
1234	瓮安县	54.15	西南第105名	贵州省第11名	黔南布依族苗族自治州第3名	53.80	48.77	60.53
1235	盐亭县	54.15	西南第106名	四川省第56名	绵阳市第2名	54.86	42.10	68.74
1236	永新县	54.14	华中第233名	江西省第61名	吉安市第11名	51.59	49.73	61.85

全国排名	地区	居民发展指数	区域排名	本省份排名	本地市排名	收入综合指数	教育综合指数	生活综合指数
1237	大通回族土族自治县	54.13	西北第158名	青海省第9名	西宁市第2名	56.49	50.74	55.34
1238	泸溪县	54.13	华中第234名	湖南省第68名	湘西土家族苗族自治州第3名	52.09	49.95	60.97
1239	永仁县	54.12	西南第107名	云南省第32名	楚雄彝族自治州第6名	52.86	54.74	54.77
1240	庆城县	54.11	西北第159名	甘肃省第16名	庆阳市第1名	62.91	50.82	49.55
1241	正阳县	54.09	华中第235名	河南省第64名	驻马店市第5名	54.22	44.98	64.90
1242	赣县	54.05	华中第236名	江西省第62名	赣州市第11名	55.82	45.21	62.58
1243	新县	54.05	华中第237名	河南省第65名	信阳市第2名	62.34	48.24	52.50
1244	休宁县	54.02	华东第248名	安徽省第28名	黄山市第4名	59.75	39.11	67.45
1245	云龙县	53.99	西南第108名	云南省第33名	大理白族自治州第3名	51.38	50.67	60.45
1246	周至县	53.98	西北第160名	陕西省第63名	西安市第3名	51.47	53.32	57.32
1247	汝城县	53.97	华中第238名	湖南省第69名	郴州市第9名	49.47	50.90	62.43
1248	宁远县	53.97	华中第239名	湖南省第70名	永州市第7名	49.42	51.38	61.90

全国排名	地区	居民发展指数	区域排名	本省份排名	本地市排名	收入综合指数	教育综合指数	生活综合指数
1249	开阳县	53.96	西南第109名	贵州省第12名	贵阳市第4名	60.46	44.54	58.35
1250	横峰县	53.96	华中第240名	江西省第63名	上饶市第5名	62.90	44.05	56.70
1251	景泰县	53.94	西北第161名	甘肃省第17名	白银市第1名	56.89	52.79	52.25
1252	华坪县	53.93	西南第110名	云南省第34名	丽江市第1名	60.54	44.98	57.62
1253	莒县	53.93	华东第249名	山东省第72名	日照市第2名	59.33	37.91	69.74
1254	新田县	53.93	华中第241名	湖南省第71名	永州市第8名	51.46	51.80	58.84
1255	开江县	53.91	西南第111名	四川省第57名	达州市第3名	57.09	44.42	61.80
1256	内乡县	53.90	华中第242名	河南省第66名	南阳市第8名	54.81	45.94	62.20
1257	兰考县	53.85	华中第243名	河南省第67名	开封市第2名	57.80	39.79	67.90
1258	随县	53.85	华中第244名	湖北省第43名	随州市第2名	53.40	43.99	66.46
1259	溆浦县	53.83	华中第245名	湖南省第72名	怀化市第6名	50.94	46.37	66.05
1260	南乐县	53.82	华中第246名	河南省第68名	濮阳市第1名	56.26	43.91	63.10

全国排名	地区	居民发展指数	区域排名	本省份排名	本地市排名	收入综合指数	教育综合指数	生活综合指数
1261	张北县	53.76	华北第 247 名	河北省第 97 名	张家口市第 10 名	56.92	44.77	60.98
1262	馆陶县	53.76	华北第 248 名	河北省第 98 名	邯郸市第 7 名	55.68	45.82	60.91
1263	光山县	53.75	华中第 247 名	河南省第 69 名	信阳市第 3 名	58.27	43.57	61.17
1264	科尔沁右翼中旗	53.75	华北第 249 名	内蒙古自治区第 74 名	兴安盟第 4 名	49.62	56.65	55.24
1265	通城县	53.74	华中第 248 名	湖北省第 44 名	咸宁市第 4 名	58.01	42.53	62.90
1266	夏县	53.73	华北第 250 名	山西省第 75 名	运城市第 11 名	46.83	58.35	56.77
1267	安县	53.71	西南第 112 名	四川省第 58 名	绵阳市第 3 名	59.77	40.16	64.54
1268	千阳县	53.71	西北第 162 名	陕西省第 64 名	宝鸡市第 9 名	58.45	55.99	47.33
1269	宜黄县	53.69	华中第 249 名	江西省第 64 名	抚州市第 8 名	55.65	51.61	53.88
1270	湟中县	53.68	西北第 163 名	青海省第 10 名	西宁市第 3 名	58.44	48.16	54.97
1271	浑源县	53.66	华北第 251 名	山西省第 76 名	大同市第 2 名	47.24	53.82	60.79
1272	顺平县	53.64	华北第 252 名	河北省第 99 名	保定市第 13 名	52.26	55.98	52.75

全国排名	地区	居民发展指数	区域排名	本省份排名	本地市排名	收入综合指数	教育综合指数	生活综合指数
1273	灵山县	53.64	华南第119名	广西壮族自治区第50名	钦州市第2名	47.84	47.16	68.41
1274	横山县	53.63	西北第164名	陕西省第65名	榆林市第7名	60.53	43.28	58.88
1275	泌阳县	53.61	华中第250名	河南省第70名	驻马店市第6名	52.13	46.54	63.49
1276	泸县	53.60	西南第113名	四川省第59名	泸州市第1名	59.02	37.25	70.02
1277	岳西县	53.59	华东第250名	安徽省第29名	安庆市第4名	55.13	42.47	65.72
1278	赤水市	53.58	西南第114名	贵州省第13名	遵义市第2名	59.79	40.15	64.09
1279	井研县	53.58	西南第115名	四川省第60名	乐山市第4名	60.14	39.25	65.16
1280	盐山县	53.57	华北第253名	河北省第100名	沧州市第12名	57.81	47.54	55.96
1281	梁山县	53.57	华东第251名	山东省第73名	济宁市第8名	60.46	38.78	65.55
1282	定兴县	53.56	华北第254名	河北省第101名	保定市第14名	54.31	52.14	54.27
1283	柞水县	53.56	西北第165名	陕西省第66名	商洛市第4名	63.45	46.29	52.32
1284	辰溪县	53.54	华中第251名	湖南省第73名	怀化市第7名	53.19	45.62	63.26

全国排名	地区	居民发展指数	区域排名	本省份排名	本地市排名	收入综合指数	教育综合指数	生活综合指数
1285	潜山县	53.53	华东 第 252 名	安徽省 第 30 名	安庆市 第 5 名	57.53	41.71	63.92
1286	通许县	53.49	华中 第 252 名	河南省 第 71 名	开封市 第 3 名	58.50	40.66	64.34
1287	滑县	53.49	华中 第 253 名	河南省 第 72 名	安阳市 第 4 名	48.87	47.81	65.50
1288	元谋县	53.47	西南 第 116 名	云南省 第 35 名	楚雄彝族自治州 第 7 名	51.05	50.41	59.40
1289	城步苗族自治县	53.46	华中 第 254 名	湖南省 第 74 名	邵阳市 第 7 名	45.82	58.95	56.56
1290	隆尧县	53.46	华北 第 255 名	河北省 第 102 名	邢台市 第 10 名	53.72	49.43	57.53
1291	平舆县	53.45	华中 第 255 名	河南省 第 73 名	驻马店市 第 7 名	54.78	44.27	62.96
1292	武胜县	53.44	西南 第 117 名	四川省 第 61 名	广安市 第 2 名	60.46	39.11	64.54
1293	于都县	53.41	华中 第 256 名	江西省 第 65 名	赣州市 第 12 名	52.12	44.11	66.27
1294	永城市	53.40	华中 第 257 名	河南省 第 74 名	商丘市 第 1 名	60.38	34.40	73.34
1295	阜城县	53.40	华北 第 256 名	河北省 第 103 名	衡水市 第 10 名	54.42	48.81	57.32
1296	绥德县	53.39	西北 第 166 名	陕西省 第 67 名	榆林市 第 8 名	53.11	45.18	63.42

全国排名	地区	居民发展指数	区域排名	本省份排名	本地市排名	收入综合指数	教育综合指数	生活综合指数
1297	长武县	53.36	西北第167名	陕西省第68名	咸阳市第8名	61.29	49.02	50.59
1298	三台县	53.35	西南第118名	四川省第62名	绵阳市第4名	53.72	39.44	71.66
1299	宁明县	53.34	华南第120名	广西壮族自治区第51名	崇左市第5名	56.42	43.71	61.54
1300	沁县	53.33	华北第257名	山西省第77名	长治市第9名	45.12	60.00	56.01
1301	安岳县	53.32	西南第119名	四川省第63名	资阳市第2名	56.26	36.98	72.87
1302	庆安县	53.32	东北第130名	黑龙江省第49名	绥化市第4名	51.89	55.03	53.09
1303	新和县	53.30	西北第168名	新疆维吾尔自治区第66名	阿克苏地区第7名	49.62	54.94	55.55
1304	浠水县	53.27	华中第258名	湖北省第45名	黄冈市第5名	54.83	42.82	64.39
1305	广昌县	53.27	华中第259名	江西省第66名	抚州市第9名	53.42	53.20	53.18
1306	汝阳县	53.27	华中第260名	河南省第75名	洛阳市第9名	57.43	41.37	63.62
1307	平顺县	53.24	华北第258名	山西省第78名	长治市第10名	50.17	57.46	52.35
1308	隰县	53.23	华北第259名	山西省第79名	临汾市第13名	47.07	61.47	52.14

全国排名	地区	居民发展指数	区域排名	本省份排名	本地市排名	收入综合指数	教育综合指数	生活综合指数
1309	雄县	53.21	华北第260名	河北省第104名	保定市第15名	58.59	48.35	53.18
1310	岳普湖县	53.19	西北第169名	新疆维吾尔自治区第67名	喀什地区第4名	48.60	56.09	55.19
1311	江永县	53.18	华中第261名	湖南省第75名	永州市第9名	54.59	49.36	55.81
1312	海兴县	53.18	华北第261名	河北省第105名	沧州市第13名	53.03	49.59	57.19
1313	太仆寺旗	53.18	华北第262名	内蒙古自治区第75名	锡林郭勒盟第12名	63.73	43.03	54.84
1314	万源市	53.17	西南第120名	四川省第64名	达州市第4名	58.42	42.48	60.57
1315	云阳县	53.17	西南第121名	重庆市第9名	重庆市第9名	53.65	38.41	72.93
1316	沂南县	53.16	华东第253名	山东省第74名	临沂市第8名	57.57	37.03	70.48
1317	监利县	53.15	华中第262名	湖北省第46名	荆州市第5名	51.88	43.84	66.00
1318	濉溪县	53.14	华东第254名	安徽省第31名	淮北市第1名	54.15	38.36	72.23
1319	东明县	53.12	华东第255名	山东省第75名	菏泽市第2名	59.76	37.89	66.22
1320	乐至县	53.08	西南第122名	四川省第65名	资阳市第3名	60.87	36.56	67.20

全国排名	地区	居民发展指数	区域排名	本省份排名	本地市排名	收入综合指数	教育综合指数	生活综合指数
1321	剑川县	53.08	西南第123名	云南省第36名	大理白族自治州第4名	48.94	52.47	58.23
1322	南召县	53.05	华中第263名	河南省第76名	南阳市第9名	52.20	45.80	62.46
1323	奉节县	53.05	西南第124名	重庆市第10名	重庆市第10名	53.56	40.06	69.59
1324	靖西市	53.05	华南第121名	广西壮族自治区第52名	百色市第4名	53.39	43.09	64.90
1325	宁都县	53.03	华中第264名	江西省第67名	赣州市第13名	49.75	47.53	63.04
1326	咸丰县	53.00	华中第265名	湖北省第47名	恩施土家族苗族自治州第4名	51.67	45.93	62.75
1327	鲁山县	52.99	华中第266名	河南省第77名	平顶山市第6名	50.56	45.10	65.25
1328	嘉祥县	52.98	华东第256名	山东省第76名	济宁市第9名	59.01	37.32	67.51
1329	双柏县	52.97	西南第125名	云南省第37名	楚雄彝族自治州第8名	49.09	53.23	56.87
1330	上饶县	52.97	华中第267名	江西省第68名	上饶市第6名	54.42	45.17	60.45
1331	克山县	52.96	东北第131名	黑龙江省第50名	齐齐哈尔市第4名	49.45	54.56	55.04
1332	清涧县	52.95	西北第170名	陕西省第69名	榆林市第9名	57.58	44.20	58.34

全国排名	地区	居民发展指数	区域排名	本省份排名	本地市排名	收入综合指数	教育综合指数	生活综合指数
1333	科尔沁左翼中旗	52.94	华北第 263 名	内蒙古自治区第 76 名	通辽市第 7 名	50.73	52.59	55.63
1334	壶关县	52.94	华北第 264 名	山西省第 80 名	长治市第 11 名	50.42	54.28	54.20
1335	旬邑县	52.90	西北第 171 名	陕西省第 70 名	咸阳市第 9 名	62.55	44.29	53.45
1336	建始县	52.86	华中第 268 名	湖北省第 48 名	恩施土家族苗族自治州第 5 名	48.84	45.98	65.75
1337	遵义县	52.85	西南第 126 名	贵州省第 14 名	遵义市第 3 名	56.63	39.89	65.35
1338	大同县	52.83	华北第 265 名	山西省第 81 名	大同市第 3 名	48.89	53.29	56.60
1339	阳信县	52.82	华东第 257 名	山东省第 77 名	滨州市第 5 名	57.86	41.79	60.93
1340	合江县	52.79	西南第 127 名	四川省第 66 名	泸州市第 2 名	55.47	38.18	69.46
1341	西充县	52.77	西南第 128 名	四川省第 67 名	南充市第 3 名	53.23	40.48	68.20
1342	应县	52.76	华北第 266 名	山西省第 82 名	朔州市第 4 名	52.72	45.77	60.88
1343	华蓥市	52.75	西南第 129 名	四川省第 68 名	广安市第 3 名	66.41	36.25	60.96
1344	皋兰县	52.75	西北第 172 名	甘肃省第 18 名	兰州市第 2 名	64.87	48.23	46.90

全国排名	地区	居民发展指数	区域排名	本省份排名	本地市排名	收入综合指数	教育综合指数	生活综合指数
1345	海伦市	52.74	东北第 132 名	黑龙江省第 51 名	绥化市第 5 名	47.34	53.11	58.35
1346	永顺县	52.71	华中第 269 名	湖南省第 76 名	湘西土家族苗族自治州第 4 名	45.88	47.62	67.05
1347	旺苍县	52.70	西南第 130 名	四川省第 69 名	广元市第 1 名	55.18	45.22	58.66
1348	建昌县	52.70	东北第 133 名	辽宁省第 43 名	葫芦岛市第 3 名	46.05	50.44	63.01
1349	朝阳县	52.69	东北第 134 名	辽宁省第 44 名	朝阳市第 5 名	54.18	42.18	64.02
1350	山阳县	52.69	西北第 173 名	陕西省第 71 名	商洛市第 5 名	53.75	47.06	57.82
1351	永年县	52.68	华北第 267 名	河北省第 106 名	邯郸市第 8 名	57.73	42.66	59.38
1352	通海县	52.66	西南第 131 名	云南省第 38 名	玉溪市第 6 名	59.84	40.60	60.11
1353	博野县	52.66	华北第 268 名	河北省第 107 名	保定市第 16 名	53.38	51.43	53.18
1354	灵丘县	52.64	华北第 269 名	山西省第 83 名	大同市第 4 名	51.78	49.28	57.15
1355	方城县	52.63	华中第 270 名	河南省第 78 名	南阳市第 10 名	49.01	44.43	66.96
1356	新晃侗族自治县	52.59	华中第 271 名	湖南省第 77 名	怀化市第 8 名	51.37	45.85	61.77

全国排名	地区	居民发展指数	区域排名	本省份排名	本地市排名	收入综合指数	教育综合指数	生活综合指数
1357	麻阳苗族自治县	52.56	华中第272名	湖南省第78名	怀化市第9名	50.70	46.90	61.05
1358	沙雅县	52.54	西北第174名	新疆维吾尔自治区第68名	阿克苏地区第8名	52.00	49.76	56.05
1359	单县	52.53	华东第258名	山东省第78名	菏泽市第3名	55.62	35.98	72.44
1360	桑植县	52.53	华中第273名	湖南省第79名	张家界市第2名	50.68	44.75	63.92
1361	山丹县	52.52	西北第175名	甘肃省第19名	张掖市第4名	58.61	46.46	53.20
1362	濮阳县	52.51	华中第274名	河南省第79名	濮阳市第2名	55.95	39.85	64.93
1363	邵阳县	52.49	华中第275名	湖南省第80名	邵阳市第8名	45.25	48.72	65.60
1364	弋阳县	52.46	华中第276名	江西省第69名	上饶市第7名	54.86	44.16	59.62
1365	乾县	52.42	西北第176名	陕西省第72名	咸阳市第10名	55.93	47.99	53.66
1366	固始县	52.36	华中第277名	河南省第80名	信阳市第4名	57.84	36.53	67.96
1367	沾益县	52.35	西南第132名	云南省第39名	曲靖市第1名	58.86	40.96	59.52
1368	古丈县	52.35	华中第278名	湖南省第81名	湘西土家族苗族自治州第5名	49.42	51.90	55.93

全国排名	地区	居民发展指数	区域排名	本省份排名	本地市排名	收入综合指数	教育综合指数	生活综合指数
1369	崇信县	52.34	西北第177名	甘肃省第20名	平凉市第2名	60.78	50.97	46.27
1370	镇沅彝族哈尼族拉祜族自治县	52.33	西南第133名	云南省第40名	普洱市第2名	50.23	48.64	58.66
1371	陵川县	52.33	华北第270名	山西省第84名	晋城市第5名	51.41	53.08	52.53
1372	石城县	52.33	华中第279名	江西省第70名	赣州市第14名	48.10	49.17	60.59
1373	方山县	52.31	华北第271名	山西省第85名	吕梁市第9名	53.21	51.69	52.04
1374	曲周县	52.31	华北第272名	河北省第108名	邯郸市第9名	55.81	41.45	61.86
1375	封丘县	52.30	华中第280名	河南省第81名	新乡市第7名	47.90	48.49	61.61
1376	砀山县	52.30	华东第259名	安徽省第32名	宿州市第1名	51.74	40.50	68.29
1377	广灵县	52.30	华北第273名	山西省第86名	大同市第5名	47.42	54.63	55.23
1378	蓬溪县	52.29	西南第134名	四川省第70名	遂宁市第2名	53.86	39.54	67.13
1379	南皮县	52.28	华北第274名	河北省第109名	沧州市第14名	56.99	44.34	56.54
1380	德保县	52.27	华南第122名	广西壮族自治区第53名	百色市第5名	51.50	45.75	60.63

全国排名	地区	居民发展指数	区域排名	本省份排名	本地市排名	收入综合指数	教育综合指数	生活综合指数
1381	麻栗坡县	52.26	西南第135名	云南省第41名	文山壮族苗族自治州第2名	48.64	47.68	61.54
1382	漾濞彝族自治县	52.23	西南第136名	云南省第42名	大理白族自治州第5名	50.20	49.63	57.18
1383	临漳县	52.23	华北第275名	河北省第110名	邯郸市第10名	49.66	45.23	63.41
1384	万荣县	52.22	华北第276名	山西省第87名	运城市第12名	44.24	59.42	54.18
1385	扎赉特旗	52.21	华北第277名	内蒙古自治区第77名	兴安盟第5名	49.73	50.47	56.70
1386	锦屏县	52.21	西南第137名	贵州省第15名	黔东南苗族侗族自治州第2名	52.84	47.51	56.69
1387	天柱县	52.21	西南第138名	贵州省第16名	黔东南苗族侗族自治州第3名	54.34	44.39	58.99
1388	姚安县	52.20	西南第139名	云南省第43名	楚雄彝族自治州第9名	51.79	48.93	56.12
1389	宿松县	52.20	华东第260名	安徽省第33名	安庆市第6名	57.36	37.60	65.95
1390	玉龙纳西族自治县	52.20	西南第140名	云南省第44名	丽江市第2名	52.65	45.09	59.90
1391	康保县	52.20	华北第278名	河北省第111名	张家口市第11名	53.06	47.51	56.41
1392	剑阁县	52.19	西南第141名	四川省第71名	广元市第2名	53.70	41.33	64.04

全国排名	地区	居民发展指数	区域排名	本省份排名	本地市排名	收入综合指数	教育综合指数	生活综合指数
1393	尚义县	52.17	华北第279名	河北省第112名	张家口市第12名	54.90	45.68	56.63
1394	肥乡县	52.17	华北第280名	河北省第113名	邯郸市第11名	53.78	42.55	62.05
1395	洱源县	52.15	西南第142名	云南省第45名	大理白族自治州第6名	50.17	47.06	60.07
1396	雷州市	52.15	华南第123名	广东省第55名	湛江市第5名	48.18	42.82	68.75
1397	无为县	52.11	华东第261名	安徽省第34名	芜湖市第4名	58.98	34.22	70.10
1398	杞县	52.10	华中第281名	河南省第82名	开封市第4名	54.34	39.67	65.61
1399	铅山县	52.10	华中第282名	江西省第71名	上饶市第8名	54.73	44.40	58.19
1400	巨野县	52.04	华东第262名	山东省第79名	菏泽市第4名	58.04	33.36	72.78
1401	原阳县	52.01	华中第283名	河南省第83名	新乡市第8名	48.13	45.52	64.22
1402	利川市	51.95	华中第284名	湖北省第49名	恩施土家族苗族自治州第6名	48.56	44.75	64.54
1403	清丰县	51.93	华中第285名	河南省第84名	濮阳市第3名	55.33	41.89	60.41
1404	渠县	51.88	西南第143名	四川省第72名	达州市第5名	52.93	38.31	68.86

全国排名	地区	居民发展指数	区域排名	本省份排名	本地市排名	收入综合指数	教育综合指数	生活综合指数
1405	科尔沁右翼前旗	51.85	华北第281名	内蒙古自治区第78名	兴安盟第6名	51.28	47.06	57.76
1406	民权县	51.84	华中第286名	河南省第85名	商丘市第2名	54.17	39.14	65.72
1407	巍山彝族回族自治县	51.84	西南第144名	云南省第46名	大理白族自治州第7名	47.53	49.70	58.98
1408	大英县	51.83	西南第145名	四川省第73名	遂宁市第3名	55.48	40.54	61.88
1409	绥滨县	51.80	东北第135名	黑龙江省第52名	鹤岗市第2名	48.67	61.27	46.60
1410	南涧彝族自治县	51.78	西南第146名	云南省第47名	大理白族自治州第8名	49.89	48.75	57.10
1411	唐县	51.78	华北第282名	河北省第114名	保定市第17名	49.79	49.91	55.85
1412	陆良县	51.77	西南第147名	云南省第48名	曲靖市第2名	52.63	42.92	61.42
1413	余干县	51.75	华中第287名	江西省第72名	上饶市第9名	46.81	45.48	65.11
1414	汾西县	51.74	华北第283名	山西省第88名	临汾市第14名	47.18	60.25	48.74
1415	浚县	51.74	华中第288名	河南省第86名	鹤壁市第2名	52.36	43.41	60.95
1416	常山县	51.73	华东第263名	浙江省第51名	衢州市第3名	68.06	28.43	71.53

全国排名	地区	居民发展指数	区域排名	本省份排名	本地市排名	收入综合指数	教育综合指数	生活综合指数
1417	酉阳土家族苗族自治县	51.73	西南第148名	重庆市第11名	重庆市第11名	52.89	39.47	66.30
1418	永登县	51.72	西北第178名	甘肃省第21名	兰州市第3名	58.82	39.67	59.28
1419	泾县	51.71	华东第264名	安徽省第35名	宣城市第5名	59.43	35.21	66.09
1420	柘城县	51.69	华中第289名	河南省第87名	商丘市第3名	52.11	39.38	67.29
1421	内黄县	51.67	华中第290名	河南省第88名	安阳市第5名	52.42	42.28	62.26
1422	定陶县	51.64	华东第265名	山东省第80名	菏泽市第5名	55.13	37.76	66.15
1423	沽源县	51.63	华北第284名	河北省第115名	张家口市第13名	55.07	44.53	56.13
1424	麻城市	51.62	华中第291名	湖北省第50名	黄冈市第6名	57.72	36.96	64.47
1425	乃东县	51.58	西南第149名	西藏自治区第1名	山南地区第1名	63.76	55.51	38.78
1426	永平县	51.55	西南第150名	云南省第49名	大理白族自治州第9名	50.50	46.54	58.29
1427	莘县	51.54	华东第266名	山东省第81名	聊城市第7名	57.76	36.12	65.64
1428	鄄城县	51.53	华东第267名	山东省第82名	菏泽市第6名	54.99	37.46	66.45

全国排名	地区	居民发展指数	区域排名	本省份排名	本地市排名	收入综合指数	教育综合指数	生活综合指数
1429	界首市	51.52	华东第268名	安徽省第36名	阜阳市第1名	55.55	37.35	65.92
1430	大悟县	51.52	华中第292名	湖北省第51名	孝感市第5名	52.42	47.78	54.61
1431	龙江县	51.52	东北第136名	黑龙江省第53名	齐齐哈尔市第5名	47.46	49.79	57.88
1432	大名县	51.50	华北第285名	河北省第116名	邯郸市第12名	49.45	43.38	63.67
1433	都昌县	51.46	华中第293名	江西省第73名	九江市第10名	45.45	47.06	63.69
1434	罗城仫佬族自治县	51.45	华南第124名	广西壮族自治区第54名	河池市第3名	47.80	45.64	62.45
1435	红安县	51.44	华中第294名	湖北省第52名	黄冈市第7名	52.55	44.82	57.77
1436	阳高县	51.42	华北第286名	山西省第89名	大同市第6名	45.01	48.61	62.13
1437	蕲春县	51.40	华中第295名	湖北省第53名	黄冈市第8名	58.20	38.94	59.93
1438	西乡县	51.37	西北第179名	陕西省第73名	汉中市第8名	55.46	40.77	59.94
1439	来安县	51.36	华东第269名	安徽省第37名	滁州市第4名	57.81	35.40	66.20
1440	永寿县	51.36	西北第180名	陕西省第74名	咸阳市第11名	55.37	49.33	49.61

全国排名	地区	居民发展指数	区域排名	本省份排名	本地市排名	收入综合指数	教育综合指数	生活综合指数
1441	明水县	51.34	东北 第137名	黑龙江省 第54名	绥化市 第6名	48.52	52.93	52.71
1442	孝昌县	51.30	华中 第296名	湖北省 第54名	孝感市 第6名	51.17	42.60	61.92
1443	平乡县	51.27	华北 第287名	河北省 第117名	邢台市 第11名	51.27	46.07	57.07
1444	怀远县	51.26	华东 第270名	安徽省 第38名	蚌埠市 第2名	51.97	35.74	72.51
1445	林甸县	51.26	东北 第138名	黑龙江省 第55名	大庆市 第4名	56.76	49.67	47.77
1446	民乐县	51.26	西北 第181名	甘肃省 第22名	张掖市 第5名	51.86	52.93	49.06
1447	潢川县	51.26	华中 第297名	河南省 第89名	信阳市 第5名	59.50	39.24	57.68
1448	上蔡县	51.25	华中 第298名	河南省 第90名	驻马店市 第8名	51.32	38.24	68.58
1449	广平县	51.18	华北 第288名	河北省 第118名	邯郸市 第13名	56.01	42.91	55.77
1450	甘南县	51.17	东北 第139名	黑龙江省 第56名	齐齐哈尔市 第6名	46.03	52.31	55.64
1451	魏县	51.16	华北 第289名	河北省 第119名	邯郸市 第14名	48.23	43.17	64.30
1452	龙陵县	51.14	西南 第151名	云南省 第50名	保山市 第2名	51.98	41.18	62.47

全国排名	地区	居民发展指数	区域排名	本省份排名	本地市排名	收入综合指数	教育综合指数	生活综合指数
1453	宣威市	51.13	西南第152名	云南省第51名	曲靖市第3名	51.71	38.01	68.01
1454	平昌县	51.12	西南第153名	四川省第74名	巴中市第1名	46.58	45.13	63.52
1455	鄱阳县	51.07	华中第299名	江西省第74名	上饶市第10名	46.33	41.39	69.45
1456	社旗县	51.05	华中第300名	河南省第91名	南阳市第11名	50.37	43.45	60.81
1457	明光市	51.05	华东第271名	安徽省第39名	滁州市第5名	53.90	36.62	67.40
1458	阿克陶县	51.00	西北第182名	新疆维吾尔自治区第69名	克孜勒苏柯尔克孜自治州第4名	40.79	57.98	56.10
1459	忻城县	50.99	华南第125名	广西壮族自治区第55名	来宾市第5名	49.09	43.45	62.16
1460	金川县	50.98	西南第154名	四川省第75名	阿坝藏族羌族自治州第6名	50.18	47.75	55.30
1461	环江毛南族自治县	50.96	华南第126名	广西壮族自治区第56名	河池市第4名	48.64	46.96	57.93
1462	望奎县	50.92	东北第140名	黑龙江省第57名	绥化市第7名	47.83	48.92	56.44
1463	萧县	50.91	华东第272名	安徽省第40名	宿州市第2名	51.01	36.81	70.30
1464	砚山县	50.90	西南第155名	云南省第52名	文山壮族苗族自治州第3名	51.68	42.77	59.67

全国排名	地区	居民发展指数	区域排名	本省份排名	本地市排名	收入综合指数	教育综合指数	生活综合指数
1465	隆回县	50.87	华中第301名	湖南省第82名	邵阳市第9名	45.09	45.15	64.67
1466	乐安县	50.86	华中第302名	江西省第75名	抚州市第10名	49.73	46.29	57.16
1467	南江县	50.84	西南第156名	四川省第76名	巴中市第2名	51.22	42.59	60.22
1468	范县	50.78	华中第303名	河南省第92名	濮阳市第4名	57.62	38.01	59.78
1469	昌宁县	50.77	西南第157名	云南省第53名	保山市第3名	51.72	40.59	62.32
1470	威县	50.74	华北第290名	河北省第120名	邢台市第12名	44.43	46.34	63.46
1471	镇安县	50.70	西北第183名	陕西省第75名	商洛市第6名	56.63	37.25	61.78
1472	成武县	50.69	华东第273名	山东省第83名	菏泽市第7名	56.63	32.93	69.84
1473	筠连县	50.65	西南第158名	四川省第77名	宜宾市第5名	56.43	36.57	62.97
1474	米易县	50.65	西南第159名	四川省第78名	攀枝花市第1名	66.26	31.49	62.26
1475	华池县	50.62	西北第184名	甘肃省第23名	庆阳市第2名	68.58	34.68	54.54
1476	鹤庆县	50.60	西南第160名	云南省第54名	大理白族自治州第10名	53.82	41.16	58.50

全国排名	地区	居民发展指数	区域排名	本省份排名	本地市排名	收入综合指数	教育综合指数	生活综合指数
1477	弥渡县	50.58	西南第161名	云南省第55名	大理白族自治州第11名	47.47	45.97	59.28
1478	营山县	50.54	西南第162名	四川省第79名	南充市第4名	53.37	34.85	69.40
1479	泸西县	50.54	西南第163名	云南省第56名	红河哈尼族彝族自治州第6名	51.28	38.51	65.35
1480	兰陵县	50.53	华东第274名	山东省第84名	临沂市第9名	55.49	32.42	71.72
1481	余庆县	50.51	西南第164名	贵州省第17名	遵义市第4名	54.62	40.99	57.57
1482	松桃苗族自治县	50.51	西南第165名	贵州省第18名	铜仁市第2名	49.50	40.51	64.26
1483	会宁县	50.50	西北第185名	甘肃省第24名	白银市第2名	42.67	51.51	58.60
1484	保靖县	50.47	华中第304名	湖南省第83名	湘西土家族苗族自治州第6名	46.01	46.54	60.03
1485	金沙县	50.45	西南第166名	贵州省第19名	毕节市第1名	56.17	34.56	66.15
1486	绥江县	50.42	西南第167名	云南省第57名	昭通市第2名	48.70	46.72	56.34
1487	马关县	50.38	西南第168名	云南省第58名	文山壮族苗族自治州第4名	49.58	40.52	63.63
1488	克东县	50.34	东北第141名	黑龙江省第58名	齐齐哈尔市第7名	45.88	52.86	52.62

全国排名	地区	居民发展指数	区域排名	本省份排名	本地市排名	收入综合指数	教育综合指数	生活综合指数
1489	广宗县	50.33	华北 第291名	河北省 第121名	邢台市 第13名	47.48	45.68	58.77
1490	叶城县	50.31	西北 第186名	新疆维吾尔自治区 第70名	喀什地区 第5名	44.12	48.62	59.36
1491	泾川县	50.30	西北 第187名	甘肃省 第25名	平凉市 第3名	52.94	45.00	53.42
1492	丹寨县	50.27	西南 第169名	贵州省 第20名	黔东南苗族侗族自治州 第4名	50.40	44.86	56.18
1493	兴文县	50.26	西南 第170名	四川省 第80名	宜宾市 第6名	51.26	36.60	67.65
1494	龙山县	50.26	华中 第305名	湖南省 第84名	湘西土家族苗族自治州 第7名	46.37	43.32	63.18
1495	安新县	50.16	华北 第292名	河北省 第122名	保定市 第18名	54.03	42.54	54.89
1496	岚县	50.10	华北 第293名	山西省 第90名	吕梁市 第10名	48.83	46.72	55.11
1497	梓潼县	50.09	西南 第171名	四川省 第81名	绵阳市 第5名	57.95	34.80	62.30
1498	太和县	50.09	华东 第275名	安徽省 第41名	阜阳市 第2名	47.35	36.16	73.37
1499	莎车县	50.08	西北 第188名	新疆维吾尔自治区 第71名	喀什地区 第6名	40.58	49.82	62.13
1500	曹县	50.08	华东 第276名	山东省 第85名	菏泽市 第8名	52.92	32.21	73.68

全国排名	地区	居民发展指数	区域排名	本省份排名	本地市排名	收入综合指数	教育综合指数	生活综合指数
1501	小金县	50.03	西南第172名	四川省第82名	阿坝藏族羌族自治州第7名	49.57	48.23	52.38
1502	房县	49.97	华中第306名	湖北省第55名	十堰市第2名	51.88	33.39	72.01
1503	中方县	49.97	华中第307名	湖南省第85名	怀化市第10名	54.90	38.59	58.88
1504	平武县	49.96	西南第173名	四川省第83名	绵阳市第6名	53.88	39.35	58.82
1505	庐江县	49.95	华东第277名	安徽省第42名	合肥市第5名	54.80	33.14	68.63
1506	陇西县	49.95	西北第189名	甘肃省第26名	定西市第1名	47.21	45.46	58.07
1507	临西县	49.95	华北第294名	河北省第123名	邢台市第14名	51.08	43.57	55.99
1508	青川县	49.93	西南第174名	四川省第84名	广元市第3名	47.77	45.83	56.85
1509	玛多县	49.90	西北第190名	青海省第11名	果洛藏族自治州第2名	50.16	49.05	50.49
1510	镇巴县	49.89	西北第191名	陕西省第76名	汉中市第9名	53.06	43.26	54.11
1511	麦盖提县	49.86	西北第192名	新疆维吾尔自治区第72名	喀什地区第7名	44.85	50.44	54.79
1512	河口瑶族自治县	49.85	西南第175名	云南省第59名	红河哈尼族彝族自治州第7名	61.85	33.58	59.66

全国排名	地区	居民发展指数	区域排名	本省份排名	本地市排名	收入综合指数	教育综合指数	生活综合指数
1513	巫山县	49.84	西南第176名	重庆市第12名	重庆市第12名	50.83	36.79	66.21
1514	盈江县	49.84	西南第177名	云南省第60名	德宏傣族景颇族自治州第3名	54.59	39.15	57.92
1515	鸡泽县	49.83	华北第295名	河北省第124名	邯郸市第15名	58.20	36.06	58.96
1516	来凤县	49.83	华中第308名	湖北省第56名	恩施土家族苗族自治州第7名	52.40	37.77	62.53
1517	静乐县	49.83	华北第296名	山西省第91名	忻州市第13名	49.50	44.19	56.55
1518	北川羌族自治县	49.82	西南第178名	四川省第85名	绵阳市第7名	55.61	34.84	63.85
1519	会理县	49.82	西南第179名	四川省第86名	凉山彝族自治州第3名	64.33	30.27	63.51
1520	合水县	49.82	西北第193名	甘肃省第27名	庆阳市第3名	59.60	41.79	49.64
1521	通道侗族自治县	49.80	华中第309名	湖南省第86名	怀化市第11名	50.28	43.82	56.07
1522	景东彝族自治县	49.78	西南第180名	云南省第61名	普洱市第3名	47.40	42.36	61.43
1523	策勒县	49.76	西北第194名	新疆维吾尔自治区第73名	和田地区第3名	38.18	58.74	54.95
1524	师宗县	49.73	西南第181名	云南省第62名	曲靖市第4名	54.28	38.13	59.42

全国排名	地区	居民发展指数	区域排名	本省份排名	本地市排名	收入综合指数	教育综合指数	生活综合指数
1525	舒城县	49.70	华东 第 278 名	安徽省 第 43 名	六安市 第 2 名	55.07	33.27	67.00
1526	文成县	49.69	华东 第 279 名	浙江省 第 52 名	温州市 第 6 名	64.13	27.18	70.38
1527	岳池县	49.69	西南 第 182 名	四川省 第 87 名	广安市 第 4 名	56.88	33.25	64.86
1528	太康县	49.69	华中 第 310 名	河南省 第 93 名	周口市 第 4 名	51.32	35.66	67.02
1529	睢县	49.69	华中 第 311 名	河南省 第 94 名	商丘市 第 4 名	52.27	35.74	65.65
1530	商河县	49.68	华东 第 280 名	山东省 第 86 名	济南市 第 4 名	56.55	34.67	62.55
1531	兰西县	49.66	东北 第 142 名	黑龙江省 第 59 名	绥化市 第 8 名	44.88	48.60	56.16
1532	古蔺县	49.64	西南 第 183 名	四川省 第 88 名	泸州市 第 3 名	47.61	37.34	68.82
1533	南和县	49.63	华北 第 297 名	河北省 第 125 名	邢台市 第 15 名	48.73	44.64	56.19
1534	凤凰县	49.63	华中 第 312 名	湖南省 第 87 名	湘西土家族苗族自治州 第 8 名	50.93	38.72	61.97
1535	临洮县	49.61	西北 第 195 名	甘肃省 第 28 名	定西市 第 2 名	44.85	48.83	55.76
1536	金寨县	49.54	华东 第 281 名	安徽省 第 44 名	六安市 第 3 名	51.48	38.96	60.64

全国排名	地区	居民发展指数	区域排名	本省份排名	本地市排名	收入综合指数	教育综合指数	生活综合指数
1537	湄潭县	49.53	西南第184名	贵州省第21名	遵义市第5名	51.09	40.38	58.89
1538	高县	49.52	西南第185名	四川省第89名	宜宾市第7名	55.72	34.76	62.68
1539	柏乡县	49.51	华北第298名	河北省第126名	邢台市第16名	50.39	49.07	49.07
1540	石台县	49.49	华东第282名	安徽省第45名	池州市第3名	57.60	34.63	60.80
1541	永胜县	49.46	西南第186名	云南省第63名	丽江市第3名	49.59	41.98	58.13
1542	曲阳县	49.46	华北第299名	河北省第127名	保定市第19名	46.14	48.52	54.06
1543	青冈县	49.46	东北第143名	黑龙江省第60名	绥化市第9名	42.25	51.46	55.65
1544	惠来县	49.43	华南第127名	广东省第56名	揭阳市第3名	51.41	34.63	67.83
1545	会昌县	49.41	华中第313名	江西省第76名	赣州市第15名	50.19	38.82	61.89
1546	天等县	49.38	华南第128名	广西壮族自治区第57名	崇左市第6名	47.82	40.72	61.84
1547	天镇县	49.34	华北第300名	山西省第92名	大同市第7名	45.33	46.76	56.68
1548	城口县	49.34	西南第187名	重庆市第13名	重庆市第13名	56.50	36.22	58.70

全国排名	地区	居民发展指数	区域排名	本省份排名	本地市排名	收入综合指数	教育综合指数	生活综合指数
1549	任县	49.32	华北第301名	河北省第128名	邢台市第17名	46.68	45.78	56.15
1550	景谷傣族彝族自治县	49.29	西南第188名	云南省第64名	普洱市第4名	54.87	37.11	58.81
1551	永和县	49.29	华北第302名	山西省第93名	临汾市第15名	43.84	60.53	45.12
1552	共和县	49.28	西北第196名	青海省第12名	海南藏族自治州第1名	61.25	30.32	64.45
1553	靖远县	49.26	西北第197名	甘肃省第29名	白银市第3名	46.86	45.94	55.52
1554	拜泉县	49.25	东北第144名	黑龙江省第61名	齐齐哈尔市第8名	47.07	51.71	49.09
1555	台前县	49.23	华中第314名	河南省第95名	濮阳市第5名	55.13	36.74	58.92
1556	贵定县	49.19	西南第189名	贵州省第22名	黔南布依族苗族自治州第4名	55.18	38.24	56.41
1557	云县	49.18	西南第190名	云南省第65名	临沧市第1名	49.94	39.19	60.78
1558	竹山县	49.14	华中第315名	湖北省第57名	十堰市第3名	50.99	34.85	66.79
1559	大宁县	49.14	华北第303名	山西省第94名	临汾市第16名	38.79	65.93	46.41
1560	彭水苗族土家族自治县	49.14	西南第191名	重庆市第14名	重庆市第14名	53.15	34.87	64.02

全国排名	地区	居民发展指数	区域排名	本省份排名	本地市排名	收入综合指数	教育综合指数	生活综合指数
1561	佳县	49.12	西北第198名	陕西省第77名	榆林市第10名	47.73	43.02	57.73
1562	泰顺县	49.12	华东第283名	浙江省第53名	温州市第7名	60.24	27.92	70.46
1563	英吉沙县	49.10	西北第199名	新疆维吾尔自治区第74名	喀什地区第8名	42.94	48.83	56.46
1564	郎溪县	49.10	华东第284名	安徽省第46名	宣城市第6名	59.59	30.30	65.56
1565	峨边彝族自治县	49.10	西南第192名	四川省第90名	乐山市第5名	56.24	38.68	54.39
1566	宁陵县	49.05	华中第316名	河南省第96名	商丘市第5名	49.80	37.21	63.67
1567	南华县	49.04	西南第193名	云南省第66名	楚雄彝族自治州第10名	49.63	42.96	55.31
1568	宣恩县	49.01	华中第317名	湖北省第58名	恩施土家族苗族自治州第8名	48.90	38.35	62.78
1569	虞城县	48.98	华中第318名	河南省第97名	商丘市第6名	52.22	32.88	68.43
1570	息县	48.96	华中第319名	河南省第98名	信阳市第6名	54.18	35.86	60.42
1571	夏邑县	48.93	华中第320名	河南省第99名	商丘市第7名	52.36	31.22	71.65
1572	叙永县	48.90	西南第194名	四川省第91名	泸州市第4名	48.51	36.56	65.95

全国排名	地区	居民发展指数	区域排名	本省份排名	本地市排名	收入综合指数	教育综合指数	生活综合指数
1573	马山县	48.90	华南第 129 名	广西壮族自治区第 58 名	南宁市第 5 名	44.90	42.08	61.89
1574	孙吴县	48.90	东北第 145 名	黑龙江省第 62 名	黑河市第 5 名	44.99	61.97	41.93
1575	淮阳县	48.87	华中第 321 名	河南省第 100 名	周口市第 5 名	50.51	34.17	67.63
1576	图木舒克市	48.87	西北第 200 名	新疆维吾尔自治区第 75 名	新疆维吾尔自治区直辖县第 4 名	60.59	45.84	42.02
1577	凤庆县	48.85	西南第 195 名	云南省第 67 名	临沧市第 2 名	48.55	39.61	60.62
1578	开化县	48.81	华东第 285 名	浙江省第 54 名	衢州市第 4 名	66.87	23.25	74.78
1579	巫溪县	48.78	西南第 196 名	重庆市第 15 名	重庆市第 15 名	50.66	35.07	65.31
1580	镇远县	48.76	西南第 197 名	贵州省第 23 名	黔东南苗族侗族自治州第 5 名	55.33	37.16	56.40
1581	大化瑶族自治县	48.75	华南第 130 名	广西壮族自治区第 59 名	河池市第 5 名	41.95	45.19	61.14
1582	都安瑶族自治县	48.75	华南第 131 名	广西壮族自治区第 60 名	河池市第 6 名	36.28	47.67	67.00
1583	安远县	48.70	华中第 322 名	江西省第 77 名	赣州市第 16 名	47.79	38.42	62.92
1584	松潘县	48.69	西南第 198 名	四川省第 92 名	阿坝藏族羌族自治州第 8 名	54.52	40.55	52.21

全国排名	地区	居民发展指数	区域排名	本省份排名	本地市排名	收入综合指数	教育综合指数	生活综合指数
1585	石阡县	48.68	西南 第199名	贵州省 第24名	铜仁市 第3名	47.51	39.73	61.13
1586	竹溪县	48.65	华中 第323名	湖北省 第59名	十堰市 第4名	53.23	31.57	68.52
1587	霍邱县	48.64	华东 第286名	安徽省 第47名	六安市 第4名	49.41	33.47	69.61
1588	蒙城县	48.64	华东 第287名	安徽省 第48名	亳州市 第1名	51.09	31.44	71.66
1589	镇原县	48.62	西北 第201名	甘肃省 第30名	庆阳市 第4名	48.28	42.01	56.68
1590	汉阴县	48.59	西北 第202名	陕西省 第78名	安康市 第7名	57.47	32.32	61.77
1591	鹿邑县	48.59	华中 第324名	河南省 第101名	周口市 第6名	56.30	30.14	67.62
1592	依安县	48.54	东北 第146名	黑龙江省 第63名	齐齐哈尔市 第9名	45.75	50.40	49.61
1593	成县	48.52	西北 第203名	甘肃省 第31名	陇南市 第1名	54.69	40.54	51.51
1594	乌鲁木齐县	48.46	西北 第204名	新疆维吾尔自治区 第76名	乌鲁木齐市 第1名	38.93	59.74	48.93
1595	融水苗族自治县	48.39	华南 第132名	广西壮族自治区 第61名	柳州市 第5名	50.53	35.32	63.50
1596	商都县	48.26	华北 第304名	内蒙古自治区 第79名	乌兰察布市 第9名	55.77	35.71	56.43

全国排名	地区	居民发展指数	区域排名	本省份排名	本地市排名	收入综合指数	教育综合指数	生活综合指数
1597	南部县	48.24	西南第 200 名	四川省第 93 名	南充市第 5 名	58.17	28.65	67.33
1598	郧西县	48.19	华中第 325 名	湖北省第 60 名	十堰市第 5 名	48.08	40.64	57.28
1599	沐川县	48.19	西南第 201 名	四川省第 94 名	乐山市第 6 名	55.56	34.57	58.27
1600	乌什县	48.18	西北第 205 名	新疆维吾尔自治区第 77 名	阿克苏地区第 9 名	42.60	53.50	49.06
1601	习水县	48.17	西南第 202 名	贵州省第 25 名	遵义市第 6 名	51.51	33.17	65.42
1602	崇阳县	48.17	华中第 326 名	湖北省第 61 名	咸宁市第 5 名	55.79	31.83	62.95
1603	江陵县	48.17	华中第 327 名	湖北省第 62 名	荆州市第 6 名	52.34	42.40	50.34
1604	龙里县	48.12	西南第 203 名	贵州省第 26 名	黔南布依族苗族自治州第 5 名	60.27	33.32	55.48
1605	商城县	48.11	华中第 328 名	河南省第 102 名	信阳市第 7 名	59.69	31.49	59.25
1606	祥云县	48.10	西南第 204 名	云南省第 68 名	大理白族自治州第 12 名	55.52	33.03	60.71
1607	石屏县	48.09	西南第 205 名	云南省第 69 名	红河哈尼族彝族自治州第 8 名	41.45	45.58	58.87
1608	会东县	48.07	西南第 206 名	四川省第 95 名	凉山彝族自治州第 4 名	56.90	32.68	59.76

全国排名	地区	居民发展指数	区域排名	本省份排名	本地市排名	收入综合指数	教育综合指数	生活综合指数
1609	寿县	48.06	华东 第 288 名	安徽省 第 49 名	六安市 第 5 名	46.25	34.82	68.94
1610	仪陇县	47.97	西南 第 207 名	四川省 第 96 名	南充市 第 6 名	50.33	33.18	66.12
1611	沈丘县	47.93	华中 第 329 名	河南省 第 103 名	周口市 第 7 名	53.46	30.01	68.62
1612	陇川县	47.91	西南 第 208 名	云南省 第 70 名	德宏傣族景颇族自治州 第 4 名	51.23	38.36	55.97
1613	瓜州县	47.91	西北 第 206 名	甘肃省 第 32 名	酒泉市 第 6 名	65.92	36.47	45.74
1614	临县	47.83	华北 第 305 名	山西省 第 95 名	吕梁市 第 11 名	37.49	48.83	59.76
1615	新蔡县	47.81	华中 第 330 名	河南省 第 104 名	驻马店市 第 9 名	51.59	34.06	62.21
1616	禄劝彝族苗族自治县	47.69	西南 第 209 名	云南省 第 71 名	昆明市 第 7 名	48.75	33.52	66.36
1617	疏附县	47.68	西北 第 207 名	新疆维吾尔自治区 第 78 名	喀什地区 第 9 名	41.21	47.05	55.90
1618	洛浦县	47.62	西北 第 208 名	新疆维吾尔自治区 第 79 名	和田地区 第 4 名	38.20	52.64	53.70
1619	通江县	47.60	西南 第 210 名	四川省 第 97 名	巴中市 第 3 名	47.00	38.74	59.25
1620	含山县	47.59	华东 第 289 名	安徽省 第 50 名	马鞍山市 第 2 名	60.11	27.92	64.21

全国排名	地区	居民发展指数	区域排名	本省份排名	本地市排名	收入综合指数	教育综合指数	生活综合指数
1621	两当县	47.46	西北第 209 名	甘肃省第 33 名	陇南市第 2 名	49.01	42.09	51.84
1622	苍溪县	47.45	西南第 211 名	四川省第 98 名	广元市第 4 名	54.33	30.91	63.62
1623	乐业县	47.35	华南第 133 名	广西壮族自治区第 62 名	百色市第 6 名	44.08	44.69	53.89
1624	富源县	47.34	西南第 212 名	云南省第 72 名	曲靖市第 5 名	53.81	32.04	61.54
1625	西畴县	47.24	西南第 213 名	云南省第 73 名	文山壮族苗族自治州第 5 名	40.53	44.65	58.24
1626	三穗县	47.20	西南第 214 名	贵州省第 27 名	黔东南苗族侗族自治州第 6 名	51.54	36.15	56.46
1627	团风县	47.20	华中第 331 名	湖北省第 63 名	黄冈市第 9 名	53.56	32.73	60.00
1628	刚察县	47.19	西北第 210 名	青海省第 13 名	海北藏族自治州第 3 名	64.80	29.09	55.75
1629	石楼县	47.19	华北第 306 名	山西省第 96 名	吕梁市第 12 名	39.73	54.89	48.17
1630	五河县	47.11	华东第 290 名	安徽省第 51 名	蚌埠市第 3 名	53.66	28.53	68.29
1631	天峨县	47.07	华南第 134 名	广西壮族自治区第 63 名	河池市第 7 名	53.53	37.50	51.95
1632	淮滨县	47.04	华中第 332 名	河南省第 105 名	信阳市第 8 名	54.42	31.63	60.47

全国排名	地区	居民发展指数	区域排名	本省份排名	本地市排名	收入综合指数	教育综合指数	生活综合指数
1633	天祝藏族自治县	46.97	西北第211名	甘肃省第34名	武威市第2名	58.55	31.76	55.74
1634	屏山县	46.93	西南第215名	四川省第99名	宜宾市第8名	50.25	34.51	59.58
1635	陆丰市	46.90	华南第135名	广东省第57名	汕尾市第3名	46.84	31.09	70.83
1636	独山县	46.84	西南第216名	贵州省第28名	黔南布依族苗族自治州第6名	51.95	35.01	56.50
1637	商水县	46.79	华中第333名	河南省第106名	周口市第8名	52.31	29.32	66.80
1638	黄平县	46.77	西南第217名	贵州省第29名	黔东南苗族侗族自治州第7名	46.95	38.05	57.27
1639	安龙县	46.72	西南第218名	贵州省第30名	黔西南布依族苗族自治州第2名	51.37	34.66	57.29
1640	徽县	46.63	西北第212名	甘肃省第35名	陇南市第3名	54.69	36.75	50.46
1641	于田县	46.51	西北第213名	新疆维吾尔自治区第80名	和田地区第5名	35.08	50.73	56.55
1642	灵璧县	46.47	华东第291名	安徽省第52名	宿州市第3名	49.33	29.41	69.19
1643	同心县	46.35	西北第214名	宁夏回族自治区第8名	吴忠市第3名	45.70	36.37	59.91
1644	盐津县	46.34	西南第219名	云南省第74名	昭通市第3名	41.49	40.88	58.65

全国排名	地区	居民发展指数	区域排名	本省份排名	本地市排名	收入综合指数	教育综合指数	生活综合指数
1645	荔波县	46.32	西南第220名	贵州省第31名	黔南布依族苗族自治州第7名	56.31	31.18	56.61
1646	门源回族自治县	46.29	西北第215名	青海省第14名	海北藏族自治州第4名	52.77	38.57	48.74
1647	兴和县	46.21	华北第307名	内蒙古自治区第80名	乌兰察布市第10名	57.83	28.57	59.71
1648	噶尔县	46.19	西南第221名	西藏自治区第2名	阿里地区第1名	45.75	49.38	43.62
1649	互助土族自治县	46.18	西北第216名	青海省第15名	海东地区第1名	54.88	32.40	55.40
1650	九龙县	46.08	西南第222名	四川省第100名	甘孜藏族自治州第4名	61.48	30.30	52.53
1651	同仁县	46.06	西北第217名	青海省第16名	黄南藏族自治州第1名	55.54	29.72	59.21
1652	郸城县	46.06	华中第334名	河南省第107名	周口市第9名	52.85	28.63	64.59
1653	灵台县	46.06	西北第218名	甘肃省第36名	平凉市第4名	52.94	36.07	51.15
1654	和县	46.04	华东第292名	安徽省第53名	马鞍山市第3名	56.86	25.99	66.03
1655	都兰县	46.02	西北第219名	青海省第17名	海西蒙古族藏族自治州第5名	60.83	34.34	46.68
1656	泗县	46.01	华东第293名	安徽省第54名	宿州市第4名	49.90	29.49	66.20

全国排名	地区	居民发展指数	区域排名	本省份排名	本地市排名	收入综合指数	教育综合指数	生活综合指数
1657	梁河县	45.98	西南第 223 名	云南省第 75 名	德宏傣族景颇族自治州第 5 名	44.71	40.54	53.65
1658	夏河县	45.98	西北第 220 名	甘肃省第 37 名	甘南藏族自治州第 2 名	50.38	34.22	56.40
1659	伽师县	45.93	西北第 221 名	新疆维吾尔自治区第 81 名	喀什地区第 10 名	42.61	37.37	60.86
1660	耿马傣族佤族自治县	45.90	西南第 224 名	云南省第 76 名	临沧市第 3 名	52.39	30.07	61.38
1661	麻江县	45.87	西南第 225 名	贵州省第 32 名	黔东南苗族侗族自治州第 8 名	50.49	34.84	54.84
1662	黔西县	45.86	西南第 226 名	贵州省第 33 名	毕节市第 2 名	49.72	30.61	63.37
1663	巴楚县	45.86	西北第 222 名	新疆维吾尔自治区第 82 名	喀什地区第 11 名	35.21	44.81	61.14
1664	桐梓县	45.82	西南第 227 名	贵州省第 34 名	遵义市第 7 名	52.14	29.78	61.94
1665	平利县	45.79	西北第 223 名	陕西省第 79 名	安康市第 8 名	58.55	26.51	61.84
1666	紫阳县	45.77	西北第 224 名	陕西省第 80 名	安康市第 9 名	53.15	30.05	60.05
1667	马龙县	45.77	西南第 228 名	云南省第 77 名	曲靖市第 6 名	53.85	31.28	56.92
1668	施甸县	45.75	西南第 229 名	云南省第 78 名	保山市第 4 名	47.15	32.19	63.08

全国排名	地区	居民发展指数	区域排名	本省份排名	本地市排名	收入综合指数	教育综合指数	生活综合指数
1669	兴仁县	45.72	西南第 230 名	贵州省第 35 名	黔西南布依族苗族自治州第 3 名	50.31	31.19	60.89
1670	宁县	45.63	西北第 225 名	甘肃省第 38 名	庆阳市第 5 名	50.41	34.27	55.01
1671	黎平县	45.48	西南第 231 名	贵州省第 36 名	黔东南苗族侗族自治州第 9 名	47.23	34.35	58.00
1672	新平彝族傣族自治县	45.44	西南第 232 名	云南省第 79 名	玉溪市第 7 名	59.80	26.12	60.09
1673	永善县	45.44	西南第 233 名	云南省第 80 名	昭通市第 4 名	47.84	33.00	59.45
1674	子洲县	45.42	西北第 226 名	陕西省第 81 名	榆林市第 11 名	48.86	33.20	57.77
1675	江口县	45.30	西南第 234 名	贵州省第 37 名	铜仁市第 4 名	51.73	32.07	56.02
1676	江城哈尼族彝族自治县	45.29	西南第 235 名	云南省第 81 名	普洱市第 5 名	51.45	35.24	51.26
1677	岑巩县	45.29	西南第 236 名	贵州省第 38 名	黔东南苗族侗族自治州第 10 名	51.80	31.94	56.15
1678	彝良县	45.05	西南第 237 名	云南省第 82 名	昭通市第 5 名	40.18	38.26	59.45
1679	涡阳县	45.00	华东第 294 名	安徽省第 55 名	亳州市第 2 名	51.07	24.75	72.09
1680	双江拉祜族佤族布朗族傣族自治县	44.97	西南第 238 名	云南省第 83 名	临沧市第 4 名	49.64	32.04	57.20

全国排名	地区	居民发展指数	区域排名	本省份排名	本地市排名	收入综合指数	教育综合指数	生活综合指数
1681	望江县	44.90	华东第295名	安徽省第56名	安庆市第7名	53.08	27.74	61.47
1682	盐边县	44.89	西南第239名	四川省第101名	攀枝花市第2名	63.96	24.15	58.56
1683	凤山县	44.86	华南第136名	广西壮族自治区第64名	河池市第8名	44.28	35.84	56.87
1684	罗平县	44.52	西南第240名	云南省第84名	曲靖市第7名	54.25	25.20	64.55
1685	镇雄县	44.42	西南第241名	云南省第85名	昭通市第6名	35.85	36.99	66.11
1686	凤冈县	44.27	西南第242名	贵州省第39名	遵义市第8名	48.18	32.77	54.95
1687	宁南县	44.22	西南第243名	四川省第102名	凉山彝族自治州第5名	56.07	27.35	56.36
1688	皮山县	44.21	西北第227名	新疆维吾尔自治区第83名	和田地区第6名	33.99	51.52	49.36
1689	枞阳县	44.19	华东第296名	安徽省第57名	安庆市第8名	56.84	23.37	64.99
1690	墨玉县	44.17	西北第228名	新疆维吾尔自治区第84名	和田地区第7名	31.44	46.46	58.99
1691	威信县	44.10	西南第244名	云南省第86名	昭通市第7名	40.98	37.49	55.81
1692	寻甸回族彝族自治县	43.99	西南第245名	云南省第87名	昆明市第8名	48.76	26.33	66.29

全国排名	地区	居民发展指数	区域排名	本省份排名	本地市排名	收入综合指数	教育综合指数	生活综合指数
1693	思南县	43.96	西南第246名	贵州省第40名	铜仁市第5名	48.72	30.40	57.37
1694	绥阳县	43.93	西南第247名	贵州省第41名	遵义市第9名	51.23	27.80	59.53
1695	勐海县	43.89	西南第248名	云南省第88名	西双版纳傣族自治州第2名	54.01	25.60	61.16
1696	冕宁县	43.82	西南第249名	四川省第103名	凉山彝族自治州第6名	54.94	26.52	57.77
1697	尖扎县	43.82	西北第229名	青海省第18名	黄南藏族自治州第2名	62.15	23.39	57.88
1698	勐腊县	43.78	西南第250名	云南省第89名	西双版纳傣族自治州第3名	57.60	24.88	58.54
1699	堆龙德庆县	43.77	西南第251名	西藏自治区第3名	拉萨市第1名	63.72	25.91	50.79
1700	巴马瑶族自治县	43.63	华南第137名	广西壮族自治区第65名	河池市第9名	45.43	32.95	55.48
1701	贵德县	43.47	西北第230名	青海省第19名	海南藏族自治州第2名	58.99	24.38	57.12
1702	会泽县	43.38	西南第252名	云南省第90名	曲靖市第8名	47.46	25.31	67.95
1703	宁强县	43.36	西北第231名	陕西省第82名	汉中市第10名	53.58	27.24	55.84
1704	那坡县	43.33	华南第138名	广西壮族自治区第66名	百色市第7名	44.95	31.63	57.21

全国排名	地区	居民发展指数	区域排名	本省份排名	本地市排名	收入综合指数	教育综合指数	生活综合指数
1705	大关县	43.22	西南第253名	云南省第91名	昭通市第8名	39.62	36.49	55.83
1706	临泉县	43.20	华东第297名	安徽省第58名	阜阳市第3名	41.98	28.19	68.09
1707	施秉县	43.18	西南第254名	贵州省第42名	黔东南苗族侗族自治州第11名	52.32	29.51	52.14
1708	巧家县	43.17	西南第255名	云南省第92名	昭通市第9名	40.20	33.62	59.51
1709	正宁县	43.13	西北第232名	甘肃省第39名	庆阳市第6名	51.22	31.31	50.03
1710	鲁甸县	43.08	西南第256名	云南省第93名	昭通市第10名	41.36	33.04	58.49
1711	彭阳县	43.06	西北第233名	宁夏回族自治区第9名	固原市第1名	50.11	28.29	56.33
1712	泸水县	43.06	西南第257名	云南省第94名	怒江傈僳族自治州第1名	51.49	26.38	58.78
1713	印江土家族苗族自治县	43.05	西南第258名	贵州省第43名	铜仁市第6名	52.08	27.81	55.10
1714	德江县	42.99	西南第259名	贵州省第44名	铜仁市第7名	49.66	26.81	59.67
1715	贡山独龙族怒族自治县	42.97	西南第260名	云南省第95名	怒江傈僳族自治州第2名	49.97	31.93	49.74
1716	道真仡佬族苗族自治县	42.97	西南第261名	贵州省第45名	遵义市第10名	50.13	30.48	51.91

全国排名	地区	居民发展指数	区域排名	本省份排名	本地市排名	收入综合指数	教育综合指数	生活综合指数
1717	碌曲县	42.95	西北第234名	甘肃省第40名	甘南藏族自治州第3名	54.90	26.54	54.37
1718	维西傈僳族自治县	42.82	西南第262名	云南省第96名	迪庆藏族自治州第2名	51.54	25.89	58.84
1719	阿坝县	42.82	西南第263名	四川省第104名	阿坝藏族羌族自治州第9名	44.80	28.86	60.71
1720	三江侗族自治县	42.70	华南第139名	广西壮族自治区第67名	柳州市第6名	46.27	28.95	58.10
1721	正安县	42.65	西南第264名	贵州省第46名	遵义市第11名	46.38	27.73	60.31
1722	古浪县	42.62	西北第235名	甘肃省第41名	武威市第3名	43.81	32.71	54.04
1723	元江哈尼族彝族傣族自治县	42.50	西南第265名	云南省第97名	玉溪市第8名	55.03	25.47	54.75
1724	定远县	42.43	华东第298名	安徽省第59名	滁州市第6名	51.16	21.01	71.08
1725	大方县	42.33	西南第266名	贵州省第47名	毕节市第3名	49.19	22.82	67.58
1726	渭源县	42.29	西北第236名	甘肃省第42名	定西市第3名	38.14	37.45	52.94
1727	富宁县	42.21	西南第267名	云南省第98名	文山壮族苗族自治州第6名	47.33	27.65	57.49
1728	田林县	42.04	华南第140名	广西壮族自治区第68名	百色市第8名	46.64	27.24	58.48

全国排名	地区	居民发展指数	区域排名	本省份排名	本地市排名	收入综合指数	教育综合指数	生活综合指数
1729	卓尼县	42.03	西北第 237 名	甘肃省第 43 名	甘南藏族自治州第 4 名	45.30	31.59	51.89
1730	漳县	41.81	西北第 238 名	甘肃省第 44 名	定西市第 4 名	40.64	36.44	49.35
1731	红原县	41.66	西南第 268 名	四川省第 105 名	阿坝藏族羌族自治州第 10 名	53.02	23.58	57.85
1732	德钦县	41.48	西南第 269 名	云南省第 99 名	迪庆藏族自治州第 3 名	57.03	22.43	55.78
1733	广南县	41.26	西南第 270 名	云南省第 100 名	文山壮族苗族自治州第 7 名	40.36	28.81	60.39
1734	武山县	41.18	西北第 239 名	甘肃省第 45 名	天水市第 1 名	42.87	31.13	52.33
1735	和田县	41.08	西北第 240 名	新疆维吾尔自治区第 85 名	和田地区第 8 名	33.03	38.73	54.20
1736	疏勒县	41.06	西北第 241 名	新疆维吾尔自治区第 86 名	喀什地区第 12 名	24.19	53.58	53.42
1737	沿河土家族自治县	41.03	西南第 271 名	贵州省第 48 名	铜仁市第 8 名	47.08	25.64	57.23
1738	颍上县	40.92	华东第 299 名	安徽省第 60 名	阜阳市第 4 名	50.06	19.12	71.63
1739	隆德县	40.88	西北第 242 名	宁夏回族自治区第 10 名	固原市第 2 名	45.82	26.85	55.54
1740	永德县	40.74	西南第 272 名	云南省第 101 名	临沧市第 5 名	42.72	26.64	59.44

全国排名	地区	居民发展指数	区域排名	本省份排名	本地市排名	收入综合指数	教育综合指数	生活综合指数
1741	墨江哈尼族自治县	40.72	西南第273名	云南省第102名	普洱市第6名	44.43	27.19	55.89
1742	丘北县	40.61	西南第274名	云南省第103名	文山壮族苗族自治州第8名	40.62	27.68	59.59
1743	凌云县	40.61	华南第141名	广西壮族自治区第69名	百色市第9名	44.98	25.62	58.12
1744	迭部县	40.26	西北第243名	甘肃省第46名	甘南藏族自治州第5名	53.90	23.42	51.69
1745	炉霍县	40.09	西南第275名	四川省第106名	甘孜藏族自治州第5名	42.54	29.36	51.58
1746	孟连傣族拉祜族佤族自治县	40.07	西南第276名	云南省第104名	普洱市第7名	51.73	26.53	46.89
1747	普定县	39.98	西南第277名	贵州省第49名	安顺市第1名	47.31	23.20	58.22
1748	甘谷县	39.98	西北第244名	甘肃省第47名	天水市第2名	41.80	26.79	57.05
1749	普安县	39.82	西南第278名	贵州省第50名	黔西南布依族苗族自治州第4名	50.05	22.24	56.71
1750	榕江县	39.63	西南第279名	贵州省第51名	黔东南苗族侗族自治州第12名	47.08	22.69	58.28
1751	西吉县	39.59	西北第245名	宁夏回族自治区第11名	固原市第3名	44.63	23.95	58.04
1752	东兰县	39.56	华南第142名	广西壮族自治区第70名	河池市第10名	42.51	25.83	56.36

全国排名	地区	居民发展指数	区域排名	本省份排名	本地市排名	收入综合指数	教育综合指数	生活综合指数
1753	阜南县	39.51	华东第300名	安徽省第61名	阜阳市第5名	45.27	19.84	68.66
1754	亚东县	39.44	西南第280名	西藏自治区第4名	日喀则地区第1名	61.29	21.96	45.59
1755	关岭布依族苗族自治县	39.34	西南第281名	贵州省第52名	安顺市第2名	49.45	21.32	57.77
1756	普兰县	39.27	西南第282名	西藏自治区第5名	阿里地区第2名	49.02	35.33	34.96
1757	利辛县	39.06	华东第301名	安徽省第62名	亳州市第3名	47.43	17.51	71.75
1758	得荣县	39.03	西南第283名	四川省第107名	甘孜藏族自治州第6名	52.96	22.26	50.43
1759	临潭县	38.99	西北第246名	甘肃省第48名	甘南藏族自治州第6名	44.63	27.00	49.21
1760	米林县	38.90	西南第284名	西藏自治区第6名	林芝地区第1名	61.93	19.50	48.73
1761	雷波县	38.78	西南第285名	四川省第108名	凉山彝族自治州第7名	52.57	20.18	54.95
1762	平塘县	38.76	西南第286名	贵州省第53名	黔南布依族苗族自治州第8名	47.27	22.92	53.73
1763	日土县	38.63	西南第287名	西藏自治区第7名	阿里地区第3名	53.38	24.88	43.42
1764	西林县	38.50	华南第143名	广西壮族自治区第71名	百色市第10名	45.38	23.19	54.22

全国排名	地区	居民发展指数	区域排名	本省份排名	本地市排名	收入综合指数	教育综合指数	生活综合指数
1765	海原县	38.48	西北第247名	宁夏回族自治区第12名	中卫市第2名	38.90	24.41	60.00
1766	沧源佤族自治县	38.46	西南第288名	云南省第105名	临沧市第6名	48.24	22.41	52.61
1767	越西县	38.44	西南第289名	四川省第109名	凉山彝族自治州第8名	45.96	24.94	49.57
1768	屏边苗族自治县	38.33	西南第290名	云南省第106名	红河哈尼族彝族自治州第9名	23.06	45.98	53.09
1769	务川仡佬族苗族自治县	38.02	西南第291名	贵州省第54名	遵义市第12名	45.75	21.13	56.83
1770	黑水县	37.84	西南第292名	四川省第110名	阿坝藏族羌族自治州第11名	58.66	20.92	44.13
1771	乡城县	37.79	西南第293名	四川省第111名	甘孜藏族自治州第7名	53.44	22.43	45.02
1772	达孜县	37.76	西南第294名	西藏自治区第8名	拉萨市第2名	58.71	20.83	44.04
1773	环县	37.63	西北第248名	甘肃省第49名	庆阳市第7名	53.13	22.64	44.32
1774	玛曲县	37.47	西北第249名	甘肃省第50名	甘南藏族自治州第7名	55.37	18.41	51.60
1775	壤塘县	37.35	西南第295名	四川省第112名	阿坝藏族羌族自治州第12名	48.88	17.48	60.99
1776	惠水县	37.23	西南第296名	贵州省第55名	黔南布依族苗族自治州第9名	48.04	18.75	57.29

全国排名	地区	居民发展指数	区域排名	本省份排名	本地市排名	收入综合指数	教育综合指数	生活综合指数
1777	雷山县	36.51	西南第297名	贵州省第56名	黔东南苗族侗族自治州第13名	50.22	18.08	53.58
1778	罗甸县	36.35	西南第298名	贵州省第57名	黔南布依族苗族自治州第10名	48.81	17.90	54.98
1779	澜沧拉祜族自治县	36.23	西南第299名	云南省第107名	普洱市第8名	41.42	19.48	58.92
1780	台江县	36.05	西南第300名	贵州省第58名	黔东南苗族侗族自治州第14名	51.88	17.28	52.29
1781	秦安县	36.04	西北第250名	甘肃省第51名	天水市第3名	42.62	19.41	56.60
1782	西盟佤族自治县	35.99	西南第301名	云南省第108名	普洱市第9名	39.49	28.41	41.54
1783	稻城县	35.86	西南第302名	四川省第113名	甘孜藏族自治州第8名	51.42	18.40	48.76
1784	岷县	35.56	西北第251名	甘肃省第52名	定西市第5名	34.41	22.70	57.58
1785	三都水族自治县	35.51	西南第303名	贵州省第59名	黔南布依族苗族自治州第11名	45.07	17.82	55.73
1786	兰坪白族普米族自治县	35.47	西南第304名	云南省第109名	怒江傈僳族自治州第3名	49.95	16.04	55.67
1787	雅江县	35.41	西南第305名	四川省第114名	甘孜藏族自治州第9名	48.82	18.69	48.68
1788	镇宁布依族苗族自治县	35.19	西南第306名	贵州省第60名	安顺市第3名	50.75	14.72	58.29

全国排名	地区	居民发展指数	区域排名	本省份排名	本地市排名	收入综合指数	教育综合指数	生活综合指数
1789	民和回族土族自治县	35.07	西北第252名	青海省第20名	海东地区第2名	50.70	14.64	58.07
1790	织金县	34.88	西南第307名	贵州省第61名	毕节市第4名	46.44	13.74	66.53
1791	宁蒗彝族自治县	34.79	西南第308名	云南省第110名	丽江市第4名	43.68	18.35	52.54
1792	晴隆县	34.79	西南第309名	贵州省第62名	黔西南布依族苗族自治州第5名	47.99	16.20	54.14
1793	隆林各族自治县	34.68	华南第144名	广西壮族自治区第72名	百色市第11名	45.74	16.70	54.62
1794	巴塘县	34.56	西南第310名	四川省第115名	甘孜藏族自治州第10名	53.63	17.04	45.18
1795	河南蒙古族自治县	34.56	西北第253名	青海省第21名	黄南藏族自治州第3名	55.29	14.37	51.94
1796	临夏县	34.30	西北第254名	甘肃省第53名	临夏回族自治州第3名	39.37	18.32	55.93
1797	剑河县	34.28	西南第311名	贵州省第63名	黔东南苗族侗族自治州第15名	49.81	14.36	56.33
1798	循化撒拉族自治县	34.21	西北第255名	青海省第22名	海东地区第3名	52.33	13.57	56.36
1799	曲水县	34.19	西南第312名	西藏自治区第9名	拉萨市第3名	52.40	16.25	46.95
1800	贡嘎县	34.13	西南第313名	西藏自治区第10名	山南地区第2名	46.92	19.22	44.10

全国排名	地区	居民发展指数	区域排名	本省份排名	本地市排名	收入综合指数	教育综合指数	生活综合指数
1801	舟曲县	34.06	西北第256名	甘肃省第54名	甘南藏族自治州第8名	44.95	17.75	49.52
1802	红河县	34.05	西南第314名	云南省第111名	红河哈尼族彝族自治州第10名	37.72	19.26	54.34
1803	长顺县	34.03	西南第315名	贵州省第64名	黔南布依族苗族自治州第12名	49.58	14.55	54.64
1804	扎囊县	34.00	西南第316名	西藏自治区第11名	山南地区第3名	44.24	21.65	41.05
1805	玉树市	33.98	西北第257名	青海省第23名	玉树藏族自治州第1名	44.20	16.30	54.45
1806	若尔盖县	33.79	西南第317名	四川省第116名	阿坝藏族羌族自治州第13名	49.98	12.55	61.50
1807	曲松县	33.56	西南第318名	西藏自治区第12名	山南地区第4名	56.15	15.62	43.11
1808	波密县	33.53	西南第319名	西藏自治区第13名	林芝地区第2名	59.34	14.77	43.00
1809	朗县	33.52	西南第320名	西藏自治区第14名	林芝地区第3名	49.60	16.62	45.69
1810	加查县	33.51	西南第321名	西藏自治区第15名	山南地区第5名	60.77	14.17	43.71
1811	同德县	33.47	西北第258名	青海省第24名	海南藏族自治州第3名	49.52	14.26	53.11
1812	错那县	33.25	西南第322名	西藏自治区第16名	山南地区第6名	54.24	15.38	44.06

全国排名	地区	居民发展指数	区域排名	本省份排名	本地市排名	收入综合指数	教育综合指数	生活综合指数
1813	墨脱县	33.02	西南第 323 名	西藏自治区第 17 名	林芝地区第 4 名	52.56	15.60	43.93
1814	贵南县	32.96	西北第 259 名	青海省第 25 名	海南藏族自治州第 4 名	49.61	14.45	49.96
1815	静宁县	32.91	西北第 260 名	甘肃省第 55 名	平凉市第 5 名	40.38	14.92	59.17
1816	木里藏族自治县	32.81	西南第 324 名	四川省第 117 名	凉山彝族自治州第 9 名	50.90	12.93	53.64
1817	班玛县	32.50	西北第 261 名	青海省第 26 名	果洛藏族自治州第 3 名	42.09	16.63	49.05
1818	和政县	32.39	西北第 262 名	甘肃省第 56 名	临夏回族自治州第 4 名	35.22	18.98	50.82
1819	道孚县	32.31	西南第 325 名	四川省第 118 名	甘孜藏族自治州第 11 名	43.41	14.75	52.69
1820	水城县	32.21	西南第 326 名	贵州省第 65 名	六盘水市第 2 名	50.53	10.47	63.15
1821	札达县	32.19	西南第 327 名	西藏自治区第 18 名	阿里地区第 4 名	34.67	25.47	37.78
1822	兴海县	32.15	西北第 263 名	青海省第 27 名	海南藏族自治州第 5 名	55.32	10.92	55.05
1823	聂拉木县	32.14	西南第 328 名	西藏自治区第 19 名	日喀则地区第 2 名	40.81	18.90	43.05
1824	文县	31.84	西北第 264 名	甘肃省第 57 名	陇南市第 4 名	42.92	14.86	50.62

全国排名	地区	居民发展指数	区域排名	本省份排名	本地市排名	收入综合指数	教育综合指数	生活综合指数
1825	元阳县	31.75	西南第329名	云南省第112名	红河哈尼族彝族自治州第11名	38.58	15.13	54.85
1826	庄浪县	31.70	西北第265名	甘肃省第58名	平凉市第6名	41.79	13.26	57.45
1827	通渭县	31.53	西北第266名	甘肃省第59名	定西市第6名	40.09	13.67	57.15
1828	镇康县	31.43	西南第330名	云南省第113名	临沧市第7名	51.81	10.37	57.83
1829	福贡县	31.33	西南第331名	云南省第114名	怒江傈僳族自治州第4名	37.86	16.04	50.63
1830	积石山保安族东乡族撒拉族自治县	31.21	西北第267名	甘肃省第60名	临夏回族自治州第5名	30.96	18.16	54.07
1831	吉隆县	31.20	西南第332名	西藏自治区第20名	日喀则地区第3名	48.53	15.25	41.03
1832	墨竹工卡县	31.14	西南第333名	西藏自治区第21名	拉萨市第4名	54.09	10.84	51.49
1833	琼结县	31.13	西南第334名	西藏自治区第22名	山南地区第7名	47.59	16.13	39.32
1834	达日县	31.06	西北第268名	青海省第28名	果洛藏族自治州第4名	39.31	15.73	48.46
1835	赫章县	31.05	西南第335名	贵州省第66名	毕节市第5名	41.71	11.52	62.27
1836	绿春县	30.96	西南第336名	云南省第115名	红河哈尼族彝族自治州第12名	39.57	13.78	54.41

全国排名	地区	居民发展指数	区域排名	本省份排名	本地市排名	收入综合指数	教育综合指数	生活综合指数
1837	康县	30.95	西北第 269 名	甘肃省第 61 名	陇南市第 5 名	41.66	13.59	52.38
1838	化隆回族自治县	30.88	西北第 270 名	青海省第 29 名	海东地区第 4 名	51.92	10.81	52.48
1839	桑日县	30.86	西南第 337 名	西藏自治区第 23 名	山南地区第 8 名	58.23	11.78	42.85
1840	浪卡子县	30.81	西南第 338 名	西藏自治区第 24 名	山南地区第 9 名	39.71	20.61	35.73
1841	泾源县	30.76	西北第 271 名	宁夏回族自治区第 13 名	固原市第 4 名	45.11	12.45	51.84
1842	工布江达县	30.73	西南第 339 名	西藏自治区第 25 名	林芝地区第 5 名	54.82	13.14	40.27
1843	清水县	30.68	西北第 272 名	甘肃省第 62 名	天水市第 4 名	45.37	13.10	48.57
1844	盐源县	30.67	西南第 340 名	四川省第 119 名	凉山彝族自治州第 10 名	51.09	10.10	55.92
1845	金平苗族瑶族傣族自治县	30.63	西南第 341 名	云南省第 116 名	红河哈尼族彝族自治州第 13 名	40.07	12.38	57.90
1846	囊谦县	30.59	西北第 273 名	青海省第 30 名	玉树藏族自治州第 2 名	34.97	16.98	48.22
1847	甘德县	30.58	西北第 274 名	青海省第 31 名	果洛藏族自治州第 5 名	32.59	18.22	48.16
1848	册亨县	29.94	西南第 342 名	贵州省第 67 名	黔西南布依族苗族自治州第 6 名	44.91	11.41	52.36

全国排名	地区	居民发展指数	区域排名	本省份排名	本地市排名	收入综合指数	教育综合指数	生活综合指数
1849	曲麻莱县	29.88	西北第275名	青海省第32名	玉树藏族自治州第3名	48.27	11.74	47.06
1850	察隅县	29.77	西南第343名	西藏自治区第26名	林芝地区第6名	51.36	12.44	41.31
1851	治多县	29.52	西北第276名	青海省第33名	玉树藏族自治州第4名	49.13	10.86	48.19
1852	马边彝族自治县	29.50	西南第344名	四川省第120名	乐山市第7名	50.47	9.41	54.04
1853	林周县	29.38	西南第345名	西藏自治区第27名	拉萨市第5名	47.59	10.39	51.29
1854	白玉县	29.28	西南第346名	四川省第121名	甘孜藏族自治州第12名	49.22	9.89	51.55
1855	张家川回族自治县	29.23	西北第277名	甘肃省第63名	天水市第5名	39.60	11.73	53.75
1856	贞丰县	29.21	西南第347名	贵州省第68名	黔西南布依族苗族自治州第7名	53.09	11.32	41.49
1857	久治县	28.90	西北第278名	青海省第34名	果洛藏族自治州第6名	42.99	12.61	44.50
1858	纳雍县	28.90	西南第348名	贵州省第69名	毕节市第6名	49.28	7.89	62.04
1859	新龙县	28.60	西南第349名	四川省第122名	甘孜藏族自治州第13名	44.60	10.37	50.56
1860	措美县	28.44	西南第350名	西藏自治区第28名	山南地区第10名	48.65	13.34	35.44

全国排名	地区	居民发展指数	区域排名	本省份排名	本地市排名	收入综合指数	教育综合指数	生活综合指数
1861	措勤县	28.33	西南第 351 名	西藏自治区第 29 名	阿里地区第 5 名	41.32	12.58	43.72
1862	甘孜县	28.27	西南第 352 名	四川省第 123 名	甘孜藏族自治州第 14 名	43.92	10.22	50.34
1863	西和县	27.91	西北第 279 名	甘肃省第 64 名	陇南市第 6 名	37.28	10.95	53.26
1864	洛扎县	27.66	西南第 353 名	西藏自治区第 30 名	山南地区第 11 名	47.78	12.08	36.66
1865	康马县	27.65	西南第 354 名	西藏自治区第 31 名	日喀则地区第 4 名	43.55	13.16	36.88
1866	从江县	27.46	西南第 355 名	贵州省第 70 名	黔东南苗族侗族自治州第 16 名	44.15	7.95	58.96
1867	萨嘎县	27.41	西南第 356 名	西藏自治区第 32 名	日喀则地区第 5 名	47.10	11.35	38.51
1868	甘洛县	27.25	西南第 357 名	四川省第 124 名	凉山彝族自治州第 11 名	45.06	8.86	50.68
1869	江孜县	27.20	西南第 358 名	西藏自治区第 33 名	日喀则地区第 6 名	46.35	9.85	44.10
1870	当雄县	27.18	西南第 359 名	西藏自治区第 34 名	拉萨市第 6 名	43.97	9.96	45.87
1871	称多县	27.14	西北第 280 名	青海省第 35 名	玉树藏族自治州第 5 名	43.92	9.75	46.68
1872	望谟县	27.09	西南第 360 名	贵州省第 71 名	黔西南布依族苗族自治州第 8 名	41.90	8.74	54.32

全国排名	地区	居民发展指数	区域排名	本省份排名	本地市排名	收入综合指数	教育综合指数	生活综合指数
1873	泽库县	27.09	西北第 281 名	青海省第 36 名	黄南藏族自治州第 4 名	45.02	8.72	50.64
1874	改则县	27.07	西南第 361 名	西藏自治区第 35 名	阿里地区第 6 名	43.69	9.69	46.84
1875	岗巴县	27.06	西南第 362 名	西藏自治区第 36 名	日喀则地区第 7 名	47.32	14.18	29.54
1876	紫云苗族布依族自治县	27.02	西南第 363 名	贵州省第 72 名	安顺市第 4 名	45.90	7.66	56.08
1877	仲巴县	26.68	西南第 364 名	西藏自治区第 37 名	日喀则地区第 8 名	46.73	9.60	42.33
1878	定结县	26.57	西南第 365 名	西藏自治区第 38 名	日喀则地区第 9 名	39.49	13.55	35.05
1879	理塘县	26.39	西南第 366 名	四川省第 125 名	甘孜藏族自治州第 15 名	45.18	8.71	46.70
1880	宕昌县	26.37	西北第 282 名	甘肃省第 65 名	陇南市第 7 名	36.31	9.59	52.68
1881	普格县	26.24	西南第 367 名	四川省第 126 名	凉山彝族自治州第 12 名	45.81	8.36	47.21
1882	隆子县	26.16	西南第 368 名	西藏自治区第 39 名	山南地区第 12 名	49.37	8.47	42.78
1883	色达县	25.96	西南第 369 名	四川省第 127 名	甘孜藏族自治州第 16 名	42.53	8.16	50.47
1884	安多县	25.87	西南第 370 名	西藏自治区第 40 名	那曲地区第 1 名	35.54	12.78	38.13

全国排名	地区	居民发展指数	区域排名	本省份排名	本地市排名	收入综合指数	教育综合指数	生活综合指数
1885	礼县	25.84	西北第 283 名	甘肃省第 66 名	陇南市第 8 名	34.31	9.14	55.06
1886	康乐县	25.79	西北第 284 名	甘肃省第 67 名	临夏回族自治州第 6 名	36.37	8.82	53.47
1887	东乡族自治县	25.72	西北第 285 名	甘肃省第 68 名	临夏回族自治州第 7 名	25.49	12.07	55.30
1888	申扎县	25.57	西南第 371 名	西藏自治区第 41 名	那曲地区第 2 名	40.76	10.57	38.80
1889	革吉县	25.29	西南第 372 名	西藏自治区第 42 名	阿里地区第 7 名	40.12	10.14	39.75
1890	杂多县	25.24	西北第 286 名	青海省第 37 名	玉树藏族自治州第 6 名	46.03	7.05	49.54
1891	嘉黎县	24.90	西南第 373 名	西藏自治区第 43 名	那曲地区第 3 名	42.97	8.35	42.98
1892	金阳县	24.83	西南第 374 名	四川省第 128 名	凉山彝族自治州第 13 名	44.63	7.57	45.27
1893	喜德县	24.81	西南第 375 名	四川省第 129 名	凉山彝族自治州第 14 名	43.68	7.49	46.69
1894	德格县	24.61	西南第 376 名	四川省第 130 名	甘孜藏族自治州第 17 名	35.75	8.34	49.97
1895	仁布县	23.89	西南第 377 名	西藏自治区第 44 名	日喀则地区第 10 名	33.71	9.46	42.76
1896	拉孜县	23.71	西南第 378 名	西藏自治区第 45 名	日喀则地区第 11 名	39.02	8.35	40.94

全国排名	地区	居民发展指数	区域排名	本省份排名	本地市排名	收入综合指数	教育综合指数	生活综合指数
1897	聂荣县	23.38	西南第379名	西藏自治区第46名	那曲地区第4名	38.38	8.45	39.38
1898	尼木县	23.33	西南第380名	西藏自治区第47名	拉萨市第7名	26.84	11.45	41.33
1899	广河县	23.25	西北第287名	甘肃省第69名	临夏回族自治州第8名	35.38	6.51	54.57
1900	八宿县	23.25	西南第381名	西藏自治区第48名	昌都地区第1名	40.14	8.01	39.05
1901	石渠县	23.18	西南第382名	四川省第131名	甘孜藏族自治州第18名	37.15	6.00	55.91
1902	班戈县	23.10	西南第383名	西藏自治区第49名	那曲地区第5名	39.00	8.19	38.60
1903	尼玛县	23.00	西南第384名	西藏自治区第50名	那曲地区第6名	35.66	8.27	41.25
1904	威宁彝族回族苗族自治县	22.79	西南第385名	贵州省第73名	毕节市第7名	38.46	4.96	62.01
1905	谢通门县	22.73	西南第386名	西藏自治区第51名	日喀则地区第12名	28.20	9.33	44.65
1906	白朗县	22.62	西南第387名	西藏自治区第52名	日喀则地区第13名	40.51	7.75	36.86
1907	左贡县	22.19	西南第388名	西藏自治区第53名	昌都地区第2名	40.08	6.44	42.34
1908	芒康县	22.06	西南第389名	西藏自治区第54名	昌都地区第3名	41.39	5.89	44.03

全国排名	地区	居民发展指数	区域排名	本省份排名	本地市排名	收入综合指数	教育综合指数	生活综合指数
1909	昂仁县	21.81	西南第390名	西藏自治区第55名	日喀则地区第14名	32.55	6.92	46.07
1910	布拖县	21.72	西南第391名	四川省第132名	凉山彝族自治州第15名	46.10	5.01	44.40
1911	萨迦县	21.50	西南第392名	西藏自治区第56名	日喀则地区第15名	35.66	7.03	39.67
1912	昭觉县	21.40	西南第393名	四川省第133名	凉山彝族自治州第16名	38.29	5.54	46.25
1913	类乌齐县	21.39	西南第394名	西藏自治区第57名	昌都地区第4名	38.83	5.73	43.96
1914	江达县	21.12	西南第395名	西藏自治区第58名	昌都地区第5名	39.30	5.16	46.51
1915	察雅县	21.06	西南第396名	西藏自治区第59名	昌都地区第6名	39.41	5.17	45.91
1916	美姑县	21.01	西南第397名	四川省第134名	凉山彝族自治州第17名	37.16	5.53	45.18
1917	定日县	20.86	西南第398名	西藏自治区第60名	日喀则地区第16名	34.28	6.55	40.44
1918	洛隆县	20.80	西南第399名	西藏自治区第61名	昌都地区第7名	36.88	6.30	38.78
1919	边坝县	20.73	西南第400名	西藏自治区第62名	昌都地区第8名	34.48	6.57	39.34
1920	南木林县	20.49	西南第401名	西藏自治区第63名	日喀则地区第17名	32.15	6.44	41.57

全国排名	地区	居民发展指数	区域排名	本省份排名	本地市排名	收入综合指数	教育综合指数	生活综合指数
1921	索县	19.72	西南第402名	西藏自治区第64名	那曲地区第7名	21.85	8.37	41.96
1922	比如县	18.99	西南第403名	西藏自治区第65名	那曲地区第8名	39.30	4.23	41.23
1923	那曲县	18.64	西南第404名	西藏自治区第66名	那曲地区第9名	9.07	19.43	36.73
1924	丁青县	18.20	西南第405名	西藏自治区第67名	昌都地区第9名	34.70	4.03	43.13
1925	巴青县	17.65	西南第406名	西藏自治区第68名	那曲地区第10名	36.89	4.10	36.31
1926	贡觉县	17.39	西南第407名	西藏自治区第69名	昌都地区第10名	22.67	5.06	45.83